중국 고전 해학
아반티(阿凡提) 유머

중국 고전 해학
아반티 유머

엮은이 조세걸(趙世杰) / 옮긴이 최룡관

미래문화사

머 리 말

《아반티 유머》는 고래로부터 중국인들 속에 구전되어 내려온 해학서이다. 《탈무드》가 이스라엘의 지혜서라면 《아반티 유머》는 중국인들의 지혜서이자 골계라 할 수 있다.

이야기 중에 아반티(阿凡提)는 당나귀를 타고 다니면서 뭇사람들로부터 환심을 산다. 우스꽝스런 모습을 한 아반티가 비범한 지혜와 명철한 행동을 동원하는가 하면 때론 교활하고 익살스러우며 어리석고 바보스럽기까지 하다. 또한 아반티는 역사 속의 비범한 인물들을 나열하면서 해박한 지식을 자랑하는 등 수많은 화제를 뿌리고 다니는 시공을 초월한 인물로 묘사된다. 아반티는 중국 사람들의 마음 속에 살아 움직이는 또다른 중국인의 모습이라 할 수 있다. 때문에 12억의 마음을 응집시키고 오늘의 거대한 중국이 있게 한 가공인물로 어느 곳에나 나타나 웃음과 기쁨을 선사한다.

이 책을 번역하면서 중국인들은 웃음을 가진 민족이라는 생각이 들었다. 물론 생활 의식의 차이도 있겠지만 별것도 아닌 내용인데도 깔깔 웃음을 터뜨리는 것을 보면 웃을 준비가 되어 있지 않고는 웃을 만한 이야기가 아니지 않느냐는 생각에서 그렇다. 그러니까 중국인들은 얼핏 보기에는 바윗덩어리처럼 과묵하고 웃음이 없는 비단장사 왕서방 정도로만 생각해 왔는데 그 내면은 그렇지 않다는 이야기다.

또한 아반티는 천재적인 화술가로 그려지고 있다. 궁지에 빠져 있다가도 어느새 승자의 자리에 올라서곤 하는데, 마치 《춘향전》에서 이도령이 암행어사가 되어 출두하는 것과 같은 비약이 여기저기에서 나타나고 있다. 이런 것들이 은근히 중국인들의 마음을 사로잡았는지도 모른다.

머리말

중국은 50여 소수민족으로 구성된 복잡한 민족이다. 그래도 별 탈 없이 지내는 것을 보면 그 친화력이 어디에 있는 것일까? 아반티가 어리석고 총명하며 유머와 위트가 넘치는 인물로 투영되고 있는 것은 바로 중국인들의 이런 면을 잘 보여주고 있다 하겠다.

중국의 역사를 보면 태조 누루하치가 후금을 세우고 대중원을 지배하게 되었으나, 그 여진족(만주족)은 오늘날에 와서는 중국 속에 동화되어 말도 문화도 찾아볼 수가 없게 되었다.

한민족의 자치지구인 연변의 우리 민족도 갈수록 그 숫자가 줄어들고 있다고 한다. 이대로 가다가는 여진족이 흔적도 없이 중국 속에 용해되어 버리듯이 송두리째 중화민족에게 삼켜져 버리는 것은 아닌지 걱정이 앞선다.

아반티는 어찌 보면 모순투성이같이 보이지만 중국인들의 속생각이 똘똘 뭉쳐진 전설 같은 인물이고 삼척동자 같은 인물로 항상 그들 곁에 있다.

중국인들은 그들 나름대로 지구의 중심에 자기들 나라를 갖고 있다고 생각하고 있다. 그것이 그들의 자존심이고 그들을 있게 하는 원동력과 구심점으로 작용해 왔던 것이다.

《아반티 유머》는 그들의 할아버지가 아버지에게 그리고 아들에게 구전으로 전해 내려온 고전 중의 고전이다.

이 《아반티 유머》가 각박한 시대에 긴장된 마음을 느슨하게 하고 사람들에게 다소나마 마음을 밝게 해 주는 청량제가 되었으면 한다. 아무쪼록 그 여운이 오래도록 마음 속에 간직되기를 기대해 마지않는 바이다.

1998년 춘절에

차례
아반티 유머/최룡관 옮김

• 머리말 ·· 4

제1부 화술에 뛰어난 아반티

101 • 수상하게 생각하면 수상하다 ············· 18
102 • 세 끼 먹고 일을 끝내 ······················ 19
103 • 맘먹기 따라 다른 요리 ···················· 20
104 • 준 것 같다 ···································· 21
105 • 돈 임자 ·· 22
106 • 은혜는 꼭 갚아야 ··························· 23
107 • 내가 빠진 것과 같소 ······················· 24
108 • 잃어버린 양 ·································· 25
109 • 황제의 몸값 ·································· 26
110 • 글은 그 사람의 찌꺼기 ···················· 27
111 • 기둥 먹는 좀벌레 ··························· 28
112 • 나이는 도적맞지 않아 ······················ 29
113 • 높은 산과 깊은 골짜기 ···················· 30
114 • 나귀 친구 현감 친구 ······················· 30
115 • 명판결 ··· 31
116 • 능력 있는 사람 ······························ 32
117 • 나귀가 될 겁니다 ··························· 33
118 • 당신이 읽으시오 ···························· 34
119 • 왜 참외가 자루 속에 있죠 ················ 35
120 • 개는 짖어야 ·································· 36
121 • 법률 조문을 다시 봐야 ···················· 37
122 • 아내의 누설 ·································· 38
123 • 너를 천번 저주 ······························ 39
124 • 거짓말 책 ····································· 39
125 • 세상에서 제일 맛있는 가지볶음 ········· 41
126 • 치료비를 내시오 ···························· 42
127 • 둔한 놈 ·· 43
128 • 형을 치려던 오왕 ··························· 43
129 • 뜨거운 국물에 눈물 짓다 ················· 45
130 • 전병은 세금 기록장 ························ 45
131 • 평형을 잡기 위해서 ························ 46
132 • 내게는 하늘이 둘이오 ······················ 47
133 • 전번에 다 치렀습니다 ······················ 48
134 • 청년 때와 노년 때 ························· 49
135 • 임무 완성 ····································· 49

136 • 나도 좋아	50
137 • 면목이 없소	51
138 • 완전한 준공	52
139 • 살찐 개	52
140 • 문병은 오래 있지 말라	53
141 • 금전을 누는 나귀	54
142 • 동가식 서가숙	55
143 • 하느님 사이에 끼지 말라	56
144 • 계책 주머니	59
145 • 나는 누굴까	61
146 • 표변(豹變)	62
147 • 고기가 나무 위로 기어 올라	63
148 • 똑똑히 보려고	63
149 • 기름을 쏟아 뜨락을 쓸다	64
150 • 두 번째 달부터 배우겠소	65
151 • 사람은 가려 써야	65
152 • 심판관이 없는 곳이 천당	67
153 • 구멍만 남았다	67
154 • 양을 안 바친 아반티	68
155 • 마음의 움직임	69
156 • 특별히 알리려고	69
157 • 밥값	70
158 • 환상까지 냄새를 맡다	72
159 • 사람들의 마음	72
160 • 저승 넓이	73
161 • 나귀가 된 사람	74
162 • 기괴한 상품	75
163 • 구멍난 두루마기	77
164 • 손쉽게 보물을 얻으면	78
165 • 내 탓인가 개 탓인가	79
166 • 장난감	80
167 • 하느님을 보러 갑시다	80
168 • 소인 같은 윗사람	81
169 • 나귀가 죽자 슬퍼하다	82
170 • 덧신	82
171 • 남의 말을 잘 듣는 사람	83
172 • 상서로운 조짐	84

제 2 부 지혜로운 아반티

201 • 필연성 …………………………………… 88
202 • 공동묘지에 오면 잡는다 ……………… 89
203 • 바보 국왕 ………………………………… 89
204 • 다리가 부러져 …………………………… 91
205 • 물러날 때 ………………………………… 91
206 • 오래 된 생선 …………………………… 93
207 • 모두 진실한 말씀 ……………………… 93
208 • 돈 다음 진리 …………………………… 94
209 • 한없는 사치 …………………………… 95
210 • 잔칫집에 질그릇만 들고 오다 ……… 96
211 • 말이 하늘로 올라갔다 ………………… 97
212 • 웃는 사람 속은 몰라 …………………… 99
213 • 사과 맛 ………………………………… 100
214 • 하느님 선사 부처님 벌 ……………… 101
215 • 독약 한 사발 ………………………… 102
216 • 옥돌도 갈아야 ………………………… 103
217 • 코끼리에게 혹을 떼려다가 붙임 …… 104
218 • 묏자리를 파시오 ……………………… 105
219 • 옥돌로 참새를 잡다니 ………………… 106
220 • 나 혼자 먹으랬소 ……………………… 107
221 • 시체를 건지다 ………………………… 107
222 • 사람 보는 눈 …………………………… 108
223 • 자기 말을 가리다 ……………………… 110
224 • 나귀와 두 자 떨어져 있소 …………… 111
225 • 일은 빈틈이 없어야 …………………… 111
226 • 코골이에 머리를 움켜쥐다 …………… 113
227 • 누가 게걸스러운가 …………………… 113
228 • 싸움에 진 항우 ………………………… 114
229 • 경험 없는 올빼미 ……………………… 115
230 • 황제의 영혼 …………………………… 116
231 • 파벌 싸움 ……………………………… 117
232 • 상관 없는 닭고기 채 ………………… 118
233 • 감옥을 돌아보다 ……………………… 119
234 • 사람을 쓸 때 …………………………… 119
235 • 뱃속에 불이 났소 ……………………… 121
236 • 먹고 와서 기다림세 …………………… 121

237 • 심술이 발동하여 …………………………… 122
238 • 배우고 생각해야 …………………………… 123
239 • 하프를 튕기다 ……………………………… 124
240 • 어머니를 위한 기도 ………………………… 125
241 • 난 얼빠진 놈 ………………………………… 126
242 • 진정한 승리 ………………………………… 126
243 • 늙으면 빚 독촉 안해 ……………………… 128
244 • 나도 모른다 ………………………………… 128
245 • 떠날 때를 알아야 …………………………… 129
246 • 재물을 잃게 될 때 ………………………… 131
247 • 법관 두루마기 ……………………………… 131
248 • 품속에 감춘 물건 …………………………… 133
249 • 주님께 감사 드리는 이유 ………………… 134
250 • 장점과 단점 ………………………………… 134
251 • 하느님의 당부 ……………………………… 135
252 • 나는 바깥 일만 보오 ……………………… 136
253 • 그 말에 일리가 있네 ……………………… 136
254 • 말과 행동 …………………………………… 138
255 • 머리를 달고 나갔나요 …………………… 139
256 • 하느님께 문을 지키게 …………………… 139
257 • 불행중 다행 ………………………………… 140
258 • 무엇을 잊어야 하는가 …………………… 141
259 • 요임금의 도량 ……………………………… 141
260 • 죽은 아반티 ………………………………… 142
261 • 내가 나누어 주지요 ……………………… 144
262 • 달이 필요해 ………………………………… 145
263 • 가마가 새끼를 낳다 ……………………… 145
264 • 하나를 보고 백을 알아 …………………… 147
265 • 수의복이나 기워라 ………………………… 148
266 • 바뀐 나귀 고삐 ……………………………… 148
267 • 세 가지로 먹을 수 있는 식품 …………… 149
268 • 씨도 돈 주고 산 거요 …………………… 150
269 • 나귀 대가리를 주다 ……………………… 151
270 • 대문을 열어 주시오 ……………………… 152
271 • 화는 스스로 불러들여 …………………… 152
272 • 까마귀 빨래 ………………………………… 154
273 • 나귀 구유를 만들다 ……………………… 154
274 • 미리 울어 두지 …………………………… 155

275 • 몇 배는 물어야지요 …………………………… 156
276 • 이것도 적은가 …………………………………… 157

제3부 교활한 아반티

301 • 삯꾼 값 ……………………………………………… 160
302 • 잃어버린 경과 …………………………………… 160
303 • 나쁜 이름이라도 남겨야 ……………………… 161
304 • 다리 하나인 학 …………………………………… 162
305 • 물고기 머리 ……………………………………… 164
306 • 귤도 강북에 심으면 탱자 ……………………… 166
307 • 아이들의 염원 …………………………………… 168
308 • 그래 일리가 있소 ………………………………… 168
309 • 구장 배 타기 …………………………………… 169
310 • 아들에게 비파 치는 이야기 …………………… 170
311 • 청첩을 보내다 …………………………………… 171
312 • 차가우면 화를 입어 …………………………… 172
313 • 재판관 먼저 내가 판결을 ……………………… 173
314 • 홍수 때 비둘기가 물고 온 잎 ………………… 174
315 • 속상하면 무덤 속에 들어가 …………………… 175
316 • 오리 국물이라도 ………………………………… 175
317 • 사람은 관 뚜껑을 덮을 때 안다 ……………… 176
318 • 당신도 승양인가 ………………………………… 177
319 • 꼬리가 없는 황제의 말 ………………………… 177
320 • 모자가 아이들과 놀고 있다 …………………… 178
321 • 돈 주고 산 벼슬 ………………………………… 179
322 • 너무 잰 조세국장 ………………………………… 180
323 • 훔쳐 먹은 산양 …………………………………… 180
324 • 토끼 국물의 국물 ………………………………… 181
325 • 허물도 탓이 있다 ………………………………… 183
326 • '맛 좋다, 맛 좋다' ………………………………… 184
327 • 성스런 비를 밟을까 봐 ………………………… 185
328 • 큰 도적 …………………………………………… 186
329 • 눈이 아프면 빼버리게 ………………………… 187
330 • 전하보다 이틀 먼저 죽어 ……………………… 188
331 • 눈은 눈썹을 못 봐 ……………………………… 189
332 • 국왕 다리가 당나귀 다리 ……………………… 190
333 • 나귀 잔등에서 어깨에 맨 짐 ………………… 190
334 • 검정 닭을 씻다 …………………………………… 191

335 • 돈밖에 모르는 모리배 ····· 192
336 • 열 마리 나귀가 아홉 마리 ····· 193
337 • 벼슬은 개꼬리 ····· 195
338 • 훔쳐보지 않고 어떻게 아오 ····· 196
339 • 이 달은 사십오일 ····· 196
340 • 잘 생기고 볼 일 ····· 197
341 • 악귀 ····· 198
342 • 버린 수박 먹기 ····· 199
343 • 새깃도 많으면 배가 가라앉는다 ····· 199
344 • 말발굽 세 개 ····· 201
345 • 혼자 먹은 밥 ····· 201
346 • 도적이 물건을 찾아주다 ····· 202
347 • 솜이불 때문에 떠들다 ····· 203
348 • 새의 깃은 골육보다 못해 ····· 204
349 • 수행 묘법 ····· 205
350 • 무덤 속의 죽은 사람 ····· 205
351 • 달빛과 우물 물 ····· 206
352 • 군왕의 믿음 ····· 208
353 • 잃어버린 괴물 ····· 209
354 • 주머니에다 찬물을 먹이다 ····· 210
355 • 담비 가죽 외투 ····· 211
356 • 젊을 때 배워야 ····· 212
357 • 제일 기쁜 날 ····· 213
358 • 난 지금 자고 있네 ····· 213
359 • 돈 다발 때문에 울다 ····· 214
360 • 그 비밀 정말 모른다 ····· 215
361 • 현관과 개 ····· 216
362 • 사람은 머리로 평가해야 ····· 216
363 • 돈이 없으니까 줄이지 ····· 217
364 • 도적 따라 이사 ····· 218
365 • 그 우유 나도 모른다 ····· 219
366 • 술에 대하여 ····· 219
367 • 나무가 꿇고 앉아 절해 ····· 221
368 • 왕이 선사한 삼베 ····· 221
369 • 경고의 귀빰 ····· 222
370 • 제일 좋은 기도 ····· 223
371 • 뇌물 ····· 224
372 • 법관이 나귀가 되다 ····· 225

제 4 부 바보스런 아반티

401 • 새끼 낳은 자루 ················ 228
402 • 힘장사 ························ 228
403 • 머리를 창턱에 떼어 놓지 말라 ········ 230
404 • 못생긴 사람은 잘생긴 사람을 미워한다 ··· 230
405 • 당나귀 친구가 되다 ··············· 232
406 • 법관과 나귀 ···················· 233
407 • 군신간의 믿음 ·················· 234
408 • 내 장례식을 치르시오 ············· 235
409 • 인과응보 ······················ 236
410 • 나귀를 찾다 ···················· 237
411 • 버터 한 근의 무게 ··············· 237
412 • 여색으로 망한 주왕 ·············· 238
413 • 금반지는 내가 끼고 있겠네 ········ 239
414 • 현감을 놀려주다 ················ 240
415 • 내 친구 수는 후에 알 수 있소 ······ 242
416 • 암탉의 나이 ···················· 243
417 • 톱으로 사발을 켜다 ·············· 243
418 • 명재상 안영 ···················· 244
419 • 맡긴 돈을 다시 찾다 ············· 246
420 • 참모 ·························· 247
421 • 푸른 머리 오리 무 ··············· 248
422 • 파리를 잡아서 기소하다 ·········· 250
423 • 여자와 소인은 다루기 힘들어 ······ 251
424 • 거위 털 ························ 252
425 • 무슨 바지 값이오 ················ 253
426 • 당나귀만 믿다니 ················· 254
427 • 하느님의 사자 ··················· 254
428 • 예의 범절 ······················ 256
429 • 기침에 설사약 ··················· 258
430 • 포도맛은 한 알도 마찬가지다 ······· 258
431 • 일찍이 죽어야 좋을 사람 ·········· 259
432 • 오십년 전 스물셋 ················ 260
433 • 목욕한 아반티 ··················· 261
434 • 아니, 잠들었소 ··················· 262
435 • 죽은 승양이는 안 잡아 먹는다 ······ 263
436 • 정치는 지배가 속성 ··············· 264

437 • 부엉이는 이렇게 말했다 ·················· 265
438 • 매 따라 배우고 있네 ····················· 266
439 • 배 아픈 데 눈약을 쓰다 ················· 266
440 • 병든 법관 집에 울음 소리가 없나 ······ 267
441 • 그 자리에 그 사람 ······················· 268
442 • 활 쏘는 수준 ······························ 269
443 • 금씨를 심다 ································ 270
444 • 내시들의 가신 역할 ······················ 272
445 • 산이 안 오면 내가 가지 ················ 273
446 • 나도 목화를 심겠소 ····················· 274
447 • 명언 ··· 275
448 • 장안이 아깝다 ···························· 276
449 • 세상은 공포의 세계 ····················· 277
450 • 잠벌레 ······································ 278
451 • 요리법은 못 가져갔지 ·················· 278
452 • 총명한 심부름꾼 ························· 279
453 • 죄목을 알아야 ···························· 281
454 • 난 바깥일을 보겠소 ····················· 282
455 • 약속이나 한 듯이 ······················· 283
456 • 바닷물은 왜 짠가 ······················· 284
457 • 죽은 사람 ································· 284
458 • 그날이 오면 ······························ 285
459 • 큰 조롱박과 큰 가마 ··················· 286
460 • 사망신고 ··································· 286
461 • 문만 지키다 ······························ 287
462 • 죽음을 찾아가지 마십시오 ············ 288
463 • 나귀 타기 ································· 289
464 • 개도 미워하다 ···························· 290
465 • 소가 장대 밑에서 똥을 쌀 줄이야 ··· 291
466 • 당신이 졌소 ······························ 292
467 • 꿈에 개가 머리를 물어뜯다 ··········· 293
468 • 난로도 남녀를 안다 ···················· 294
469 • 성훈 ··· 294
470 • 일할 손이 없소 ·························· 295
471 • 성미 급한 나귀 ·························· 296
472 • 이름을 남기다 ···························· 296
473 • 천장 수리 ································· 297
474 • 두루마기 안에 있는 나 ················ 298

475 • 세 멍청이 ……………………………… 299

제5부 익살스런 아반티

501 • 밀가루를 퍼담은 자리 …………………… 302
502 • 문제 하나만 답하지요 …………………… 303
503 • 황제의 띠 ……………………………… 303
504 • 열쇠 기술자 …………………………… 304
505 • 죽어서 술독이 되겠네 …………………… 304
506 • 어느 쪽이 왼쪽인가 ……………………… 305
507 • 가난도 익숙해져 ………………………… 306
508 • 말과 행동이 다르다 ……………………… 306
509 • 권력의 그림자 …………………………… 307
510 • 모처럼 제대로 하다 ……………………… 308
511 • 일층만 허무시오 ………………………… 309
512 • 달걀 세 개의 풍파 ……………………… 311
513 • 딴 곳에 마음을 쓰게 …………………… 313
514 • 측천무후 ……………………………… 314
515 • 대머리는 두 번 깎아야 …………………… 314
516 • 무슨 소리가 제일 듣기 좋은가 ……………… 315
517 • 누구의 마음에 불이 났는가 ………………… 316
518 • 장자 일답 ……………………………… 316
519 • 오줌 싼 아반티 ………………………… 317
520 • 소가 나를 샀소 ………………………… 319
521 • 마지막 날 코트는 뭘합니까 ………………… 320
522 • 세상의 끝날 …………………………… 321
523 • 도둑의 심리 …………………………… 321
524 • 모자가 비슷해서 ………………………… 322
525 • 똑같다 ………………………………… 323
526 • 만두로 습기를 빼다 ……………………… 324
527 • 나는 언제나 마흔 살 ……………………… 324
528 • 편지는 내가 읽어야지 …………………… 325
529 • 대만과 본토 …………………………… 326
530 • 문을 닫으시오 ………………………… 327
531 • 자네들도 떨어져 보게 …………………… 327
532 • 머리가 있으면 호수로 가라 ………………… 328
533 • 옷에게 먹으라 하다 ……………………… 329
534 • 귀를 막고 종을 훔치다 …………………… 329
535 • 달은 그 자리에 있다 ……………………… 330

536 • 도적을 빌어 이사를 하다 ················ 331
537 • 나이가 들면 잘못을 알아 ················ 332
538 • 사람을 심다 ································ 333
539 • 황제님 수염을 헤다 ······················ 334
540 • 현종과 양귀비 ····························· 335
541 • 수다쟁이 ···································· 337
542 • 관은 안이 나쁘답니다 ··················· 337
543 • 이태백과 도연명 ·························· 338
544 • 내가 죽었나 ································ 339
545 • 도적을 방비하다 ·························· 340
546 • 감춰진 소떼 ································ 341
547 • 진짜 물맛 ··································· 341
548 • 모른다는 것을 아는 것 ·················· 342
549 • 교회당을 옮기시오 ······················· 343
550 • 제 귀를 물 수 없소 ······················· 343
551 • 하느님 분배법 ····························· 344
552 • 풀무바람 ···································· 345
553 • 당나귀의 총독 ····························· 346
554 • 제위에 오른 태자 혜제 ·················· 347
555 • 쇠고기는 어디 갔소 ······················ 348
556 • 소는 안다 ··································· 349
557 • 죽은 백호장 아들 ························· 350
558 • 전문이 있어야 ····························· 351
559 • 침대가 비좁아 ····························· 352
560 • 국왕의 꿈 ··································· 353
561 • 눈이 배부르게 먹지 못하다 ············ 354
562 • 만일 말다래를 찾지 못하면 ············ 355
563 • 달걀 두 개 ·································· 356
564 • 남자 아이를 낳겠는가 여자 아이를 낳겠는가 ······· 356
565 • 코 끝 부분 ·································· 357
566 • 신선도 도움을 받으려고 ················ 357
567 • 자식에게 책을 물려줘야 ················ 358
568 • 한평생 배워도 다 못 배우겠다 ········ 359
569 • 책이 최면제 ································ 360
570 • 태산은 한 줌의 흙도 사양 않다 ······· 361
571 • 종지 때문에 판 고양이 새끼 ··········· 362
572 • 귀신 ·· 363
573 • 진짜 쥐 ······································ 364
574 • 늙다리 말 한 필 ·························· 365

제1부
화술에 뛰어난 아반티

101
수상하게 생각하면 수상하다

아반티가《열자》에 대한 책을 읽으면서 고개를 끄덕끄덕했다.
그러자 옆에 있던 사람이 너무나도 수상해서 물었다.
아반티가 말했다.
어떤 사람이 도끼를 잃어버렸는데, 왠지 옆집에 사는 아이가 훔쳐갔을 거라고 생각되어 그 아이의 하는 행동을 면밀히 살펴보았다. 그렇게 생각을 해서 그런지 그 아이의 하는 행동이 모두 수상쩍게만 보였다.
말하는 것도 그렇고 걸음걸이도 그렇고 얼굴빛까지도 이상하게만 보였다.
그래서 그 아이가 훔쳐간 것이 틀림없다고 단정했다.
그런데 며칠 만에 그 도끼가 어디서 나왔다. 도끼를 깊은 곳에 둔 것을 잊어버리고 있었던 것이다.

도끼를 찾은 뒤에 다시 이웃집 아이의 얼굴을 보니 도끼 같은 것을 훔쳐갈 아이같이 보이지를 않았다.
사슴을 쫓는 자는 산이 보이지 않고 금을 훔치는 자는 옆의 사람이 보이지 않는다는 말처럼 매사를 늘 의심하고 보면 의심쩍게만 보이게 마련이다.
아반티는 인간의 이런 심리를 꿰뚫어보고 고개를 끄덕이고 있었다.

102
세 끼 먹고 일을 끝내

아반티네 마을에 한 구두쇠 영감이 있었는데 어찌나 인색한지 누구도 그 집 일을 해 주려는 사람이 없었다. 어느 날 그 구두쇠가 하는 수 없이 품삯 조건을 내놓았다.

"누가 나한테 하루 동안 일해 주면 난 그에게 세 끼 밥을 먹이고 또 은전 다섯 닢을 주겠소."

그러나 이틀이 지나도 구두쇠네 집에 가서 일하려는 사람이 한 사람도 없었다. 사흘째 되는 날 아반티가 부잣집으로 찾아가 일하러 왔다고 했다.

"먼저 아침을 먹게."

구두쇠 영감이 말했다. 그리고 아반티에게 몇 숟가락 안 되는 밥을 종지 그릇에 담아 주었다. 아반티가 그 밥을 얼른 먹어치우자 구두쇠가 말했다.

"인제 점심을 먹게나. 이렇게 아침과 점심을 같이 먹으면 시간을 절약할 수 있어 더 많은 시간을 일하는 데 도움이 될 수 있겠지."

아반티는 아무 말 없이 또 종지에 담긴 밥을 먹었다.

아반티가 점심밥을 다 먹어치우자 구두쇠는 또 이렇게 말했다.

"기왕에 먹는 김에 아예 저녁까지 다 먹어치우는 게 어떤가? 그리고 일하면 먹는 것을 잊어버리고 할 수 있을 테니까."

"그럼 한 끼 더 먹읍시

다."
　아반티가 말했다. 이렇게 하여 앉은 자리에서 하루 세 끼 밥을 다 먹어치워 버렸다. 물론 세 끼 밥이라는 게 어찌나 적은지 아반티는 먹은 둥 만 둥했다. 아반티가 세 끼 밥을 다 먹고 나자 구두쇠는 몹시 만족한 표정을 지으며 말했다.
　"인제 일을 잘해 보게."
　"일하라구요? 전 저녁밥을 먹은 다음에는 지금껏 일을 해 본 적이 없습니다."
　아반티는 말을 마치고 자리에서 일어나 뒤도 돌아보지 않고 가버렸다. 구두쇠 염감은 아반티의 뒤꼭지를 바라보며 '은전 다섯 냎은 버리지 않았구나' 하고 중얼거렸다.

103
맘먹기 따라 다른 요리

　아반티가 어느 부잣집에 가서 삯일을 하던 때의 일이다. 주인이 아반티에게 양 한 마리를 잡은 후 제일 맛있는 부위를 베내 요리를 한 접시 해 오라고 했다. 얼마 있다가 아반티는 양의 심장과 혀를 볶아 요리한 반찬 한 접시를 주인에게 갖다 주었다.
　이튿날 주인은 또 양의 몸에서 맛이 없는 부위를 베내 요리를 해 오라고 분부했다. 얼마 후 아반티가 또 양의 심장과 혀를 볶은 요리 한 접시를 주인에게 갖다 주었다.
　"아니, 이게 어찌된 일이야?"
　주인이 이해할 수 없다는 듯이 물었다.
　"주인님."
　아반티가 정색해서 대답했다.

"마음가짐이 정직하고 부드러운 사람에게는 이 두 부위가 세상에서 제일 아름다운 부위이지요. 그러나 마음가짐이 바르지 못한 사람에게는 이 두 가지 부위가 사람들이 제일 싫어하는 부위이지요. 싫고 좋은 것이 맘먹기 나름인 것처럼 좋고 나쁜 것도 마찬가지랍니다."

104
준 것 같다

아반티가 시장에 가서 꿀을 팔고 있는데 한 갑부가 거들먹거리며 찾아와서 물었다.
"당신의 꿀이 답니까?"
"꿀이 달지 않은 것도 있습니까?"
아반티는 못마땅하게 생각했다.
"그럼 맛있소, 맛없소?"
"집에 가지고 가서 먹어 보면 알 겁니다."
"한 사발만 팔 수 있겠소?"
"두 사발이라도 사시오."
"그럼 한 사발 떠 주시오."
갑부는 아반티에게 사발을 넘겨 주었다. 그러자 아반티가 그에게 꿀을 한 사발 따라 주었다. 그는 그 꿀사발을 들고 돌아서 갔다.
아반티는 얼른 한 발자국 나서서 그의 허리띠를 붙잡았다.
"여보시오, 돈을 치르지 않았습니다."
"당신한테 십 원을 준 것 같은데."
하고 갑부가 얼버무렸다.

아반티는 그에게서 꿀사발을 빼앗아서 꿀단지에 부어 넣고 꿀사발을 그에게 주면서 말했다.
"가져가시오. 당신에게 꿀 한 사발을 준 것 같은데!"

105
·
돈 임자

한 장사꾼이 돈지갑을 잃어버리고 누구든 돈지갑을 주워다 주는 사람에게는 그 지갑 속에 든 돈의 절반을 사례금으로 주겠다고 했다.

한 미장공이 그 돈지갑을 주워 그 장사꾼에게 돌려주었다. 그런데 장사꾼은 지갑 속의 돈 절반을 미장공에게 주기가 아까워 궁리 끝에 이렇게 말했다.

"나의 돈지갑 속에는 보석도 들어 있었는데 그 보석까지 돌려주어야 이 돈 절반을 줄 수 있습니다."

미장공은 아니라고 하면서 그럴 수 있느냐고 했다.

"아닙니다. 지갑 속에는 분명히 보석이 없었습니다."

그들은 오랫동안 옥신각신 다투다가 결국은 법관인 아반티를 찾아갔다. 아반티는 두 사람의 말을 다 듣고 나서 장사꾼에게 말했다.

"당신은 돈과 보석이 들어 있는 지갑을 잃어버렸는데 이 지갑 속에는 보석이 없지 않습니까."
"예 분명히 그렇습니다."
"그러면 이 돈지갑은 당신의 것이 틀림없는 것 같으니깐 더 기다려 보십시오. 혹시 당신의 진짜 돈지갑을 주워다가 돌려주는 사람이 있을 수 있으니깐요."
아반티는 장사꾼에게 이렇게 말하고 또 미장공에게 지갑을 건네주었다.
"이 돈지갑을 먼저 당신의 집에 두시오. 만일 이 돈을 찾아가려는 사람이 나타나지 않으면 이 돈은 당신의 것이 됩니다."
장사꾼은 혹을 떼려다가 되려 혹을 붙인 꼴이 되어 버렸다. 뿐만 아니라 그나마의 돈도 찾을 수가 없게 되었다.

106
은혜는 꼭 갚아야

아반티가 은혜에 대한 이야기를 하면서 《사기》를 들먹거렸다.
제나라 괴통이 한신(韓信)에게 성의 주인이 되는 것이 어떻겠느냐고 물었다. 이에 한신이 괴통에게 말했다.
"한나라 왕 유방은 나를 이만저만 잘 해 주는 것이 아닙니다. 당신의 차를 나에게 태워 주기도 하고 당신의 옷을 벗어 나에게 입으라 주기도 하고, 당신의 음식을 나에게 주실 때도 있습니다. 남의 차를 타는 자는 그 사람의 우환을 같이 타고, 남의 옷을 입는 자는 그 사람의 근심을 같이 입고, 남의 음식을 먹는 자는 그 사람의 일로 죽을 수도 있다고 하지 않습니까?"
차와 옷과 음식은 은혜를 말하는 것으로 입은 은혜는 꼭 갚아야 한다고 아반티는 강조했다.

107

내가 빠진 것과 같소

아반티가 어느 부유한 집에 가서 하인으로 일할 때였다. 그 집 구장이 연회에 참석하러 가게 되었는데 하인을 데리고 가는 것을 잊지 않았다.
"문 밖에서 기다리게. 연회가 끝나면 함께 돌아가겠네."
이렇게 분부한 구장은 부잣집 뜰안으로 들어갔다.
연회가 끝난 후 집으로 돌아올 때 아반티가 말했다.
"난 한 술도 못 먹었습니다."
"내 배가 불렀으니 너의 배도 부른 셈이야. 빨리 가자."
늘 이런 소리만 하는 구장은 아반티의 말은 아랑곳도 하지 않고 종종 걸었다.
그들이 외나무다리목에 이르렀을 때 아반티가 주의를 주었다.
"다리가 온전치 못하고 물살이 셉니다. 제가 앞에서 걸을 테니 뒤에서 나의 옷자락을 잡고 건너십시오. 그러면 안전할 겁니다."
"흥, 어디 하인이 앞서고 주인이 뒤에 서는 법이 있나."
구장은 노기충천하여 분부했다.
"자네가 나의 뒷자락을 꼭 잡게. 그리고 나를 잘 보호해 줘야지."
구장은 우쭐해서 먼저 외나무다리로 올랐다. 둘이 외나무다리에 올라서 걷자 다리가 삐걱삐걱 울면서 흔들흔들했다.
다리 중간쯤에 이르자 아반티가 옷깃을 잡았던 손을 풀고 힘껏 발판을 굴렀다. 순간 구장은 눈앞이 아찔해지며 정신이 핑 돌더니 이리 비틀 저리 비틀거리다가 '아이쿠' 하는 비명 소리와 함께 세찬 강물에 '첨벙!' 떨어지고 말았다.
"아반티! 내가 물에 빠졌어! 빨리 구해 줘."

구장은 죽어가는 소리를 질러댔다.
다리 위에 서 있는 아반티는 물에 떠내려가는 구장을 바라보면서 손을 흔들며 말했다.
"난 구해 줄 방법이 없습니다. 당신이 빠진 것은 내가 빠진 것과 같습니다."

108
잃어버린 양

아반티가 부잣집에서 삯일을 끝마치고 품삯을 받게 되던 날 부자는 품삯 대신 죽어가는 새끼양 한 마리를 주었다.
아반티는 그 새끼양을 끌고 집에 와 병간호를 해 주고 정성 들여 키웠다. 새끼양은 날마다 몰라보게 살이 찌고 커 갔다.
부자는 살이 피둥피둥 찐 큰 양을 보고 날마다 속을 앓던 끝에 아반티가 집에 없는 틈을 타서 그 양을 훔쳐갔다.
아반티가 그 일을 알고 법관에게 부자를 고소했다. 법관은 두 눈을 껌벅거리더니 말했다.
"진상을 확인해 보아야 하니 내일 다시 오시오."
그리고 부자를 불러다 놓고 법률의 제재를 받게 되었다고 알려주었다. 부자는 겁이 더럭 나서 어쩔 바를 모르던 중 법관에게 은전 열 닢을 주면서 도와줄 것을 청했다.
이튿날 법관은 아반티에게 이렇게 말했다.

"자네가 나한테 은전 스무 닢만 가져다 주면 내 맹세코 그 부자를 감옥에 넣겠네."
아반티는 호주머니에서 은전 스무 닢을 꺼내 법관에게 주면서 말했다.
"만일 법관께서 맹세를 어기는 날이면 법관더러 나귀가 되게 할 것입니다."
법관은 연신 머리를 끄덕이며 그렇게 하라고 했다.
아반티가 떠나간 후 법관은 또 부자를 불렀다. 부자는 감옥에서 콩밥을 먹을까봐 겁이 나서 큰마음을 먹고 또 법관에게 은전 스무 닢을 주었다.
눈깜짝할 사이에 은전 오십 닢을 얻은 법관은 입이 함박만해졌다. 그러나 아반티의 은전을 더 우려내고 싶은 마음이 꿈틀거려 사건을 심리할 때 아반티에게 이렇게 말했다.
"부자가 은전 삼십 닢을 더 가져왔는데 어떻게 하겠는가?"
아반티는 미리 가지고 온 나귀 고삐를 법관의 목에 걸면서 말했다.
"당신의 맹세대로 나귀가 되십시오."
아반티는 법관을 끌고 가며 부자에게 말했다.
"내 먼저 이 나귀를 끌고 가 짐을 날라야겠으니 당신이 양을 훔쳐간 내용은 후에 당신에게 따로 따져야겠소."

109
황제의 몸값

하루는 황제가 아반티와 함께 목욕을 하다가 아반티에게 물었다.

"아반티, 내 이 모양을 봐서 시장에 가 노예처럼 판다면 얼마나 받을 것 같나?"
"많아야 백 원(열 원보) 정도 받을 겁니다."
"미친 소리, 다른 건 말하지 않더라도 내가 쓰는 수놓은 이 수건만 해도 백 원은 나갈 거야."
"그렇지요, 총명하신 전하."
아반티는 수건을 가리키며 말을 이었다.
"내가 백 원 받는다는 것은 바로 이 수건을 가리킨 겁니다요!"

* 원보: 고대에 돈을 세던 단위

110
·
글은 그 사람의 찌꺼기

아반티가 도는 절대적인 것이 아니라며 이야기를 꺼냈다.
제나라 환공이 어느 날 당상(堂上)에서 책을 읽고 있었다. 그리고 당 아래서는 수레를 만드는 장인이 수레바퀴를 만들고 있었다.
"성상께옵서는 무슨 책을 읽고 계시오니까?"
"성현의 말씀을 읽고 있다."
"그 성현이란 분들은 지금 살아 계시나요?"
"벌써 오래 전에 돌아가셨다."
"그러면 그 책은 성현의 찌꺼기군요?"
환공은 버럭 화를 냈다.
"장인 주제에 무엇을 안다고 지껄이느냐?"
장인이 환공에게 누를 끼쳐 미안하다는 듯이 말했다.

"소인은 하찮은 수레바퀴를 만드옵니다. 그런데 수레를 만드는 나무가 너무 굳어도 안 되고 너무 물러도 안 되옵니다. 그것은 손대중과 눈어림으로 아는 것이옵니다. 이 손대중과 눈어림은 제 자식에게 일러주려고 해도 일러줄 수가 없습니다. 또 제 자식놈이 그것을 배우려 해도 배울 수가 없습니다.

그래서 제가 살아 있는 동안은 제 손으로 만들다가 죽으면 그만이라고 생각했습니다.

성현의 말씀도 실은 성현이 몸에 지니고 돌아가셨고, 그 찌꺼기만이 남아 있을 것이라고 생각되옵기에 그리 말씀 드린 것입니다."

《회남자》라는 책에 기록된 내용을 아반티는 자기 것인 양 의기양양하게 이야기했다.

111

기둥 먹는 좀벌레

아반티에게 한 깍쟁이 친구가 있었다.

어느 날 아반티가 한창 밥을 먹을 시간에 그 친구집으로 놀러 가게 되었다. 친구는 밥을 먹어야겠는데 아반티가 와서 몹시 난처해 하더니 아반티를 객실에 앉아 있게 하고 자기 혼자서 슬그머니 주방으로 들어가 밥을 먹었다.

이에 화가 난 아반티가 일부러 목청을 돋우어 말했다.

"가소롭도다 가소로워. 이 멋진 객실이 좀벌레 때문에 형편없이 보이는구만."

깍쟁이 친구는 아반티의 말을 듣고 얼른 주방에서 달려나와 아반티에게 물었다.

"좀벌레가 어디 있나?"
아반티는 빙그레 웃으며 뼈 있는 말을 내뱉었다.
"그것이 안에서 밥먹듯 기둥을 먹어 버리는데 겉만 보고 어떻게 아나?"

112
나이는 도적맞지 않아

아반티가 산에서 양떼를 몰고 있는데 한 유람객이 그 곁을 지나면서 물었다.
"당신이 방목하는 양은 몇 마리나 됩니까?"
"아흔여섯 마리입니다."
"당신은 나이가 지긋해 보이는데 금년 연세가 몇이나 됩니까?"
"오, 잠깐 생각해 봅시다…… 생각이 나지 않는구만요……."
"별 괴상한 사람이 다 있구만."
지나가던 사람이 웃음을 참지 못해 크게 폭소를 터뜨리며 말했다.
"방목하는 양의 숫자는 그렇게 똑똑하게 기억하고 있으면서 자기 나이를 모르다니요."
아반티는 수염을 어루만지면서 말했다.

"당신 모르는 소리 작작 하시오. 양의 머리 수를 똑똑히 기억해 두지 않으면 도적에게 잃을 수도 있고 또 잃고도 모를 수 있지만 나이는 누구에게 도적맞을 염려가 없지 않습니까?"

113
높은 산과 깊은 골짜기

한 사람이 아반티에게 물었다.
"아반티, 무엇 때문에 착하고 올바른 사람은 늘 돈이 없고, 인색한 사람들의 주머니에는 돈이 불룩하게 들어 있는 걸까?"
아반티가 대답했다.
"착하고 올바른 사람은 높은 산과 같고 간악한 사람은 깊은 골짜기와 같습니다. 그리고 돈이란 빗방울과 같습니다. 비가 올 때 빗방울은 먼저 높은 산 꼭대기에 떨어진 다음 산자락을 따라서 천천히 깊은 골짜기로 흘러 들어갑니다."
'흘러내리지만 않으면 모자라지는 않을 텐데……'

114
나귀 친구 현감 친구

새로 부임한 현감이 사람들로부터 아반티가 지혜롭다는 소문을 듣고 내키지 않았지만 아반티를 곯려 줄 셈으로 관아로 불렀다. 그리고 그를 꼼짝 못하게 하겠노라고 큰소리를 쳤다.
아반티는 이 일을 알게 되자 스스로 나귀를 끌고 동헌으로 들어가 현감에게 말했다.
"제가 왔습니다."
현감은 아반티가 나귀와 함께 대문 앞에 들어서는 걸 보고 일부러 큰소리로 인사를 건넸다.
"두 분께서 함께 왕림하신 데 대해 환영을 표합니다."
아반티는 나귀 등을 툭툭 쳤다. 그러자 나귀는 대가리를 쳐들고 땅을 구르며 꼬리를 휘저었다. 그리고 야단스레 굴었다. 아반티가 말했다.
"저의 이 미련한 나귀는 글쎄 자기의 친구가 현감이 되었다면서 기어이 나를 따라와서 친구를 보지 않고서는 견딜 수 없다고 하지 않겠습니까."
현감은 얼굴을 붉히며 버럭 화를 냈다.
"그 나귄 당신의 것인데 나와 무슨 관계가 있단 말인가?"
아반티가 얼른 나귀에게 속삭이듯 말했다.
"내가 따라오지 말라 했는데 기어이 따라오더니 보았지? 너의 친구가 현감이 되더니만 너를 모르는 체하고 있어."
그러자 많은 사람들이 참지 못하고 웃음을 터뜨렸다.

115
명판결

두 여인이 태어난 지 한 돌이 안 되는 남자 아이를 서로 자기의 아이라고 옥신각신 다투다 못해 아반티를 찾아왔다. 많은 남녀들이 두 여인의 뒤를 따랐다. 남자들은 다툼의 결과를 알고 싶어 따라왔고 여자들은 아기가 누구의 아기인지를 알고 싶어 따라왔다.

아반티는 한참 생각을 하더니 사람들을 보고 소리쳤다.
"가서 검을 가져오시오."
그리고 두 여인에게 말했다.
"검으로 이 아기를 절반 쪼갤 테니 두 분이 나눠 가지도록 하십시오."
두 여인 중 한 여인은 아무 말도 하지 않고 있는데 다른 한 여인은 애절하게 통곡하며 말했다.
"아이를 쪼개지 말고 저 여인에게 주세요."
그러자 아반티는 즉석에서 이렇게 판결을 내렸다.
"이 아기는 아이를 검으로 가르지 말라고 한 이 여인의 아들입니다."

116
능력 있는 사람

인색하기로 소문이 난 사람이 아반티에게 술을 사 오라고 심부름을 시켰다. 그러나 빈병만 주고 돈은 주지 않았다.
아반티가 물었다.
"돈을 주지 않고 제가 어떻게 술을 사 옵니까?"
"돈을 주고 술을 사 오는 일은 누구나 다 할 수 있는 거요. 돈을 주지 않고 술을 사 올 줄 아는 사람이라야 능력 있는 사람이지."

잠시 후 아반티가 술집에 갔다가 빈병을 그대로 들고 돌아왔다. 인색한 그 사람은 몹시 화를 내면서 아반티를 꾸짖었다.
"나더러 뭘 마시라는 거요, 응?"
그러자 아반티는 당황한 기색이나 이상한 표정도 없이 아주 태연스레 대답했다.
"술이 있는 병에서 술을 부어 마시는 일은 누구나 다 할 수 있습죠! 빈병에서 술을 마실 줄 아는 사람이라야 능력 있는 사람입지요."

117

나귀가 될 겁니다

국왕이 늙어서 죽게 되었다.
하루는 그가 아반티를 불러서 물었다.
"짐이 죽은 다음 다시 인간 세상으로 오게 되면 하느님이 짐을 사람으로 만들 것 같으냐, 아니면 나귀로 만들 것 같으냐?"
"나귀로 만들 겁니다."
"무엇 때문에?"
국왕은 어찌나 화가 났던지 수염마저 곤두세우고 소리를 질렀다.
"내가 국왕이 되어 백성을 다스리는 건 하느님이 나에게 준

사명이야. 다음 생애에도 나는 꼭 국왕이 될 거다. 들었느냐?"
"틀렸습니다!"
아반티는 국왕을 가리키며 말했다.
"전하! 당신이 일생 동안 백성들에게 진 빚은 나귀 몸에 덮인 털처럼 헤아릴 수 없이 많습니다. 내세에 어떻게 사람이 됩니까? 내세엔 나귀가 되어 백성들에게 빚을 갚게 하는 것이 하느님이 국왕에게 내려준 운명입니다!"
임금은 아반티를 호되게 때려 내쫓았다. 그리고 곰곰이 생각해 봤다. 과연 빚이 한량없이 많다고 생각했다.

118
당신이 읽으시오

아반티가 머리에 흰 수건을 두르고 거리로 나갔다.
마주 걸어오던 사람이 흰 수건을 보고 사정했다.
"존경하는 행자님, 내 이 편지를 좀 읽어 주십시오."
"난 한 글자도 모르네."
"괜스레 겸손하지 마십시오. 머리에다 그리 큰 수건을 썼는데 어째서 글을 모르시겠습니까?"
이 말을 들은 아반티는 머리 수건을 풀어서 그 사람의 머리에 동여매 주었다.
"됐소, 됐소. 머리 수건에 학문이 있다면 내가 당신 머리에 동여매 주었으니 당신 스스로 읽어 보시오."

119
왜 참외가 자루 속에 있죠

아반티가 젊었을 적의 일이었다. 하루는 아반티가 아침 일찍 일어나 다른 집 참외밭으로 살금살금 기어 들어갔다. 그가 한창 잘 익은 참외를 자루에 넣고 있는데 참외밭 주인이 낌새를 알아채고 달려왔다.

"아반티, 여기서 뭘하는 거요?"

주인이 따지고 들자 아반티는 핑계를 댔다.

"뭘하다니요? 난 방금 센 돌개바람에 휘말려 이곳까지 왔는데요."

"그럼 이 참외는 누가 땄지요?"

"그걸 내가 어찌 알겠어요. 돌개바람이 하도 맹렬해서 난 닥치는 대로 아무 것이나 잡아줬었지요. 그러다 보니 이 참외가 내 곁으로 오게 된 것 같소."

"그 말이 일리가 있다손 칩시다. 그럼 이 참외는 어떻게 이 자루에 들어갔습니까?"

"글쎄요, 다른 건 다 이해가 되는데 참외가 저절로 자루 속에 들어갔다는 것은 아무래도 이해할 수 없네요."

아반티는 머리만 긁적긁적거렸다.

120
개는 짖어야

아반티가 역사 속에서 주인을 섬기는 도리에 대해서 이야기 했다.

제나라 사람 괴통이 한신을 보고 유방에게서 떠나 스스로 천하를 꾀해 보라고 권한 적이 있었다. 그러나 한신은 괴통의 말을 듣지 않았다.

뒤에 한신이 사형을 당하게 되었을 때 '괴통의 말을 들었더라면……' 하고 후회했다.

고조는 괴통이 한신에게 그런 말을 했었다는 것을 알고 곧 괴통을 잡아다가 심문을 했다.

"너는 지난날 한신에게 모반할 것을 권했는가?"

"예, 그러하옵니다. 그 못난 녀석이 그때 내 말을 들었었더라면, 오늘 그와 같이 가엾은 운명은 되지 않았을 것입니다."

고조는 머리끝까지 화가 났다. 그래서 당장에 괴통을 사형에 처하라고 명령했다.

괴통은 고조 유방에게 계속 지껄였다.

"도척의 개가 요 임금을 보고 짖는 것은 요임금이 어질지 못해서가 아니라 개라는 짐승은 주인 이외의 사람을 보면 짖는 것입니다. 그것이 개로서는 주인에게 대한 충실한 행동인 것을 왜 모르십니까?"

개는 짖는 것이 그의 본분이다. 짖지 않는 개는 아무 쓸모가 없다. 송나라 때 시인 소동파가 신종에게 올린 글 중에 '개를 기르는 것은 도둑을 막기 위해서입니다. 도둑이 없다고 해서 짖지 않는 개를 기를 까닭은 없습니다'라는 글이 있다. 이는 태평할 때에도 무능한 관리는 쓰지 말아야 한다는 뜻으로 이렇게 말했던 것이다.

아반티는 다 낡은 《사기》를 덮으면서 말을 맺었다.

121

법률 조문을 다시 봐야

농부가 아반티를 찾아와 말했다.

"시끄러운 일이 생겨 가르침을 받을까 해서 찾아왔습니다. 어제 당신네 소가 우리네 소를 떠받아 죽였답니다. 이 일을 어찌하시렵니까?"

아반티는 수염을 쓸어올리면서 말했다.

"그건 짐승이니까 자네가 법원에 기소할 수 없네. 이러한 사건은 주인에게 죄가 없는 걸로 판결을 내릴 걸세."

"아차 말이 빗나갔군요. 사실 죽은 소는 우리 소가 아니라 당신네 소였습니다."

아반티는 벌떡 일어나 서재를 향하면서 말했다.

"어이쿠, 그럼 사정이 변했네. 그런 상황이라면 난 법률조문을 들춰서 자세히 봐야겠네."

122
아내의 누설

화원에서 흙을 파던 아반티가 조그마한 보물 하나를 발견했다. 아반티는 아내한테 보물을 보일까 하다가 아내가 비밀을 지키는가 한번 시험해 봐야겠다는 생각이 떠올랐다.

아반티가 달걀 하나를 허리춤에 넣고 배가 아파 죽는 시늉을 하면서 침대에 누웠다. 그는 모진 고통을 참는 척하다가 달걀을 꺼내어 아내한테 보이며 이 일을 절대 다른 사람들에게 말하지 말라고 신신당부했다.

얼마 후 아반티는 집을 떠나 청진사로 갔다. 그가 떠나기 바쁘게 창문을 활짝 열어젖히고 옆집 아낙네들을 불러다 금방 아반티가 암탉처럼 알을 낳던 일을 말했다.

옆집 아낙들은 이 이야기를 듣자 한바탕 웃고 나서 좀 보태서 또 자기 남편한테도 들려주었다.

한 시간도 안 돼서 옆집 아낙네 남편이 싱글벙글 웃으며 찻집에 나타났다. 아반티가 진땀을 흘려 가며 달걀을 낳던 과정을 생생하게 엮어댔다.

이때 아반티가 길을 가다가 찻집에 들렀다. 여러 사람들이 우몰려와서 웃어대며 아반티더러 어떻게 달걀을 낳았는가고 물어보았다.

아반티는 어이가 없어하며 입을 쩝쩝 다시며 말했다.

"후유, 그래서 우리 선조들은 여편네한테 비밀을 말하지 말라고 했구만."

123
너를 천번 저주

길을 걸어가던 아반티가 돌을 차고 넘어졌다. 화가 발칵 치밀어오른 아반티는 돌을 가리키며 욕설을 퍼부었다.
"천번을 저주하겠다, 너를."
마침 지방 관리가 이곳을 지나가다가 아반티의 욕설을 들었다. 그는 아반티가 자기에게 욕하는 줄로 알고 법관을 찾아가서 말했다.
지방 관리의 고소를 받은 법관은 아반티를 불러다가 한마디도 묻지 않고 은전 반 닢을 벌금에 처했다.
아반티는 허리춤에서 은전 한 닢을 꺼내 책상에 뿌리치듯 하며 법관에게 항의했다.
"천번이나 저주하는데 은전 반 닢밖에 안 되는군요. 좋습니다. 나는 당신에게 은전 한 닢을 주었습니다. 나머지 반 닢은 찾지도 않겠습니다. 지금부터 당신을 천번 저주할 테니 들어 보시오. 벌금할 돈은 이미 당신에게 주었습니다."
그리고 꽁알꽁알 저주를 해댔다.

124
거짓말 책

아반티가 장사꾼 집에 놀러 갔다. 장사꾼은 술 한 단지를 가져다 놓으며 말했다.
"듣건대 자넨 거짓말을 잘 한다면서. 그래 어디 오늘 나를 속여 보게. 만약 내가 속아 넘어간다면 이 술 한 단지를 상으로 주겠네."
　아반티는 머리를 긁으며 난처한 듯이 말했다.
　"난 당신과 도박을 하고 싶었는데 이번만은 별수가 없구만."
　"그건 뭣 때문이오?"
　"사실 나의 거짓말은 몽땅 책에 적혀 있는데 난 그 책을 보지 않으면 거짓말을 한마디도 할 수 없답니다."
　"그렇다면 내가 사람을 시켜서 그 책을 가져오도록 하겠소."
　장사꾼의 말이 끝나자 아반티는 손뼉을 치며 말했다.
　"좋소 좋아! 그 책은 불상 밑에 있는 두 번째 서랍 안에 있소."

　한참 지나서 책을 가지러 갔던 사람이 헐레벌떡거리며 달려와 말했다.
　"불상 밑 두 번째 서랍은 고사하고 온 집안을 다 뒤져도 그 거짓말 책은 보이지 않습디다."
　상인이 아반티에게 소리쳤다.
　"아반티, 들었소? 당신이 말한 그 책은 없다는구만."
　아반티는 가볍게 미소를 지으며 말했다.
　"금방 내가 한 말은 거짓말이오. 내게 거짓말 책이란 원래 없었던 거요. 자 주인양반, 나한테 속았으니 이 술단지는 내가 가져가야겠소."

125
세상에서 제일 맛있는 가지볶음

아반티가 국왕의 다정한 벗이 되었다. 그의 지혜와 유머는 국왕의 환심을 사기에 충분했다.

하루는 궁중요리사가 먼 길을 달려오느라고 배고파하는 국왕을 보고 가지볶음채를 한 접시 해 올렸다. 그 맛이 특별한 것을 보고 국왕은 매일 자기 상에 가지볶음채를 올리라고 명령했다.

"아반티, 이 가지볶음채는 세상에서 가장 맛있는 채로구만."

아반티도 맞장구를 쳤다.

"그렇습니다, 국왕님. 가장 맛있는 채가 틀림없습니다."

그로부터 닷새가 지났다. 국왕은 상에 또 가지볶음채가 오른 것을 보고 고래고래 소리를 질렀다.

"냉큼 이 채를 가져가지 못할까. 난 이 채만 보아도 이젠 역겨울 정도다."

이때 옆에 서 있던 아반티가 불난 집에 부채질을 했다.

"옳습니다, 국왕님. 이 채는 세상에서 제일 맛없는 채가 분명합지요."

국왕은 자기 비위를 맞추려는 아반티의 행동이 아니꼬와서 한마디 했다.

"아반티, 자넨 닷새 전에 가지볶음채가 세상에서 가장 맛있는 채라고 하지 않았나?"

아반티도 질세라 대답했다.

"그 말을 하긴 했습니다. 그러나 국왕님, 문제는 내가 국왕님의 하인이지 채의 하인이 아니기 때문입니다."

126

치료비를 내시오

아반티가 의사로 있을 때였다. 살이 피둥피둥 찐 한 부자가 찾아왔다.

"아반티, 난 뚱뚱해지는 병에 걸렸나봐. 나한테 약 처방을 좀 떼어 주시겠소?"

아반티는 부자의 아래위를 빗질하듯 훑어보고 나서 '보름 후에 죽을 것임'이라고 처방지에다 찍 갈겨 써 주었다.

약 처방을 받아 본 부자는 너무 놀라서 식은땀을 흘리며 겨우겨우 집까지 걸어와서 침대에 쓰러져 누웠다. 하루가 지났건만 그는 물 한 모금, 빵 한 입 떼어 먹을 생각도 하지 않고 수심에 푹 잠겨 있었다.

어느덧 보름이 지나갔다. 피둥피둥 살이 쪘던 부자가 마른 명태처럼 바싹 여위었다.

부자는 아반티를 찾아와 고래고래 고함을 질렀다.

"이 자식아, 네가 날 속였다! 봐라, 보름이 지나면 네가 죽는다고 했지 않느냐? 인젠 죽었을 내가 어떻게 네 앞에 살아서 올 수 있느냐?"

"떠들지 마십시오."

아반티는 정색을 하며 말했다.

"내 약 처방이 뚱뚱하던 당신의 살을 빼 주었으니 어서 치료비나 내십시오."

127
둔한 놈

아반티가 고양이를 한 마리 얻어다 키웠다. 그런데 그 고양이가 맛있는 음식이란 음식은 죄다 도둑질해 먹는 바람에 아반티의 미움을 샀다.
아반티는 고양이를 없애 버리려고 작심했다. 아반티가 고양이를 넣은 자루를 메고 가는데 중도에서 낯익은 사람을 만났다.
"아반티, 자넨 무슨 일로 어디로 가는 길인가?"
아반티는 우물쭈물하며 대답했다.
"시내로 들어가는 길일세."
낯익은 사람은 아반티의 수상쩍은 행동을 보고 말했다.
"아반티, 자넨 왜 이렇게 얼이 빠졌나. 이건 시외로 가는 길이란 말일세."
그러자 아반티가 소리를 낮추고 난감해 하면서 말했다.
"좀 조용하게. 진짜 둔한 놈은 당신이란 말이오. 난 지금 고양이를 얼리고 있는 중이오."

128
형을 치려던 오왕

아반티가 권력이란 형제간에도 피를 보는 속성이 있다면서 이야기했다.
춘추시대 오왕은 형 나라를 칠 생각으로 '누구든지 말리는 자가 있으면 사형에 처할 것'이라고 신하들에게 단단히 일러 놓고 싸울 차비를 갖추어 갔다.

소유자라는 신하가 오왕의 생각을 돌리게 하고 싶었으나 감히 입 밖에 낼 수도 없고 해서, 궁리 끝에 어느 날 아침 새총을 들고 궁궐 뒤뜰로 갔다. 아침 이슬에 아랫도리가 축축히 젖어드는 것도 모르고 무엇인가를 열심히 들여다보고 있었다.
　이러기를 사흘 동안이나 계속했다.
　오왕은 소유자의 하는 짓이 너무도 괴이해서 물었다.
　"너는 매일 아침 무엇을 하느라고 옷이 젖는 것도 모르고 있느냐?"
　그때 소유자가 임금에게 이렇게 말했다.
　"뜰 안에 있는 큰 나무에 매미 한 마리가 앉아 있습니다. 그 아래 사마귀가 매미를 덮치려고 엿보고 있습니다. 그러나 매미는 그것도 모르고 울고만 있습니다. 그런데 사마귀는 매미를 덮치려는 데만 정신이 팔려 제 뒤에서 새가 자신을 노려보고 있는 것을 모르고 있습니다. 그러나 그 새 역시 제가 총을 가지고 새를 노리고 있는 것을 모르고 있습니다. 눈 앞에 보이는 것에만 정신이 팔려서 뒤에서 닥치는 위험을 생각하지 못하는 것이 불쌍해서 그것을 바라보고 있었습니다."
　오왕은 무릎을 탁 치며 '잘 일러주었다'고 한마디 내뱉고는 즉시 형의 나라를 치러 가려던 것을 중지했다.
　소유자라는 신하를 가진 오왕은 열강들의 위험에서 빠져 나올 수 있었던 것을 나중에야 이야기했다. 그리고 목숨을 건 소유자의 기개를 칭찬했다.
　아반티는 이 이야기를 《설원》에서 발췌하여 설명했다.

129
뜨거운 국물에 눈물 짓다

한 친구가 아반티를 청해다가 식사를 대접하면서 그를 놀려 주려고 했다. 뜨거운 국사발을 들고 들어오던 친구는 자기 생각에만 골몰하다가 국이 설설 끓고 있는 줄을 몰랐다. 그리고 한 숟가락 맛을 보다가 너무 뜨거워서 눈물까지 흘렸다.

아반티가 염려스러운 표정을 지으며 말했다.

"웬일이오? 까닭없이 눈물을 다 흘리시다니."

친구가 얼른 둘러댔다.

"아무 일도 아니요. 가련한 나의 모친이 살아 있을 때 이런 국을 몹시 즐겨하셨다오. 그래서 어머니를 생각하고 이렇게 눈물을 흘린 거요."

아반티는 자기도 몰래 친구한테 존경심이 갔다. 뜨거운 국을 한 숟가락 퍼 먹던 아반티 역시 친구처럼 눈물을 흘렸다.

친구가 아반티의 표정을 바라보며 물었다.

"자넨 무슨 섧은 일이 있어 눈물을 짓고 있는가?"

아반티는 미간에 잔주름을 세우며 말했다.

"당신 어머니는 불행하게 세상을 뜨셨소. 그런데 더 불행한 것은 당신이 뻔뻔스럽게 이 세상에 살아 있다는 점이오. 그러니 내가 어찌 슬퍼하지 않겠소."

130
전병은 세금 기록장

세무국장이 탐욕스러워 백성들의 원성이 대단했다. 그 말을 듣고 임금이 곧 그를 끌어오라고 명령을 내렸다.
　세무국장이 울상이 되어 왕궁으로 끌려오자 임금이 노하여 말했다.
　"이 고약한 놈아, 국장이란 벼슬을 이용하여 제 잇속만 채운 죄를 짐이 모를 줄 아느냐. 누구한테서 어떤 뇌물을 받았는가. 당장 이실직고하렷다."
　세무국장은 하나하나 적은 장부책과 명세서를 바쳤다. 임금은 장부책 가운데서 뇌물을 받은 항목을 골라 갈기갈기 찢어서 세무국장에게 먹게 했다. 그리고 아반티에게 세무국장직을 대신하도록 명령을 내렸다.
　며칠 후 아반티는 자기가 거둔 세금을 가지고 국왕한테 갔다. 그는 세금액을 장부에 적은 것이 아니라 특별히 크게 만든 오징어처럼 생긴 전병에다 써 놓았다.
　국왕이 괴이하게 생각하며 물었다.
　"아반티, 도대체 이건 어떻게 된 셈인가?"
　아반티가 머리를 수그리며 공손히 대답했다.
　"전하, 결과야 어떻게 됐든 저도 장부책을 먹어야 할 게 아니옵니까? 그래서 나는 이렇게 큰 전병을 준비해서 거기에다 장부를 적도록 했사옵니다. 그 원인은 내가 전임 세무국장보다 위가 나쁘기 때문이지요."
　국왕은 아반티의 말에 입이 딱 벌어지고 말았다.

131
평형을 잡기 위해서

　어떤 사람이 아반티에게 물었다.

"세상 일이란 정말 괴상하단 말이오. 왜 어떤 사람들은 저쪽으로 가는데 어떤 사람들은 이쪽으로 오는가 말이오?"

아반티가 그 원인을 설명해 주었다.

"만약 여러 사람들이 모두 한쪽으로 쏠린다면 세계가 평형을 잃게 될 것 아니겠소. 그래서……."

132
내게는 하늘이 둘이오

아반티가 후한 순제 때 나라가 온통 부패했던 이야기를 했다.

기주의 장관으로 있는 소장은 관내를 순시하던 길에 청하군이라는 곳에 갔다.

그곳 태수는 옛날부터의 친구였다. 옛 친구이며 지금은 상관인 소장이 자기 고을엘 들른다는 소문을 듣고 태수는 크게 잔치를 벌이고 장관을 환대했다.

술잔이 몇 순배 돌아갔을 무렵 태수가 소장에게 말했다.

"다른 사람은 하늘이 하나밖에 없지만 나에게는 하늘이 둘이오. 옛 친구이자 상관인 당신이 순찰을 왔으니, 웬만한 일은 눈감아 줄 것이 아니오."

그러자 소장이 낯빛을 바꾸고 꾸짖듯이 말했다.

"지금 내가 그대와 마주 앉아 술을 마시는 것은 옛 친구로서 마시는 것이오. 그러니까 이것은 사정일 뿐이오.

그러나 내일은 공적인 장관의 자격으로 감사를 해야 하오. 그것은 어디까지나 공사요. 공과 사를 혼동해서는 안 되오."

이튿날 소장은 태수의 한 일을 낱낱이 조사하여 부정을 적발해 법에 정한 대로 처리했다.

이렇게 꿋꿋하고 청렴한 관리도 있었지만, 조정은 여전히 외척과 내시들 때문에 점점 기울어져 가고 있었다.
아반티는 《후한서》에 나온 이야기를 지금의 정치에 비유하면서 한숨을 쉬었다.

133
전번에 다 치렀습니다

아반티가 목욕하러 욕탕으로 들어갔다. 욕탕 주인이 아반티의 행색을 보니 누추한지라 그를 제일 더러운 욕실로 안내하면서 다 해진 너덜너덜한 수건을 주는 것이었다.
목욕을 끝낸 아반티는 주인에게 다른 손님보다 더 많은 돈을 주고 나왔다.
한 주일이 지난 후 아반티는 또 목욕하러 갔다.
주인은 허리를 굽실거리면서 제일 좋은 칸으로 아반티를 안내했다.
수건도 눈처럼 새하얀 것을 내주었다.
목욕을 끝낸 아반티는 돈을 한 푼도 주지 않고 문 밖으로 나왔다. 그러자 주인이 쫓아 나오며 소리쳤다.
"아반티! 돈 내는 것을 잊었습니까!"
"아니, 잊지 않았습니다."
하고 아반티가 대답했다.
"전번에 왔을 때 이번 것까지 미리 다 주지 않았습니까?"

134
청년 때와 노년 때

아반티가 사람들과 함께 환담을 나누고 있었다. 화제가 청년에서 노년 문제로 돌아가자 아반티가 한마디 했다.
"청년 시절엔 힘이 대단했었는데 노년이 되니 이렇게 힘이 다 빠지고 말았단 말이오."
사람들은 그 말을 듣고 모두 얼떨떨했다. 그러자 아반티가 알아듣게 설명을 덧붙여 주었다.
"우리 집에는 대단히 큰 돌 절구통이 있는데 나는 청년 시절엔 그것을 움직이지 못했고 지금도 역시 움직이지 못하고 있소. 그러니까 지금 나의 힘은 청년 시절보다 못하지 않단 말이오."
사람들은 어리둥절하여 하늘만 쳐다봤다.
도대체 무슨 말인지 통 알아듣질 못한 채 입만 벌어졌다.

135
임무 완성

마을의 부잣집에서 잔치를 치르게 되었는데 아반티는 가난뱅이라고 청하지 않았다.
집에서 답답해 하던 아반티는 편지봉투 하나를 찾아서 안에다 백지를 가득 채워가지고 부잣집을 찾아갔다.
"부자님, 이것은 법관한테서 온 편지인데 아마 당신을 축하하는 것일 겁니다."
부자는 눈살을 찌푸리면서 아반티를 상등석에 모시게 했다.
아반티는 사양하는 기색이라곤 조금도 없이 자리에 앉았다. 아

반티는 손님들이 보든지 말든지 팔소매를 걷어 올리고 손으로 큼직큼직한 고깃덩이를 주워다가 뭉텅뭉텅 뜯어 먹었다.

부자가 편지봉투를 뜯고 보니 속지가 말짱 백지인지라 입을 삐쭉거리며 의아스럽게 아반티에게 물었다.

"아반티, 속지에 왜 한 글자도 씌어 있지 않소?"

"법관 나리님이 공무에 바쁘다 보니 시간이 없어서 쓰지 못했을 겁니다. 아무튼 편지를 전했으니까 나의 임무는 완성했습죠?"

말을 마친 아반티는 연회석을 떠나 밖으로 나왔다.

136
나도 좋아

아반티가 도시 중심가에서 큰소리로 외쳤다.

"여러분 보세요, 나에게 있는 금과 옥조를 당신들한테 보여 드리겠습니다."

모여든 여러 사람들이 다투어 말을 했다.

"빨리 그걸 보여주시오."

"당신들은 일하지 않고서도 잘살 수 있고 노력하지 않고서도 성공할 수 있으며 어려움 없이 발전하는 걸 좋아하지요? 그렇지 않습니까?"

여러 사람들이 이구동성으로 대답했다.
"좋아합니다!"
아반티가 말했다.
"나도 역시 그걸 좋아합니다."
"그러나 노력하지 않고 모은 재산은 뜬구름과 같으니 공중에 떠 있는 저 구름 괴짝을 열어 보시오. 그 괴 속에 금과 옥조가 들어 있을 겁니다."

137
면목이 없소

어느 날 도적이 담장을 넘어서 뛰어드는 것을 발견한 아반티가 부랴부랴 집안으로 달려가 빈 궤짝 속에 몸을 감추었다.
도적은 아반티네 집을 샅샅이 뒤져 보았지만 돈이 될 만한 것이라곤 아무 것도 없었다. 마지막으로 도적은 궤짝 문을 열어젖혔다.
궤짝 속에 아반티가 웅크리고 앉아 있지 않겠는가.
도적이 물었다.
"기이할시고, 당신은 여기서 뭘하고 있는 거요?"
"우리 집에 당신이 가져갈 만한 물건이라곤 하나도 없소. 당신들이 우리 집에 왔는데 난 부끄러워서 당신을 대할 면목이 없단 말이오."

138
완전한 준공

아반티가 자기의 묘를 설계한 다음 친히 시공까지 맡아 했다. 이 일을 하던 노동자들은 경험이 없어 자꾸 시간만 끌었다. 몇 달이 지나가자 비로소 묘가 준공되었다. 노동자들은 아반티에게 그 동안 자기들이 수고한 공을 말했다.

그러나 아반티는 들은 척도 하지 않았다.
"아직 채 준공되지도 않았소."
딱 잘라 말한 아반티는 돌아서고 말았다.
"아니 설계도대로 꼼꼼하게 일이 다 끝났는데 아직도 무엇이 부족하단 말입니까?"
노동자들이 떠들어대자 아반티가 웃으며 말했다.
"내가 죽어서 묘 안에 들어가야 완전히 준공된 게 아니겠소."

139
살찐 개

아반티가 성 안에 있는 한 인색한 부잣집에 들어가서 머슴 노릇을 했다. 하루는 부자가 분부하기를,
"아반티야, 나가서 여위고 비실비실한 사냥개 한 마리를 구해 오너라."
했다. 그런데 아반티는 살이 피둥피둥 찐 잘생긴 개 한 마리를 끌어왔다.

개를 본 부자가 화가 나서 말했다.
"아반티야, 어떻게 된 일이냐? 내가 여위고 비실비실한 개를

끌어오라 하지 않았느냐?"
"예, 주인님."
하고 아반티가 말을 받았다.
"이 개는 이 집에서 일주일만 있으면 스스로 주인님의 뜻에 맞는 개가 될 겁니다."

140
문병은 오래 있지 말라

아반티가 병들어 눕게 되자 친구들이 찾아와 병문안을 했다. 그런데 그들은 환자의 고통은 생각지 않고 침대 곁에 앉아서 마냥 떠들고만 있었다.
몇 시간이 지나서야 떠나면서 친구들이 아반티에게 물었다.
"무슨 부탁이나 유언이 있으면 우리한테 말해 주게."
아반티는 성가시던 차에 시원하게 한마디 내뱉었다.
"내게 한 가지 간곡한 청이 있는데 그건 '병든 친구를 찾아갈 적엔 너무 오래 앉아 있지 말라'는 것일세."
그들이 떠나자 아반티는 '이 귀찮은 존재들아' 하고 그들의 뒤꼭지에 대고 내뱉었다.

141
금전을 누는 나귀

하루는 아반티가 나귀를 끌고 황궁으로 들어갔다. 황궁 문 입구에서 그는 나귀의 꼬리 밑에다 금전 세 닢을 슬그머니 찔러 넣었다.
"나의 나귀는 똥을 누는 것이 아니라 금전을 쌉니다. 믿지 못하겠으면 한번 보십시오."
황제는 두 눈을 커다랗게 뜨고 나귀의 엉덩이만 주시했다.
한참 지나서 나귀가 꼬리를 흔든 뒤 똥을 쌌다. 과연 금전 세 닢이 댕그르르 떨어졌다.
"세상에 진짜 금전을 싸는 나귀가 있었구나."
이렇게 기뻐한 황제는 즉시 주연을 차리고 아반티를 옆에다 앉혔다. 아반티가 배부르게 먹고 마신 뒤 황제가 입을 열었다.
"나의 훌륭한 아반티, 내가 나귀 백 마리 값을 주겠으니 당신의 나귀를 짐에게 팔아야겠소."
"어느 물건이나 전하의 소유 아니옵니까? 돈만 준다면 나귀는 궁전에다 두겠습니다."
아반티가 떠나자 황제는 입이 함박만하게 벌어져서 궁전 뜨락에다 새 융단을 펴놓게 하고 나귀를 세웠다. 그런 다음 황후며 왕자며 공주며 대신이며 궁전 안의 모든 사람들을 모아 놓고 나귀가 금전을 누는 것을 구경하라고 했다.
여러 사람들이 기다리고 기다렸다.
마침내 나귀가 꼬리를 흔들어댔다.
황제는 보좌에서 벌떡 일어나 소리쳤다.
"빨리 봐! 나의 금전이 떨어진다."
그런데 나귀가 꼬리를 위로 추켜들자 똥밖에 나오지 않았다. 아름다운 융단에는 진짜 똥덩어리 몇 개밖에 떨어지지 않았다.

142
동가식 서가숙

아반티가 철없는 어느 아가씨 이야기를 했다

제나라에 한 처녀가 있었다. 두 집에서 혼담이 들어왔는데 한 집은 동쪽에 살고 한 집은 서쪽에 살고 있었다.

말하자면 동·서 양쪽에서 한 처녀를 며느리로 삼고 싶어하는 것이었다.

그런데 동쪽 집의 아들은 돈은 많으나 얼굴이 못생겼고 서쪽 집의 아들은 돈이 없어 가난했지만 인물이 잘생겼다.

처녀의 부모는 어찌할 바를 몰라서 처녀에게 어느 신랑이 좋으냐고 물었다.

"네가 만일 동쪽 신랑이 좋으면 저고리 오른 팔을 빼고, 서쪽 신랑이 좋으면 왼쪽 팔을 빼라."

처녀는 한참 동안 곰곰이 생각하다가 양쪽 팔을 다 빼 버렸다. 부모는 깜짝 놀라 무슨 뜻인가고 물었다. 처녀는 눈을 껌벅이며 대답했다.

"낮에는 동쪽 집에 가서 먹고 저녁에는 서쪽 집에 가서 자면 안 되겠습니까?"

처녀의 부모는 할말이 없었다.

이래서 동가식 서가숙 또는 동식 서숙이라는 말이 나오게 된 것이다.

아반티는《태평어감》속에서 읽은 이야기를 구수하게 엮어내렸다.

흔히 세상 사람들은 이야기의 출원지도 모르면서 '동가식 서가숙'이

라고 하는데 아반티는 여기서부터 유래된 말이라고 했다.

143
하느님 사이에 끼지 말라

아반티가 매일 잠자리에서 일어나면 하느님께 기도를 드렸다. 기도 내용은 언제나 한 가지였다.

"하느님이시여! 저에게 금화 천 닢만 주소서! 만약 구백구십구 닢이라면 난 절대로 안 받겠나이다."

옆집에 있던 상인이 아반티가 늘 한 가지 소원을 놓고 기도하는 소리를 듣고는 엉뚱한 생각이 들었다. 그래서 은화 구백구십구 닢을 주머니에 넣은 다음 아반티가 새벽기도를 드리기 전에 그 집 연통으로 금화를 떨어뜨렸다.

벽난로 쪽에서 난데없는 동전 소리가 나자 아반티가 부랴부랴 잿더미를 헤치고 주워 보니 웬 금화였다. 금화가 계속 떨어져 구백구십구 닢이 되었다. 아반티는 금화를 들고 기도를 드렸다.

"하느님, 감사하옵니다. 어째 금화 한 닢을 더 채워 주지 않고 구백구십구 닢만 주었나이까!"

사태가 이 지경으로 발전할 것을 예상치 못한 상인은 속으로 몹시 당황해 했다.

이튿날 새벽이 되자 그는 아반티네 집으로 달려가 만면에 웃음을 띄며 말했다.

"어제 난 자네와 쓸데없는 장난을 하였네. 그러니 그 금화를 나한테 돌려주게나."

그러자 아반티가 자못 정색해서 말했다.

"장사를 하더니 머리가 돈 모양이야. 난 당신한테서 돈을 달란 적이 없는데 무슨 뚱딴지 같은 소리를 하나."
　상인은 사태가 다급해지자 구구한 변명을 했다.
　"아반티형, 난 매일 아침마다 형이 기도하는 소리를 들었다오. 금화 한 닢 모자란 구백구십구 닢은 안 받겠다고 하는 기도를 들었소. 그래서 난 금화 구백구십구 닢을 굴뚝으로 떨어뜨렸다오."
　아반티는 유머와 조소가 섞인 소리로 상인한테 말했다.
　"이보시게 상인어른, 그런 소릴 누가 믿겠나. 장사를 해서 한 닢이라도 더 벌자는 게 상인들의 심리인데 그렇게 많은 돈을 연통 안으로 밀어넣어 줄 사람이 있겠소. 이 금화는 하느님께서 내가 진심으로 기도하니까 하사한 것이오!"
　상인은 이렇게 입방아를 찧다가 결과가 좋지 않을 것 같아서 이 사건을 법원에 상소하겠다고 다그쳤다.
　"상소를 하겠으면 하오만 여기서 법원까지는 거리가 멀어서 나는 걸어선 갈 수 없소."
　아반티가 억지를 부리자 상인은 어디론가 가서 부실하게 생긴 당나귀 한 마리를 끌어왔다. 그래도 성이 차지 않아 아반티가 또 한마디 했다.
　"난 체면치레를 좋아하오. 이렇게 낡은 두루마기를 입고 내가 어찌 법관을 만날 수 있겠소?"
　아반티가 순순히 말을 듣게 하기 위하여 상인은 값진 털외투를 얻어다가 그에게 주었다.
　아반티가 당나귀를 타고 법원으로 갔다. 법관은 무슨 일이 생겼는가고 따져 물었다. 상인이 아반티의 말을 가로채며 먼저 사건의 진상을 이야기했다.
　"법관 나으리, 이 사람은 나의 금화 구백구십구 닢을 가져가고도 돌려주려 하지 않습니다."
　법관은 아반티한테 무슨 할말이 없는가고 물었다. 아반티는 시치미를 떼고 한마디 했다.
 "법관 나으리, 저 사람이 만약 나한테 자기 아들을 달라면 줄 사람 같습니까?"
 상인은 다급히 사실을 이야기하며 변명까지 덧붙였다.
 아반티는 웃으며 대꾸했다.
 "저 사람은 나의 이웃인데 내가 돈을 헬 때 그가 들은 것 같습니다. 하느님은 나한테 숱한 금화를 주었습니다. 아마 이 돈의 천 배를 주었다고 해도 하느님은 많다고 하지 않을 겁니다. 그런데 이 상인은 다른 사람이 죽게 될 즈음 돈을 꾸어 달라고 하면 한푼어치도 주지 않을 것입니다. 지금 저 상인은 내가 하느님께로부터 받은 재산을 후려낼 궁리를 하고 있습니다. 그럼 저 사람더러 저 말뚝에 매어 놓은 당나귀가 누구의 것인가를 물어보십시오."
 여기까지 듣고 나자 상인은 안달이 나서 말했다.
 "당나귀는 나의 것입니다. 아반티가 법원으로 오려고 하지 않아서 내가 그를 태워가지고 온 것입니다."
 법관은 차츰 주저하기 시작했다. 아반티는 즉시 상인의 말을 보충해 주었다.
 "법관님, 보십시오. 지금 내가 입고 있는 이 털외투도 모두 저 상인의 것입니다."
 상인은 그 소리를 듣자 당장 기절해 쓰러질 것만 같아서 소리쳤다.
 "그래 당나귀랑 털외투랑 내 것이 옳은데 그것이 어쨌단 말인가?"
 그러자 법관은 화를 내며 상인에게 호령했다.
 "이놈, 간덩이가 크기도 하구나. 이렇게 고귀한 신사를 모함하고 나까지 놀리려 들다니! 당장 사라지지 못할까!"
 법관은 사람을 시켜서 상인을 법정 밖으로 밀어냈다.

화술에 뛰어난 아반티   59

아반티는 위엄스레 털
외투를 입은 다음 당나
귀를 타고 집으로 돌아
왔다.
　이튿날이 되자 아반
티는 싸움에서 진 수탉
처럼 풀이 싹 죽은 상인
을 오라고 해서 자기가
가진 금화며 털외투, 당

나귀를 일일이 주인한테 돌려주었다. 상인이 얼굴에 희색을 띠
자 아반티는 자못 엄숙한 어조로 말했다.
　"이건 하나의 교훈일세. 앞으로 어떤 일이 있어도 하느님과
신도 사이의 일에 끼어들지 말게."

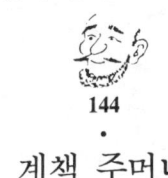

144
•
계책 주머니

　아반티의 명성이 외국에까지 전해졌다.
　아반티의 소문을 들은 외국의 황제는 우습게 생각하고 대신
들에게 물었다.
　"이웃나라에 아반티라는 사람이 있다고 하는데 그 나라 황제
까지도 속인다는 소문이 있으니, 그래 이것이 정말인가?"
　"예이."
　대신들이 대답했다.
　"우리도 아반티라는 사람이 매우 총명하고 학문이 깊어 누구
도 그를 당하지 못한다는 말을 들었습니다."

"백성이 그렇게 대단하다는 걸 짐은 믿지 않노라. 어디에 백성보다 총명하지 못한 황제가 있을 수 있단 말이냐?"
"예, 저희들도 믿지 않습니다."
그리하여 황제는 친히 이웃나라에 가서 아반티를 골려주고 황제가 백성보다 얼마나 더 총명한가를 보여주기로 했다.
그들은 걷고 걸어서 아반티네 나라에 도착했다. 그들이 처음으로 만난 사람이 바로 밭일을 하고 있는 아반티였다.
황제가 물었다.
"당신네 나라에 아반티라는 사람이 있다는데 그 사람을 좀 불러라. 그가 얼마나 총명한가를 한번 봐야겠다."
아반티는 그 말을 듣자마자 찾아온 사람의 목적이 빤히 들여다보였다.
"아반티를 찾아 무슨 일을 보렵니까?"
"어허, 워낙 네가 아반티였구나."
하고 황제가 쌀쌀맞게 웃었다.
"듣자니 너한테 계책이 많다지. 날 속일 수 있는가? 이제까지 누구도 날 속이지 못했단 말이야!"
"난 당신을 얼마든지 속일 수 있습니다."
하고 아반티가 말했다.
"그런데 여기서 좀 기다려 주십시오. 내가 집에 가서 계책 주머니를 가져와야겠습니다. 계책 주머니가 있어야 당신을 속이지요. 당신이 나의 계책 주머니가 두렵지 않으면 나에게 당신의 말을 빌려 주십시오. 내가 빨리 타고 갔다가 곧 돌아오겠습니다."
"계책 주머니 열 개라도 쓸모가 없다."
황제는 말에서 내려 말고삐를 아반티에게 넘겨주며 우쭐거렸다.
"빨리 갖다 와서 날 속여 봐라. 너의 재간을 한번 시험해 봐야겠다."

아반티는 말을 듣고는 채찍을 쳤다. 눈깜짝할 사이에 어디론 지 사라졌다.
황제가 아무리 기다려도 아반티는 다시 나타나지 않고 그만 해가 서산으로 꿀딱 넘어가고 말았다. 그래도 아반티가 나타나 지 않았다.
"아뿔싸!"
그제야 황제는 아반티의 미끼에 걸린 줄 알게 되었다. 그리하 여 어둠을 타고 슬그머니 자기 나라로 돌아가는 수밖에 없었다.

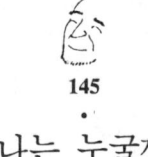

145

나는 누굴까

아반티가 낙타 상인들을 따라 긴 여행을 떠났다. 아반티가 대 오에서 떨어질까봐 허리에 뿔처럼 생긴 나뭇가지 하나를 달아 맸다. 사람들이 자기를 알아보게 하기 위한 표식이었다.
밤이 되자 다들 잠이 들었을 때 익살을 부리기 좋아하는 사 람이 아반티의 허리에 달아맨 나뭇가지를 꺼내 자기 허리에 달 아맸다.
이튿날 아침 잠에서 깨어난 아반티는 허리에 나뭇가지가 매 달려 있는 사람을 보고 깜짝 놀랐다.
"아니, 이런 이상한 일도 있나. 허리에 나뭇가지를 달아맨 사 람은 나인데, 그럼 여기 있는 나는 누구란 말인가?"

146

표변(豹變)

아반티가 '대인은 호변하고 군자는 표변하고 소인은 낯빛이 달라진다'는《역경》의 말을 주워댔다.
그 뜻은 호랑이가 털을 갈면 그 선이 선명해진다는 이야기다.
호랑이는 계절에 따라 털을 간다. 여름엔 여름철에 맞게 겨울엔 겨울철에 맞게 철 따라 털을 가는데, 털을 갈 때마다 털무늬가 두드러지게 아름답게 나타난다는 말이다.
표변은 표범과 같이 변한다는 뜻이기도 한데 표범도 계절마다 털을 가는데 호랑이같이 선명하지는 못하다.
마찬가지로 여기에 비해 소인은 그 변화가 선명하지 못할 뿐더러, 자유롭게 바꾸지도 못하고 그저 낯빛이 달라질 뿐이다. 표범이 날쌔기는 하지만 소인배적인 태도와 같다는 데서 나온 말이다.
따라서 '군자는 표변한다'고 하는 말은 상황에 따라 변화를 잘 하고 또 그 변화가 깨끗하고 선명하다는 뜻이다.
아반티가 힘주어 말했다.
군자가 절개가 없고 주장이 없어 보이는 것은 호랑이처럼 변화하는 것이지 그냥 굳어 엎드려 있는 것이 아니라는 사실이다. 이와 매한가지로 여름에 겨울 옷을 입고 겨울에 여름 옷을 입는 것처럼 변하지 않으면 군자가 아니다. 그래서 표변해야 되는 것이다.

147
고기가 나무 위로 기어올라

매우 총명한 사람들이 중요한 문제를 토의하게 되었다.
"만약 강에 불이 나면 강 속의 그 많은 물고기들이 모두 어디로 도망칠까?"
총명한 사람들은 밤낮 닷새나 토의하였지만 이렇다 할 결론을 내리지 못했다.
그리하여 그들 중 제일 총명한 사람이 아반티에게 이 사실을 물어 왔다.
아반티는 그의 말을 듣고 이렇게 대답했다.
"친구, 근심 말게. 큰 강에 정말 불이 난다면 물고기들은 모두 나무 위로 기어 올라갈 걸세."

148
똑똑히 보려고

잠을 자던 아반티가 문득 잠에서 깨어나 아내를 흔들어 깨우며 말했다.
"여보, 내 안경을 주오!"
아내가 이상스러워 물었다.
"야밤중에 안경을 찾아서 뭘 하시려구요?"
아반티가 다급하게 대답했다.
"방금 아주 좋은 꿈을 꾸었는데 눈앞이 흐려 잘 보이질 않소. 빨리 내 안경을 가져다주오. 좀 똑똑히 보려고 그러오."

149
기름을 쏟아 뜨락을 쓸다

아반티가 어릴 때의 일이다. 그는 날마다 부잣집을 찾아가서 뜨락을 쓸어 주었다. 해마다 그믐날이 되어야 품값을 결산하는 것은 부자의 관례였다. 그해 부자는 아반티에게 뜨락을 쓴 품값을 주지 않으려고 꾀를 부렸다.

그믐날 아침 부자가 아반티를 불러다 분부했다.

"아반티야, 오늘 네가 뜨락을 쓸 때 물을 한 방울만 뿌려도 안 된다. 그러나 뜨락을 다 쓴 다음에는 뜨락이 축축해야 하느니라. 그렇게 하지 못하는 날에는 품값을 받을 생각을 말아라. 그리고 명년에도 우리집 뜨락을 쓸려고도 생각지 말아라."

말을 마친 부자는 장터로 설빔을 마련하러 갔다.

아반티는 군소리 한마디 하지 않고 슬슬 뜨락을 쓸고 나서 부잣집 창고에 있는 기름통을 몽땅 뜨락으로 내왔다. 그리고 기름통에 든 기름을 한 방울도 남기지 않고 뜨락에 쏟아 부었다.

일을 마친 아반티가 층층계에 앉아서 주인이 돌아와 품삯을 주기를 기다렸다.

오후에 집주인이 흔들흔들 돌아왔다. 온 뜨락에 기름이 번지르르한 것을 본 주인의 얼굴빛이 새파래졌다. 그는 목을 빼들고 고함을 질렀다.

"기름을 배상하라, 이놈아!"

"가만 계셔요, 부자나리님!"

아반티가 일어나서 따졌다.

"뜨락에 물 한 방울도 붓지 않았으며 어디에 축축하지 않은 곳이 있습니까? 난 나리님 분부대로 하였습니다. 품삯을 내십시오. 명년에는 또 청할 궁리도 마십시오. 난 하라 해도 하지 않겠습니다."

부자는 할말이 없어서 품삯을 고스란히 내어놓을 수밖에 없었다.

150
두 번째 달부터 배우겠소

아반티가 갑자기 어디에서 그런 열정이 생겼는지 현악기 비파 치는 걸 배우고 싶었다. 그래서 한 음악 선생님을 찾아갔다.
"비파 치는 걸 가르치는데 개인수업 학비를 얼마 받습니까?"
"첫달엔 은전 세 닢을 받고 그 다음달부터는 한 달에 은전 한 닢씩 받습니다."
"아 그럼 좋습니다. 그럼 전 두 번째 달부터 시작하여 비파를 배우겠습니다."
하고 아반티가 말했다.

151
사람은 가려 써야

아반티는 역사에 대해서도 해박한 지식을 가지고 있었다. 그의 눈은 확실히 남다른 데가 있었다.
춘추시대 초나라는 채(蔡)에다 성을 쌓고, 채 성을 기질이란 사람에게 맡기려고 왕이 아반티의 친구 신무우에게 물었다.
"기질을 채에 두는 것이 어떻겠는가?"
신무우가 대답했다.

"자식을 보는 눈은 어버이만 못하고, 신하를 보는 것은 임금만 못하옵니다. 굳이 저의 소견을 말씀드린다면, 정나라 장공은 역에 성을 쌓고 그 성을 자원에게 맡겼다가 그 자리를 보전치 못했었습니다. 제나라 환공은 곡에 성을 쌓고 그곳에 관중을 두었는데 지금까지도 제나라의 은혜를 잊지 않고 잘 지키고 있습니다.

저의 소견으로는 지체가 높은 사람을 다섯 명 이상 변방에 두지 않고, 지체가 천한 사람을 다섯 명 이상 조정에 두지 않으며, 친척을 외방에 보내지 않고 우유부단한 신하를 궁중에 두지 않는 것이 나라를 다스리는 방법이라고 알고 있습니다. 기질을 밖에 두고 정단을 안에 두시는 것은 깊이 생각하실 일이라 사료되옵니다."

신무우는 자기 소견을 조목조목 이야기했다.

"더불어 말씀드린다면 나뭇가지가 너무 크면 밑둥이 부러지기 쉽고 짐승의 꼬리가 너무 길면 그 꼬리를 흔들 수가 없다고 합니다."

신무우는 곁들여 자기의 뜻을 명확하게 이야기했다.

'가지가 크면 부러진다'는 것은 위가 약하고 아래가 강하면 위에서 제어하기가 어렵다는 말이라는 뜻을 알고 기질을 그곳에 보내는 것을 고려했다.

152
심판관이 없는 곳이 천당

하루는 사람들이 아반티를 둘러싸고 물었다.
"아반티, 사람들이 죽은 다음 천당으로 가는 것이 좋습니까, 지옥으로 가는 것이 좋습니까?"
그러자 아반티가 그 자리에서 말했다.
"어느 곳이든지 법관이나 심판관이 없으면 거기가 제일 좋은 곳이지요."

153
구멍만 남았다

아반티가 어렸을 때 유치원에서 산수 공부를 했다. 어느 날 선생님이 그에게 물었다.
"아반티야, 넷에서 넷을 덜면 얼마니?"
아반티는 말을 못하고 멍하니 서 있었다. 아무 대답도 못하는 아반티에게 선생님이 화가 나서 큰소리로 물었다.
"얘, 아반티야, 예를 들어 너의 호주머니에 은전 네 닢이 있는데 그것들이 몽땅 호주머니 구멍으로 빠져 나갔다. 그럼 호주머니에 뭐가 남아 있겠느냐?"
아반티가 대답했다.
"호주머니에 남긴 뭐가 남아. 구멍만 남지."

154
양을 안 바친 아반티

황제가 성안에다 한 장의 포고를 붙였다. 포고에는 이렇게 씌어 있었다.

'온 성안의 백성들은 사흘간에 집집마다 무상으로 황궁에다 양 한 마리를 바쳐야 한다. 남편은 마누라의 말을 듣지 말고 제 때에 바쳐야 한다. 만약 위반한 자는 목을 자르겠다!'

사흘 사이에 온 성안의 백성들은 집집마다 모두 황궁에다 양 한 마리씩을 바쳤다. 그런데 아반티만은 바치지 않고 있었다.

나흘째 되는 날 황제는 아반티를 불러다 놓고 살기등등해서 물었다.

"아반티 이놈! 죽이지 않으면 안될 놈. 네놈은 왜 양을 바치지 않았느냐?"

"존경하는 전하!"

아반티는 아무런 일도 없는 듯이 얼굴에 미소를 지었다.

"포고를 보고 집에 돌아가서 마누라와 상의했습니다. 나는 황궁에다 양을 바치지 말자 하고 마누라는 기어코 바쳐야 한다고 우겼습니다. 전하의 포고에는 남편은 마누라의 말을 듣지 말라고 하였습니다. 나는 전하의 포고대로 하는 수밖에 없었습니다. 마누라의 말을 절대 듣지 않았습니다. 만약 들었더라면 양을 바쳤을 겁니다."

155
마음의 움직임

아반티는 사람의 마음을 읽는 안목을 가지고 있는 사람이었다.

그는 《잠부론》이라는 책을 읽고 난 후 한마디 덧붙였다.

한 사람이 허튼 소리를 하면 많은 사람이 그것을 곧이곧대로 알아듣고 마치 사실인 것처럼 퍼뜨리는 수가 있다.

그것은 '개 한 마리가 헛것을 보고 짖으면 백 마리의 개가 그 짖는 소리를 듣고 따라 짖는다'는 말이 있는데 사람들도 마찬가지다.

《잠부론》은 후한 때 왕부라는 사람이 쓴 것이다. 왕부는 그 당시의 정치와 정치하는 사람들을 이렇게 통박하면서 일생을 초야에 묻혀 살았다.

한 마리의 개가 짖으면 따라 짖는다는 말은 예나 지금이나 마찬가지가 아닌가고 아반티는 말했다.

156
특별히 알리려고

아반티의 마누라가 병에 걸려 앓게 되자 아반티가 의사 선생님을 모시러 갔다. 아반티가 초조한 마음으로 황급히 집을 나섰다. 급히 출입문으로 나가 창문가를 지날 때였다. 문득 마누라가 창문으로 머리를 내밀며 소리쳤다.

"주님, 감사드립니다. 저는 방금 병이 나아 아픈 데가 없으니 이젠 의사를 모셔올 필요가 없습니다."

아반티는 마누라의 말을 듣고 더 빨리 걸어 의사 선생님 집으로 갔다.
"의사 선생님, 저의 마누라가 병이 깊어 나보고 의사 선생님을 모셔오라고 부탁했는데 제가 집을 나서자 또 갑자기 병이 나아졌다고 하면서 의사 선생님을 모셔올 필요가 없다고 했습니다. 그래서 의사 선생님께서 수고하시지 않아도 되겠기에 특별히 알려드리려고 제가 황급히 뛰어왔습니다."

157

밥 값

한 가난한 사람이 아반티를 찾아와 사정했다.
"존경하는 아반티, 한 가지 부탁이 있는데 들어주겠는지 모르겠습니다."
"남을 도와주는 건 영광스러운 일이고 또 기쁜 일입니다. 말씀하십시오."
"휴!"
가난한 사람은 이렇게 한숨을 내쉬고 말했다.
"우리 가난뱅이들은 정말 살아가기 어렵습니다. 어제 나는 부자네 식당 문 입구에 한참 서 있었습니다. 부자란 놈은 내가 식당의 밥 냄새와 반찬 냄새를 맡았으니 돈을 내라고 하였습니다. 나는 물론 돈을 내지 않았습니다. 그놈은 나를 법관에 고소하였습니다. 법관은 오늘 판결하기로 하였습니다. 나를 도와 좀 변호를 해 줄 수 없습니까?"

"있구말구!"

아반티는 흔쾌히 승낙하고 가난한 사람과 함께 법관을 찾아갔다.

부자는 진작 와서 법관과 시시덕거리고 있었다.

가난한 사람이 들어선 것을 본 법관은 물어보지도 않고 욕을 퍼부었다.

"염치도 없는 놈! 부자네 식당의 향기를 맡고 뻔뻔스럽게 돈을 물지 않았으니 빨리 이 부자에게 밥값을 물어 줘라!"

"잠깐, 법관님!"

아반티가 앞으로 나서며 법관에게 꾸벅 절을 올리고 나서 말했다.

"이 사람은 나의 형님입니다. 형님께서는 돈이 없습니다. 밥값을 내가 물어 주겠습니다."

아반티는 허리에서 동전을 넣은 주머니를 꺼내 들고 부자의 귓가에 가져다 절렁거리는 소리가 나게 흔들었다.

"부자님, 주머니 속에서 나는 동전 소리를 들었습니까?"

"뭐라구요? 어, 들었습니다! 들었습니다."

하고 부자가 말했다.

"됐습니다. 형님은 당신의 밥과 반찬의 냄새를 맡았고 당신은 나의 동전이 절렁거리는 소리를 들었습니다. 우리의 결산은 이로써 끝났습니다."

말을 마친 아반티는 가난한 사람의 손목을 잡고 버젓이 법정을 나왔다.

158
환상까지 냄새를 맡다

아반티가 어느 날 혼자서 집을 지키고 있었다. 그런데 문득 무슨 국물을 시원하게 마셔 보고 싶은 생각이 들었다.
"아, 따끈따끈한 닭고기국이 있었으면 좋겠다. 거기에 레몬 기름 몇 방울을 떨궈 넣고 마셨으면……."
아반티가 한창 달콤한 환상에 들떠 있는데 이웃집 아이가 빈 사발을 들고 와 문을 두드렸다.
"아저씨, 엄마가 앓고 계셔요. 국물 한 그릇만 줄 수 없나요?"
그러자 아반티가 말했다.
"아, 하느님, 이게 어찌된 일입니까? 이웃집에서 저의 환상까지 냄새를 맡다니요."

159
사람들의 마음

아반티가《후한서》를 들먹이며 말했다. 후한을 세운 광무제가 아직 유현 밑에 장군으로 있을 때, 하북 땅의 적을 토벌하여 많은 전과를 올리며 업이라는 곳까지 쳐들어갔다. 그때 옛날 친구였던 등우가 진중으로 찾아왔다.
멀리 남양에서 하북땅까지 찾아온 것이다.
광무제의 이름은 유수라 불렀는데, 유수는 등우가 필시 일자리라도 부탁하러 온 것이려니 생각했다.
"먼데서 이렇게 찾아주니 고마우이. 어쩐 일인가? 혹 취직 자리라도 있을까 해서인가? 그렇다면 내 좋은 자릴 천거하지."

유수는 아주 가벼운 마음으로 옛 친구에게 말했다.
그러자 등우는 고개를 가로저으며 말했다.
"그런 조금만 일로 여기까지 자넬 보러 왔겠나? 나는 자네를 그렇게 적은 인물로 생각하고 있지를 않네. 자넨 반드시 큰일을 할 사람이야. 그래서 내 자네를 도와 공명을 역사에 남기고 싶은 마음을 가지고 왔다네."
등우는 유수를 바라보며 말했다.
"자넨 영웅들을 사귀고 백성의 마음을 사서 한나라를 일으켜야 할 만큼 큰 인물일세. 알아듣겠는가?"
유수는 그 말을 듣고 매우 기뻐하며 등우를 그의 막하에 있게 했다.
등우는 그날 이후 명성이나 녹 같은 것에는 상관치 않고 열심히 유수를 도와 일을 했다. 그래서 유수가 임금이 되었을 때 등우는 최고 각료의 한 사람으로 공명을 역사에 남겼다.
아반티는 사람을 보는 눈을 가져야 공명을 죽백(竹帛), 즉 책에 남기고 자기가 설 자리를 안다면서 말끝을 맺었다.

160
저승 넓이

한 선교사가 거리에서 아반티에게 물었다.
"아반티, 저승의 넓이가 도대체 얼마나 됩니까? 어제 한 사람이 저승은 이승보다 더 넓다고 하였습니다. 정말입니까?"
이때 여러 사람이 시체를 넣은 관을 메고 오고 있었다. 아반티는 생각나는 바가 있어서 말했다.
"보시오. 저 사람이 저승으로 가고 있습니다. 저 사람을 따라

가서 몸소 재어 보시오. 그러면 확실히 알 게 아닙니까?"

161
나귀가 된 사람

어느 날 아반티네 나귀가 갑자기 죽어 버렸다. 아반티는 너무도 속상하여 며칠간 우울한 기분에 잠겨 있었다.

아반티의 마누라가 아반티가 너무나 상심하므로 돈을 주면서 시장에 가서 나귀 한 마리를 사 오라고 했다.

아반티는 시장으로 가서 나귀 한 마리를 사가지고 고삐를 잡고 뒤도 돌아보지 않고 왔다.

그때 두 장난꾸러기가 나귀 고삐를 살그머니 풀어냈다. 그리고 한 망나니가 그 당나귀를 도로 시장으로 끌고 가 팔아치우고 다른 한 망나니는 나귀 고삐를 자기 목에 걸고 아반티와 함께 아반티네 집으로 왔다.

집 뜨락에 이르자 머리를 돌려 뒤를 돌아본 아반티는 깜짝 놀랐다. 글쎄 나귀가 사람으로 변해 있는 것이 아닌가!

"아니, 넌 누구냐? 넌 어디서 생겨난 놈이냐?"

교활한 망나니는 눈물 콧물 쥐어짜며 말했다.

"아, 아반티 아저씨, 제가 나쁜짓을 너무 많이 하고 부모에게 불효하여 어머니 앞에서 나귀로 변해 버렸답니다. 전 너무나도 어머니를 노하게 하였사옵니다. 그래서 어머니가 '사람 못 된 망나니 같은 자식, 나귀나 되어라. 이 망할놈아' 하고 욕설을 했지요. 그러자 그 자리에서 제가 나귀로 변해 버렸답니다. 누군가 절 끌고 시장에 가 팔아 버렸는데 당신이 산 거예요. 당신 덕분에 전 길에서 다시 사람으로 변하게 되었답니다."

망나니는 말하면서 연신 아반티의 손이며 옷자락에 키스를 해대며 감격스러움을 표시했다.

"됐소. 이제부터는 어머니 말씀을 잘 들으시오."

아반티는 단단히 부탁하고 나서 그 망나니를 놓아 주었다.

이튿날 아반티가 또 나귀 한 마리를 사려고 시장으로 갔다. 시장에서 그는 자기가 어제 산 그 나귀가 광대놀음을 하는 한 사람에게 끌려가는 것을 보았다. 아반티는 얼른 그 나귀 옆에 다가가 나귀의 귀에 입을 대고 웃으며 말했다.

"이 못난 놈아, 너 내 부탁을 듣지 않고 또 어머니를 노하게 한 모양이구나! 그래 나귀가 되어 싸다."

162
·
기괴한 상품

하루는 아반티가 성안으로 들어서는데 군수와 법관, 부자, 동장 네 사람이 예배당 문 밖에서 환담하고 있었다.

"어떻게 왔소, 아반티?"

그들 중의 한 사람이 아반티를 알아보고 인사를 했다.

"예, 성안으로 들어왔습니다."

하고 아반티가 대답했다.

"자, 여기로 오시오, 아반티."

그 사람이 소리쳤다.
"우리들한테 재미있는 이야기나 해 주구려, 참 답답해 죽겠는데……."
"안 됩니다. 그럴 여가가 없습니다."
아반티는 그들 네 사람을 다 알고 있으면서도 모른 체하며 말을 이었다.
"방금 내가 성 밖에서 한 사람을 만났습니다. 모두 네 필의 말 위에 짐을 가득 실었더군요. 군수, 부자, 법관, 동장 들에게 가져다 줄 물건이라고 합데다. 난 그들을 만나러 가는 중이랍니다."
그 네 사람이 듣고 나서 앞을 다투어 물었다.
"아반티, 그들이 무슨 물건을 가져왔는지 알고 있소?"
"내가 물어보았습니다."
"첫째 말 위에는 간교라는 물건을 실었는데 동장에게 준다 하고, 두번째 말에는 깍쟁이라는 물건을 실었는데 부자에게 준다 하고, 세번째 말에는 탐관오리라는 물건을 실었는데 법관에게 준다 하고, 네번째 말에는 폭정이라는 물건을 실었다 하는데 군수에게 적합할 거라고 하였습니다."
네 사람은 듣고서 어리둥절해 다시 물었다.
"당신이 반나절이나 이야기하였는데 도대체 무슨 상품이며 그 네 마리 말은 또 어디에 있소?"
"이건 기괴한 상품입니다. 이 네 마리 말이 내 앞에 있지 않습니까?"
아반티는 말을 마치고 그들을 돌아보지도 않고 성 중심을 향하여 갔다.

163
구멍난 두루마기

아반티가 어느 날 밤 화원에 두 팔을 쩍 벌린 채 키 큰 사나이가 서 있는 걸 보았다. 틀림없이 도적이라고 생각한 아반티는 곤히 잠을 자고 있는 마누라를 흔들어 깨웠다.
"여보, 어서 가서 내 활을 가져오시오."
마누라가 활을 가져다 주자 아반티는 화살을 채우고 활시위를 힘껏 당겼다. 그리고 난 다음 주문 비슷한 말을 몇 마디 외우고 나서 화살을 또 쐈다. 화살은 똑바로 그 사람의 복부를 뚫고 나갔다. 키 큰 사나이의 그림자가 몇 번 휘청거렸다.
아반티는 득의양양해졌다.
"진짜 그 사나이는 맞지 않을 리가 없지. 3~5년 연습해서 될 수 있는 기술인가! 그놈 거기서 시달림을 받다가 죽어버리겠지. 내일 아침 일찍 나가 시체를 처리하면 될 거야."
이튿날 아반티는 일찍 부랴부랴 화원에 나가 보았다. 그런데 어젯밤 자기가 명중한 것이 자기의 두루마기일 줄이야.
워낙에 마누라가 낮에 두루마기를 빨아 화원의 밧줄에 걸어 놓았던 것이다. 두루마기 중간에 커다란 구멍이 난 것을 보자 아반티는 하느님께 크게 감사를 드렸다. 마누라가 영문을 몰라 묻자 아반티가 말했다.
"이것 보오. 화살이 배꼽 부위를 뚫고 지나가지 않았소. 만일 내가 안에 있었더라면 어떻게 됐겠소…….
그리고 생각해 보오. 도적놈이라도 그렇지. 송장 치는 일이 얼마나 힘드오. 잘된 일이지 않소."

164

손쉽게 보물을 얻으면

아반티가 《장자》에 대한 이야기를 했다. 노자와 장자는 별난 사람들로 노자가 하늘을 말하면 장자는 땅을 말한다고 했다.

장자는 갑자기 큰 물건을 얻거나 보물을 얻으면 화근이 될 수 있다는 얘기를 입담 있게 말했다.

어떤 강가에 다 쓰러져 가는 초가집에서 아주 가난하게 사는 사람이 있었다. 그런데 어느 날 아들이 강물 속에서 큰 구슬 하나를 주워 왔다.

이것을 본 아비가 아들에게 그 구슬을 당장에 버리라고 호통을 쳤다.

아들이 멈칫멈칫하고 서 있으니까 아비가 벼락을 내리듯이 말했다.

"이렇게 큰 구슬은 반드시 깊은 못 속에 있는 것이다. 이 구슬은 필시 용이 가지고 노는 구슬일 게다. 네가 이 구슬을 얻을 수 있었던 건 아마 용이 잠깐 낮잠이라도 자고 있었던 틈이었을지도 모른다. 그렇지 않고서야 어떻게 너 같은 놈이 이런 구슬을 얻을 수 있었겠느냐 말이다. 그걸 지니고 있으면 네 신상에 좋지 않은 일이 생길 게다."

아비는 아들의 손에서 구슬을 빼앗았다.

손쉽게 보물을 얻으면 해를 입을 수 있다는 교훈을 아반티는 《장자》의 예를 들어 이야기했다.

음식을 갑자기 많이 먹으면 소화불량에 걸리듯이 갑자기 일확천금을 얻으면 제정신을 못 차리는 수가 있다.

165
내 탓인가 개 탓이지

어느 날 황혼 무렵이었다.
아반티가 나무 한 짐을 등에 지고 부자네 집 문 앞을 지나가게 되었다.
그때 갑자기 부잣집 개가 왕왕 앙칼스레 짖어대며 아반티에게 덮쳐들었다.
아반티는 허리에 찼던 도끼를 쑥 뽑아서 달려드는 개 대가리를 향해 휘둘렀다. 단번에 개 대가리에 도끼날이 꽂혔다.
이때 부자가 달려나와 아반티를 붙잡고 노기등등해서 따지고 들었다.
"개가 달려들면 도끼자루로 때려 쫓아 버리면 그만이지 왜 죽였소?"
"부자님, 왜 그렇게 말씀하십니까?"
하고 아반티는 크게 항의했다.
"당신의 개가 만약 궁둥이로 나를 덮쳐 왔다면 내가 도끼자루로 쳐서 쫓아 버릴 수 있습니까. 그런데 당신네 개가 아가리를 쩍 벌리고 나를 물려고 했단 말입니다. 그래서 자연적으로 도끼를 빼들고 개와 싸웠습니다. 이게 어디 나를 탓할 일입니까? 개나 탓하시오. 나는 정당방위를 했을 뿐입니다."
말을 마친 아반티는 부자를 본 체도 하지 않고 나무를 등에 지고 총총히 떠났다.

166
장난감

마을의 한 여인이 해산할 때가 되었다. 조산원이 반나절이나 애써 보았으나 여인은 그냥 고통만 겪을 뿐 해산을 못했다. 궁리 끝에 아반티를 청하여 방법을 의논할 수밖에 없었다.
아반티는 사실의 경과를 다 듣고 나서 급히 어리론가 가더니 호각 소리를 내는 예쁜 장난감을 가지고 왔다.
사람들이 왜 장난감을 가져왔는가고 묻자 아반티가 대답했다.
"애들이란 장난감을 좋아하기 마련이지요. 그러니 장난감 소리를 들으면 가지고 놀려고 어머니 뱃속에서 얼른 나올 겁니다."

167
하느님을 보러 갑시다

하루는 아반티가 흰 천으로 눈을 가리고 눈이 먼 것처럼 하고 한 법관을 찾아갔다.
아반티가 하느님을 믿지 않는다는 것을 알고 있는 법관은 이 기회에 아반티를 단단히 가르쳐 주어야겠다고 생각했다.
"그래 누가 하느님을 믿지 않습니까? 이건 하느님이 당신의 눈빛을 빼앗아 갔기 때문이오. 그러나 하느님은 인자한 분이니까 빨리 무릎을 꿇고 앉아서 다시는 죄를 짓지 않겠다고 비시오! 하느님밖에 당신을 구하지 못할 거요."
"하하, 그것 참 좋습니다."
하고 아반티는 눈을 싸맸던 흰 천을 풀고 눈을 떴다.
"나리님, 날 데리고 하느님 보러 갑시다!"

법관은 비실비실 뒷걸음질치며 소리쳤다.
"이… 이… 이… 망할놈."

168
소인 같은 윗사람

아반티가 《논어》를 돋보기로 들여다보면서 말했다.
 큰 사람 밑에서는 일하기 쉬우나 작은 사람 밑에서는 일하기가 어렵다.
 군자는 섬기기는 쉬우나 기쁘게 하기는 어렵다. 그것은 군자를 기쁘게 하려면 옳은 일을 해야만 되기 때문에 그렇다.
 군자는 사람을 쓸 때 그 사람의 능력에 따라서 쓴다.
 사람을 적재적소에 쓰는 일이 말로는 쉬우나 실제는 여간 어려운 일이 아니다. 바로 그것이 군자가 해야 할 일이다.
 그러면 소인은 어떠한가?
 소인은 섬기기 어려우나 기쁘게 하기는 쉽다. 소인을 기쁘게 하려면 옳은 일은 아닐지라도 기쁘게 할 수 있다. 소인이 사람을 쓸 때에는 모든 것을 다 갖춘 사람을 쓰기를 원한다.
 모든 것을 다 갖춘다는 말은 한두 가지 장점만 가지고는 안 된다는 뜻이다. 완전한 인간, 무엇이고 척척 해내는 그런 사람을 쓰고 싶어하고, 또 밑에 사람이 그렇게 해 주기를 바란다.
 동서고금을 막론하고 너그러운 윗사람은 잘 모시기가 힘든다. 반대로 잔소리가 많은 윗사람한테는 뒤로 물건이라도 사다 주면 금방 태도가 달라진다.
 섬기기 쉽다는 말은 말에 재갈을 물리는 것처럼 어렵게 생각되지만 물려만 놓으면 되기 때문에 쉽다는 이야기다.

169
나귀가 죽자 슬퍼하다

　마누라가 세상을 떠났는데 아반티는 괴로워하는 기색이라곤 조금도 없었다. 그런데 얼마 후 나귀가 죽자 더없이 슬퍼하며 통곡하였다.
　그러는 아반티를 보고 친구들이 이해가 가지 않아 물었다.
　"아반티, 부인이 세상을 떴을 때는 별로 슬퍼하지 않다가 나귀가 죽으니 이렇게 슬퍼하다니 웬일인가?"
　"나의 마누라가 세상 떠날 때는 이웃이며 친구들이 다 찾아 와 '아반티, 괴로워하지 말게. 우리가 죽은 마누라보다 더 훌륭한 마누라를 찾아 주겠네'라고 나를 위안해 주었지만, 나귀가 죽은 후에는 나를 위안해 주는 사람이 하나도 없습디다."
　아반티는 섭섭하다는 듯이 말했다.

170
덧 신

　한 연회에 참가하려고 갔던 아반티가 문 입구에서 덧신을 벗어서 품에다 간직하고 안으로 들어갔다.
　한 손님이 이를 보고 물었다.
　"아반티, 신을 문 밖에 놓지 않고 왜 품속에 간수하시오?"
　"내 덧신은 성질이 괴벽스럽습니다. 아무 사람이나 '가자' 하면 나를 버리고 딴 사람을 따라간답니다."

171
남의 말을 잘 듣는 사람

아반티가《한비자》라는 책을 읽으면서 말했다. 믿을 수 없는 사람 곁에서는 빨리 떠나는 것이 좋다.

춘추시대에 노단이란 사람이 있었다.

노단은 중산군을 찾아가 자기를 써달라고 세 번이나 간청을 했다. 그러나 써 주기는커녕 만나 주지도 않았다.

이번에는 방법을 달리 해서 중산군의 측근에서 일하는 사람에게 돈을 주고 중산군을 만나게 해 달라고 부탁했다.

얼마 있다가 중산군을 만나라고 해서 그곳에 갔더니, 노단이 말도 하기 전에 중산군이 먼저 벼슬 자리를 내려주겠다고 자청했다.

노단은 아무 말도 않고 물러나와서 집에도 가지 않고 중산 땅을 즉시 떠나 버렸다.

따라가던 종이 이상해서 중산에게 물었다.

"이제 벼슬 자리를 얻으셨는데 왜 떠나려고 하십니까?"

"생각해 봐라. 중산군은 내가 세 차례나 찾아가서 말했을 때는 들은 척도 하지 않더니, 측근에 있는 사람을 돈으로 사서 말하니까 금방 그 말을 듣지 않았느냐. 그렇게 남의 말을 듣고 나를 써 주는 사람이면 언젠가는 남의 말을 듣고 나를 죄인 취급할지도 모르는 것이 아니겠느냐. 그렇게 주책없는 사람 밑에서 어떻게 벼슬을 살 수 있단 말이냐."

노단이 아직 중산 땅을 벗어나기 전에 중산군에게 노단에 대해서 말했다.

"노단은 조나라 첩자입니다. 놓아 보내서는 안 됩니다."

아니나 다를까, 중산군은 그의 말을 곧이듣고 노단을 뒤쫓아 잡아다가 옥에 가두고 말았다.

아반티는 중산군과 같이 남의 말만 듣고 자기의 중심이 없는 사람을 경멸하면서 세간에는 이런 사람이 너무도 많다고 한탄했다.

172
·
상서로운 조짐

아반티가《역경》을 들여다보면서 고개를 휘저었다.
추운 겨울 꽁꽁 얼어 붙은 얼음은 대번에 어는 것이 아니다.
서리가 내리고 차츰 날씨가 추워지기 시작할 때부터 비롯하여 서서히 추위가 더해 간다.
다시 말하면, 서리가 왔다는 것은 곧 얼음이 어는 겨울이 다가오고 있다는 조짐이요 징조인 것이다.
따라서 모든 일에 있어 어떠한 일이 일어날 동기가 미리 드러나보이는 기미가 있으면 큰일이 곧 닥칠 것이라는 것을 알고 미리 방비를 하지 않으면 안된다.
《역경》에 보면 '음기(陰氣)는 처음에는 극히 미약하다. 그러나 그 기운은 반드시 크게 자란다. 서리가 내리게 되면 음기는 차츰 성해져 머지 않아 얼음이 얼어 붙게 된다.
그렇다고 반드시 양기(陽氣)가 착한 것이고 음기는 악한 것이라고 단정할 수는 없다. 사람의 신체에 비유한다면 정신은 양이요 육체는 음이다.
그러므로 정신이 시키는 대로 따르지 않고 육체가 제멋대로 욕망을 따라간다면 그것은 위의 명령을 따르지 않는 것과 같다.
따라서 서리를 밟으면 얼음이 언다는 말은 양기를 돕고 음기를 막아야 한다는 뜻이다'라고 되어 있다.

그리고 허훈의 시에 '비가 오려면 바람이 다락에 찬다'는 말과 같이 무슨 일이 일어날 때면 반드시 조짐이 보인다는 뜻이다.
　아반티는 서기운집이라고 하면서 비가 오려면 구름이 끼듯이 좋은 일에도 그 조짐이 먼저 있게 마련이라고 얼굴에 미소를 띠웠다.

제2부
지혜로운 아반티

201
필연성

한 농부가 아반티를 찾아와 물었다.
"감람나무를 심으면 그해에 열매가 열립니까?"
아반티가 대답했다.
"아무럼 열리지요. 열리고말고요."
"꼭 그렇다고 확신합니까?"
"네, 전 그렇다고 담보할 수 있습니다."

얼마 후 아반티가 나귀를 끌고 강변으로 가 물을 건너려고 다리를 찾는데 반나절이나 걸렸다. 그래도 찾지 못해 이리저리 찾아다니는데도 강에는 건널 수 있도록 놓은 다리가 없었다. 하는 수 없이 아반티는 나귀를 끌고 오던 길을 되돌아가기로 했다. 그 광경을 보고 감람나무를 심으려던 농부가 아반티에게 물었다.

"여보십시오 아반티, 사람들은 모두 당신을 총명한 사람이라고 합니다. 그런데 당신은 저의 감람나무가 일년 만에 열매를 가질 수 있다는 건 알면서 이 강에 다리가 없는 건 왜 모르십니까?"

아반티가 대답했다.

"난 자연 법칙처럼 필연성을 띤 일만 알고 인위적인 가능성을 가진 일은 잘 모릅니다."

202
공동묘지에 오면 잡는다

아반티가 시장에 장보러 간 어느 날, 그만 나귀 등에 걸쳐놓고 다니던 전대를 도둑맞고 말았다. 사람들이 달아나고 있는 도둑을 가리키며 쫓아가 붙잡으라고 소리쳤지만 아반티는 쫓아가려고 생각지도 않고 천천히 걸어 공동묘지로 가 앉아 있었다.

사람들이 너무도 이상스러워서 물었다.

"아반티, 도적을 쫓아가 붙잡지 않고 왜 여기에 와 앉아 있는 건가요?"

아반티가 대답했다.

"쫓아갈 필요가 있습니까? 아무리 재간 있고 날랜 도적이라 하여도 아무 때든 공동묘지로 오게 될 날이 있을 겁니다. 그때 잡으면 되지요."

203
바보 국왕

새로 올라앉은 국왕은 머리도 쓸 줄 모르는 아둔한 바보였다.

외국에서 온 사신들과 대화할 때에도 동쪽에 가서 몇 마디 하고 서쪽에 가서 몇 마디를 꺼내면서 말을 하지만 쓸 말은 한마디도 없었다. 늘 사리에 맞지 않는 말만 하여 웃음을 터뜨렸다.

대신들의 추천으로 국왕은 백성들 속에서 제일 총명하다고 소문난 아반티를 왕사로 삼게 되었다.

아반티가 말했다.

"전하, 오늘부터 아침에 황제의 자리에 가서 앉을 때 발에다 긴 끈을 매고 그 한 끝을 제 손에 쥐고 있겠나이다. 국왕의 말씀이 사리에 맞으면 소인은 움직이지 않고 말씀이 사리에 맞지 않으면 소인이 끈을 잡아당기겠나이다. 그러면 전하께서는 하시던 말씀을 멈추시고 입을 다물기를 바랍니다."
　국왕은 너무도 재미있어서,
　"훌륭하오! 훌륭하오."
하였다.
　이튿날 인접국의 한 사신이 찾아왔을 때 국왕이 물었다.
　"귀국의 고양이와 개는 활달하게 보내는가? 소와 양은 건강한가? 그리고 또……."
　국왕의 말이 앞뒤가 전혀 어울리지 않자 아반티는 얼른 줄을 잡아당기고 나서 말했다.
　"우리 국왕님께서는 고금을 통달하여 학문이 매우 심오하십니다. 지금 한 말씀은 한마디 한마디가 말과 뜻이 달라서 비범한 사람이 아니고서는 이해하지 못합니다. 방금 '고양이와 개'라고 하신 것은 귀국의 문무백관을 가리키고 '소와 양'은 귀국의 백성들을 가리킵니다."
　해석을 들은 사신은 불쑥 일어나서 허리를 굽히고 아뢰었다.
　"감탄합니다, 탄복합니다."
　이때 국왕의 낯빛이 변하였다. 그는 머리를 돌려 아반티를 질책했다.
　"퉤! 둔한 자식! 내 말의 의미가 그렇게 깊다면 내 발에다 매어 놓은 줄은 왜 당기는 거냐."

204
다리가 부러져

아반티가 아주 반들반들하게 생긴 지팡이를 가지게 되었다. 그런데 아반티를 싫어하는 한 사람이 아끼는 지팡이를 분질러 놓았다.

아반티는 너무도 화가 나서 그 사람에게 욕을 퍼부었다.

"이 지팡이는 나의 오른쪽 다리와도 같소. 필시 하느님께서 사십일 내에 벌을 내려 그 사람의 다리도 이 지팡이처럼 부러뜨리고 말 거요."

그 사람은 아반티의 저주를 듣자 황망히 밖으로 나가 버렸다. 그런데 너무 급하게 걷다 문턱에 걸려 넘어졌는데 과연 왼쪽 다리가 분질러져 버렸다.

그 사람은 아반티에게 눈을 부라리며 말했다.

"이런 법이 어디 있소? 사십일 후에 내 다리가 부러질 거라고 했는데 이 자리에서 부러지게 하다니?"

아반티가 태연하게 말했다.

"이건 아마도 다른 사람의 저주에 의해 생긴 불행인 것 같소. 그러니 사십일 후에 나의 저주가 효력을 낼 때면 당신은 아마 두 손으로 땅을 짚고 기어다녀야 할 거요!"

205
물러날 때

아반티는 물러날 때를 아는 것이 지혜라고 말하면서《사기》의 예를 들었다.

전국시대 범수는 위나라에서 진나라로 도망가 거기서 재상이
되었다. 진나라 소왕은 범수를 대단히 신임했다.
　그런데 범수가 천거한 정안평이란 사람이 조나라를 쳐들어
갔다가 실패하고 말았다. 범수는 마음이 괴로웠다.
　진나라 법은 사람이 죄를 짓게 되면 그 사람을 천거한 사람도
벌을 받아야 하게 되어 있었는데, 소왕은 특히 이번 일에서만은
범수를 불문에 부치기로 했다.
　그즈음 채택이란 사람이 진나라로 왔다.
　범수는 채택과 만나 이런저런 얘기 끝에 채택이 귓속말로 말
했다.
　"일년 네 철을 보면 봄에 만물이 나서 자라게 되면 여름철로
바뀌고, 여름에 다 자라면 가을철이 되어 열매를 맺고, 가을에
열매가 다 익고 나면 겨울로 옮기어 그것을 간수하게 합니다. 사
람도 성공을 한 다음에는 다음 사람에게 자리를 물려주고 물러
앉는 것이 사시 절기가 바뀌는 이치와 같은 것입니다.
　당신도 이제 재상 자리를 내놓고 물러가는 것이 신상에 좋지
않겠습니까?"
　범수는 그렇지 않아도 그만둘까 하던 차에 채택을 만나 그
런 소리를 듣고 곧 마음을 결정하고 채택을 자기 후임으로 천거
했다.
　범수는 끝까지 아무 탈 없이 깨끗하게 지냈고, 한편 채택은
주나라를 멸망시키고 천하를 통일하는 데 큰 공을 세웠다. 그러
나 자기를 비난한다는 소리가 들리자 아무 미련 없이 재상 자리
를 내놓고 초야에 묻혀 안온한 여생을 보냈다.
　채택은 큰 공을 세우고 영화도 오래 누려 보지 못한 채 아무
미련 없이 물러났다. 아무나 하는 일이 아니었다.
　이렇게 물러날 때를 아는 지혜가 진실한 지혜라고 아반티는
힘주어 말했다.

206
오래 된 생선

아반티는 강에서 갓 잡아온 생선을 요리해 먹기를 좋아했다. 어느 날 그가 유명하다는 식당에 들어가 생선요리를 청했다.
식당 주인이 아반티가 청한 생선요리를 밥상에 가져다 놓자 아반티는 그 생선요리를 눈여겨보면서 입으로 무슨 말인지 중얼거리기만 하고 생선요리에는 젓가락도 대려 하지 않았다.
"왜 자시지 않습니까?"
식당 주인이 물었다.
"오, 나의 삼촌이 팔일 전에 이 물고기를 잡은 강에 빠져 죽었습니다. 난 이 물고기들한테 나의 삼촌이 죽은 걸 보았는가고 물어보았습니다."
"재미있는 물음이군요."
식당 주인이 못마땅하게 여기며 물었다.
"그래 물고기가 뭐라고 합디까?"
"나의 삼촌은 팔일 전에 죽었는데 물고기는 이렇게 대답했습니다. '유감스럽게도 난 당신의 삼촌을 보지 못했습니다. 난 벌써 십일 전에 이 식당의 주방으로 왔으니까요'라고 말입니다."

207
모두 진실한 말씀

백성들의 생활을 헤아려 보기 위하여 왕이 아반티네 집을 방문하였다. 그리고 그가 어떻게 살고 있는가를 살폈다.
"당신의 밭을 보고 싶은데 안내하시오."

왕이 말했다.
"밭은 모두 귀족의 것입니다."
아반티가 대답했다.
"당신이 거두어들인 식량은요?"
"모두 왕궁의 것밖에 없습니다."
"당신의 집은 왜 지붕이 없소?"
"부자가 허물었습니다."
"집안에 왜 가구가 없소?"
"법관이 다 가져갔습니다."
"아들은 어디로 갔소?"
"구의 구장이 죽였습니다."
"그럼 처는?"
"전하께서 눈독을 들일까봐 숨었습니다."

208
돈 다음 진리

국왕이 아반티에게 물었다.
"아반티, 만약 자네 오른쪽에 황금덩어리가 놓여 있고 자네 왼쪽에 진리가 놓여 있다면 어느 것을 가지겠는가?"
"국왕님, 전 황금덩어리를 가질 것입니다."
아반티가 대답했다.
"자넨 참 미련한 사람이구만."
국왕은 크게 웃으며 말했다.
"금은 재화가 다 뭔가? 그런 건 아무 것도 아니네. 하지만 진리를 얻기란 쉬운 일이 아니네. 내가 만약 자네라면 난 진리를 가질 거네."
　아반티가 국왕에게 말했다.
　"국왕님, 국왕님의 말씀은 지당하옵니다."
　아반티가 말했다.
　"누구든 자기에게 부족한 것을 가지게 마련입니다. 각자는 수요에 따라 가지게 되니깐요. 전 지금 당장 돈이 필요하고 돈으로 배를 불린 다음 진리가 필요할 것 같습니다."

209
한없는 사치

　아반티가 사람들의 사치를 개탄하면서《십팔사략》의 한 대목을 읽어내렸다.
　은나라 마지막 왕은 주왕이다. 주는 하나라 걸왕과 함께 나쁜 왕의 표본이 되었다.
　그러나 주왕은 어리석은 왕은 아니었다.
　배짱이 있고 기운도 셌다. 기운은 맨손으로도 사나운 짐승을 때려잡을 정도였고, 지혜는 신하가 간하는 말을 반박할 정도로 완벽했다.
　말도 청산유수여서 자기의 잘못을 잘한 일처럼 꾸밀 줄도 알았다.
　왕은 원래부터 호사를 좋아했는데 미인 달기를 얻은 후부터는 더욱 사치스럽고 호화로운 생활을 즐기게 되었으며 음탕해지기까지 했다. 그래서 밤낮으로 술과 계집들 속에서 살았다.
　왕이 처음에 상아를 가지고 젓가락을 만들게 했을 때 기자가 한탄하며 말했다.

"왕은 상아로 젓가락을 만들게 했다. 이제 밥그릇도 사기 같은 것은 볼품이 없다 해서 옥으로 만들라고 할 것이다.

옥 주발에 상아 수저, 이렇게 되면 식사도 이제까지의 음식으로는 격에 맞지 않을 것이다. 입는 옷도 비단이라야겠고 사는 집도 호화스러워야 할 것이다. 이렇게 호화스러워지면 나라의 돈을 다 써도 당할 수 없게 된다."

기자의 말은 그대로 들어맞았다. 주왕의 폭정은 날로 심하여 백성의 원성이 방방곡곡에 퍼져 갔다.

《사기》에는 '왕이 상아로 수저를 만들었다. 필시 옥잔을 만들 것이다. 그리고 나서는 먼데서 진기한 물건들을 사다 쓸 것이다. 그의 사치는 궁궐과 타고 다니는 제구에까지 이를 것이니 구할 길이 없다'고 개탄하였다.

아반티는 사람이 이같이 사치에 젖으면 결국 망할 수밖에 없다며 혀를 찼다.

210

잔칫집에 질그릇만 들고 오다

아반티가 어느 부잣집 문 앞을 지나게 되었다. 그때 부잣집에서 한창 성대한 연회를 열어 많은 손님을 접대하고 있었다.

아반티도 들어가 그 연회에 참가하고 싶은 생각이 들었다. 그런데 문지기가 낯선 사람이라고 들어가지 못하게 했다.

아반티는 궁리 끝에 시장에 가서 질그릇 하나를 사서 어깨에 메고 곧장 부잣집 대문 안으로 들어갔다.

문지기는 아반티가 주인의 심부름을 해 주는 줄 알고 더 말리지 않았다. 아반티는 연회상에 마주 앉아 실컷 먹고 마시고 나서 질그릇을 또 들고 대문으로 나왔다. 문지기가 물었다.

"왜 그건 도로 가져갑니까?"

"주인님께서 좋아하지 않아서 시장에 가지고 가서 다른 걸로 바꿔 와야겠습니다."

211
말이 하늘로 올라갔다

국왕이 아반티에게 물었다.

"아반티, 짐은 오래 전부터 하늘로 날아 올라가고 싶었네. 하늘에 올라가 두루 돌면서 안목도 넓히고 세상도 접촉하고 싶단 말이야. 산과 강, 산림과 초원을 단번에 눈 아래 두고 싶다 이 말일세, 아반티. 고명한 방법이라도 없나. 이 목적을 달성하게 도와주게."

"있습니다, 전하!"

하고 아반티는 큰소리로 대답했다.

"총명한 사람이 다르긴 다르군."

국왕은 입이 함박만해졌다.

"빨리 말하오, 그 묘법을."

"전하께서 맘만 먹으면 하늘로 올라가는 것은 식은죽 먹기입니다."

"전하께서 늘 타는 붉은 말을 나한테 주십시오. 제가 타고 멀고 먼 곳에 있는 높은 산꼭대기에 가서 약초를 캐 오겠습니다. 말이 이 약초를 먹기만 하면 날개가 나올 겁니다. 그때 전하께서 타면 모든 소원이 이룩될 겁니다. 그런데 가고 오는 시간이 일 년 정도 걸릴 겁니다."

"아반티! 일 년이 아니라 삼 년이라도 기다릴 수 있소."

국왕은 너무도 기뻐서 어찌할 바를 몰라하면서 즉시 아반티에게 금은 한 다발을 상으로 주었다. 그리고 자기의 붉은 말을 아반티에게 주라고 호위병들에게 명령했다.

아반티는 국왕의 말을 타고 바람처럼 집으로 돌아왔다.

"마누라!"

하고 아반티는 뜨락에서 아내를 불렀다.

"빨리 소잡이 칼을 가져오오. 고기를 먹게 되었소!"

사유를 알고 난 마누라는 근심스럽기도 하고 우습기도 했다.

"당신이 이렇게 했다가 해를 입지 않겠어요?"

"여보, 여보!"

아반티는 마누라를 바라보면서 말을 이었다.

"해가 미치는 것을 겁내다간 당신이나 나나 이 세상에서 고기맛을 볼 수 있겠소. 일단 먹고 봅시다."

아반티는 말을 잡았다.

일 년이 거의 찰 무렵에 아반티는 왕궁으로 갔다. 국왕은 만면에 웃음을 지으며 물었다.

"아반티, 이제 사흘만 지나면 일 년이 되오. 내 말에 날개가 날 것 같소?"

"전하!"

아반티는 득의양양하게 대답했다.

"전하의 말에 정녕 날개가 나왔습니다."

"하하! 훌륭하오! 대단히 묘하오."

국왕은 너무도 기뻐서 보좌에서 벌떡 일어섰다.
"그런데 왜 말을 데리고 오지 않았소?"
"데려오기는 했는데요."
아반티는 비통한 심정으로 말했다.
"그런데 한 절반 오다가 날개를 푸덕푸덕거리더니만 네 발로 땅을 차고 하늘로 날아가 버렸습니다."
말을 마친 아반티는 돌아서서 왕궁을 걸어 나왔다.

212
웃는 사람 속은 몰라

아반티가 《신당서》를 손에 들고 말했다.
당나라 제7대 숙종 때 조은이란 사람이 말직으로 관군용사가 되었다가, 다음에 천하관군 용선위 처치사라는 어마어마한 자리에 앉게 되었다.
그 후 다시 국자감의 윗자리에 올랐다. 국자감이란 원래 선비들이 있는 곳이었다.
하루는 조은이 국자감에 나와 대신들을 모아 놓고 주역 강의를 하다가 '솥에는 발이 세 개 있어 서로 괴고 서 있게 마련인데, 대신이 임금 괴는 것을 잘못하고 있구나'라고 빈정거렸다.
여기까지 듣고 있던 대신들은 낯빛이 달라졌다.
그런데 유독 원재라는 사람은 조금도 낯빛이 달라지지 않았다. 뿐만 아니라 빙그레 웃고 있는 것이었다.
조은은 '성을 내는 것이 보통인데, 성을 낼 때 성을 내지 않고 빙그레 웃는 사람의 속은 알 길이 없다'라고 마음 속으로 느끼며 원재야말로 두려운 인물이라고 생각했다.

그리고 얼마의 세월이 흘러 다음 대종 때 원재는 대종과 짜고 조은을 궁중으로 불러들여 죽이고 말았다.

조은이 두려워했던 대로 원재는 그 속을 알 수 없는 무서운 인물이었다.

아반티는 《신당서》의 기록대로 차라리 우는 사람의 속은 알아도 웃는 사람의 속은 헤아릴 길이 없다고 거듭 말했다.

213
사과 맛

아반티가 삯일을 하고 있을 때의 일이다. 어느 날 주인이 아반티에게 사과 백 개를 사 오도록 했다. 그리고 그 중에서 제일 단 사과와 제일 신 사과를 골라내라고 했다.

아반티는 사과 백 개를 사가지고 마을 어귀에서 아이들을 불러 사과를 맛보도록 했다. 사과마다 절반씩 맛보고 절반을 남기도록 했다. 아이들은 좋아서 어쩔 줄 몰라했다. 성한 사과라곤 한 알도 없이 몽땅 이빨 자국을 남겨 놓았다.

아반티는 절반씩 먹고 남긴 사과를 나귀 등에 싣고 집으로 돌아왔다. 부자는 반 쪽짜리 사과를 보고 펄펄 뛰었다.

"왜 사과들이 모두 반 쪽인가?"

"주인님께서 저보고 제일 달고 제일 신 사과를 골라내라고 분부하시지 않았습니까? 전 많은 애들을 불러다 사과맛을 보면서 고르도록 했는데 아직 그 애들한테 사과맛을 본 삯을 주지 못했습니다."

주인은 아반티를 끌고 법관을 찾아가 아반티에게 죄를 씌우려 했다. 아반티가 널따란 팔소매 안에 나귀를 몰 때 쓰는 채찍을 불룩하니 넣어가지고 가서 법관이 그를 심문할 때마다 그 팔소매를 흔들어 보였다.

법관은 영문을 모른 채 아반티를 바라보았다. 아반티는 그러는 법관에게 자꾸만 눈을 껌벅거려 보였다.

법관은 아반티가 자기에게 뇌물을 주려고 그러는 줄로 알고 즉시 부자에게 욕설을 퍼부어 쫓아 버리고 아반티에게 말했다.

"아반티, 내가 자네를 도와주었으니 어서 팔소매 속의 것을 내놓게나."

아반티는 팔소매 안에서 채찍을 꺼내들고 말했다.

"오늘 이 채찍 덕분에 법관님이 공정한 판결을 하는 걸 보았습니다."

214
하느님 선사 부처님 벌

아반티가 수박 하나를 사서 먹으면서 길을 걸었다. 이때 중이 옥수수를 먹으면서 아반티 곁을 지나가다가 먹다 남은 옥수수를 아반티 쪽에 던지며 중얼거렸다.

"이건 하느님이 선사하는 거야."

옥수수는 아반티가 한창 맛스레 먹고 있는 수박에 떨어졌다. 아반티가 화가 나서 먹다 남은 수박 껍질을 중이 걸어가고 있는 길에 던졌다. 중은 공교롭게도 수박 껍질을 밟고 미끄러워 벌렁 넘어졌다.
 아반티가 말했다.
 "이건 부처님이 벌하는 거야."

215
독약 한 사발

 아반티가 법관의 하인으로 있을 때였다. 하루는 고위직에 있는 사람이 법관에게 꿀 한 사발을 보내왔다.
 금방 밥술을 놓은 법관은 일보러 나가야 했기에 아반티에게 당부했다.
 "아반티, 난 군청에 다녀와야겠다. 방금 나에게 보낸 사발에 든 것은 독약이니 잘 간수하도록 해라. 괜히 사발을 던지지 말고."
 법관은 말을 마치기가 바쁘게 말을 타고 달려갔다.
 법관이 간 후 아반티는 천천히 꿀사발을 들고 법관이 먹다가 남긴 기름떡을 가져다가 그 떡을 꿀에다 찍어서 한 입 두 입 먹다 보니 꿀을 다 먹게 되었다. 아반티는 법관 집의 가마며 솥이며 국자며 살림살이를 죄다 두드려 부숴 놓았다.
 법관이 돌아와 보니 놓아 두었던 꿀사발이 텅 비어 있었다.
 "독약을 어쨌소, 아반티?"
 아반티는 무서운 공포증에 걸린 사람처럼 대답했다.
 "오늘 큰 죄를 지었습니다. 조심하지 않아서 집안의 집물을 죄다 때려 부쉈습니다! 법관님이 돌아와서 꼭 나를 욕하며 배상하라고 하실 줄 알았습니다. 나는 가난뱅이입니다. 아무리 생각해도 죽는 길밖에 없었습니다. 그래서 부자가 가져온 독약을 삼켜 버렸습니다. 이제 좀 있으면 독약이 번져 나는 죽을 것입니다."

법관은 아반티의 말에 입가에 쓴웃음을 흘리면서 '당했군' 하는 말만 했다.

216
옥돌도 갈아야

아반티가 《서경》을 읽었느니 먹물을 많이 먹었느니 하면서 아는 체했다.

옥은 갈지 않으면 그릇을 만들 수 없고, 사람은 가르치지 않으면 도(道)를 알지 못한다.

그러므로 옛날 임금들은 나라를 세우고 임금이 되면 교육과 학문을 맨 먼저 실행했던 것이다.

맛있는 음식도 그것을 먹어 보지 않고서는 그 맛을 알 수가 없다.

그와 같이 가장 옳은 길도 배우지 않고서는 그것이 옳고 훌륭한 일이라는 것을 알지 못한다. 그러므로 배움으로써 비로소 자기의 부족한 것을 알게 되고 가르침으로써 어려운 것을 알게 된다.

부족한 것을 알게 되면 자기를 반성하게 되고, 어려운 것을 알게 되면 더욱 열심히 공부를 하게 될 것이다.

아반티는 가끔씩 좋은 말로 사람들을 감동시키는 마력을 가지고 있었다.

217
코끼리에게 혹을 떼려다가 붙임

국왕이 군용 코끼리를 아반티네 마을로 보내면서 한마디 덧붙였다.
"반드시 코끼리를 잘 보살펴 탈이 없도록 하라."
코끼리는 마을에 온 후 제멋대로 쏘다니며 과수원이며 꽃밭 그리고 농작물을 마구 짓밟았다.
그러나 농민들은 국왕의 명령 때문에 그저 속으로 끙끙 앓고만 있었다.
"이 망할 놈의 코끼리. 우리 농사를 다 망쳐 놓다니."
농민들은 할 수 없이 아반티를 찾아갔다.
"아반티, 자네는 꾀가 많고 경우가 바르지 않은가. 그러니 자네가 우리를 대표해서 국왕께 청원을 올려 그 명령을 거둬들이게끔 해 주게나."
아반티는 동의하기는 했으나 조건으로 농민 열다섯 명을 뽑아서 자기와 함께 가야 한다고 했다.
아반티는 농민들과 함께 국왕이 있는 곳으로 떠나는데 중도에서 하나 둘 도망치는 바람에 왕궁에 이르렀을 때는 자기 혼자 남았을 뿐이었다. 아반티는 화가 나서 씩씩거리며 국왕을 만났다.
"국왕 폐하, 전 농민들의 요구에 따라 이렇게 찾아오게 되었나이다."
"그래, 농민들의 요구란 어떤 것인지 말해 보라."
"농민들은 국왕 폐하께서 기묘한 예물을 하사하신 것을 보고 감격해 마지않았습니다. 그런데 군용 코끼리는 수놈 하나뿐이어서 얼마나 가련해 보입니까. 그러하오니 암코끼리 한 마리만 더 구해서 보내주시면 감사하겠나이다."

국왕은 말을 듣자 몹시 기뻐하며 아반티에게 어명을 내렸다.
"그건 문제없다. 곧 너의 농민들에게 암코끼리 한 마리를 골라서 보내도록 하겠노라."
아반티는 국왕 폐하의 은덕에 감사를 드리고 나서 다시 마을로 달려와 걱정스런 '희소식'을 마을 사람들에게 알려주었다.

218
묏자리를 파시오

"아반티, 짐이 오늘부터 날마다 뜻깊은 일을 하고 싶은데 무슨 일을 하였으면 좋겠나?"
황제가 아반티에게 물었다.
"전하, 자기의 묏자리를 파는 것이 제일 큰 뜻이 있을 줄로 아옵니다."
아반티의 대답을 들은 황제는 대로하여 펄쩍 뛰었다.
"짐이 아직 죽지도 않았는데 왜 묏자리부터 파야 하는 거냐! 짐은 나라의 국왕이고 백성들은 모두 나의 노예다. 짐이 죽은 다음 역사에 길이 남을 것인데 묘지를 파 줄 사람이 없어서 근심한단 말이냐?"
"그런 게 아닙니다!"
아반티는 황제를 가리키며 똑똑히 말했다.
"국왕은 나쁜 짓을 너무 많이 해 인심을 싹 잃었습니다. 그러므로 국왕이 죽은 다음에는 노예들은 당신이 묻힐 곳을 파지 않으려 할 겁니다."

219

옥돌로 참새를 잡다니

아반티가 《장자론》을 펴면서 말했다.
만약 어떤 사람이 수후가 가지고 있는 유명한 옥돌로 높은 데 앉아 있는 참새를 때려잡았다고 하면, 세상 사람들은 모두 웃을 것이다.
그것은 너무 값진 옥돌을 던져 그것으로 겨우 참새 한 마리를 잡았기 때문이다.
즉 목적이 너무 가볍고 방법이 너무 중한 까닭을 이른 말이다.
인간의 생명은 수후가 가지고 있는 옥에 비할 바가 아니다. 그렇게 소중한 것을 가지고 하찮은 세속의 공리를 구하려는 것은 어리석은 일이다.
장자는 이렇게 말했다.
"제왕의 공은 성인의 여광(餘光)이다. 생명을 소중히 하고 생을 보전하는 것은 당연한 일이다. 세속 군자들은 거의 몸을 위태롭게 하고 생명을 버리기까지 하면서 대단치 않은 것을 구하느라고 애쓴다. 슬픈 일이 아닐 수 없다."
아반티는 해제와 같이 박학했다. 역사의 어느 대목이고 입만 열면 백과사전처럼 줄줄 외웠다.

220
나 혼자 먹으랬소

아반티가 구운 닭고기를 맛나게 먹고 있는데 그때 거지가 다가와 입을 다시며 말했다.
"선생님, 그 닭고길 한 점만 주실 수 없겠습니까? 전 정말 먹고 싶어 죽을 지경입니다."
아반티가 닭다리를 뜯으면서 말했다.
"난 당신의 간절한 요구를 기꺼이 받아들이겠소. 허나 닭고기는 한 점도 줄 수 없습니다. 그것은 닭고기가 내 것이 아니라 나의 어머니의 것이어서 내 마음대로 할 수 없기 때문입니다."
거지가 계속 애걸했다.
"말은 그러하지만 지금 닭고기를 선생께서 자시고 있지 않습니까?"
아반티가 딱해 하며 말했다.
"나도 방법이 없습니다. 우리 어머니는 이 닭고길 나 혼자만 먹으라고 했지 다른 사람과 같이 나눠 먹으라는 말은 아예 하지 않았으니까요."

221
시체를 건지다

하루는 서너 사람이 강물 속에서 올라갔다 내려갔다 하며 무엇인가를 건지고 있었다. 이 일이 눈에 띄자 아반티가 강가로 가서 물었다.
"당신들은 무엇을 건지고 있소?"

"동네 두목이 물에 빠졌는데 그 시체를 건지고 있소."
그들 중 한 사람이 대답했다.
"참으로 답답한 친구들이군."
아반티가 말했다.
"강의 하류에 어떻게 시체가 있을 수 있겠소. 빨리 상류에 가서 건지시오."
사람들은 그의 말을 알아들을 수 없었다.
"아반티, 시체는 물결을 따라 아래로 내려가는데 어째서 상류에 가서 건지라고 합니까?"
"내가 똑똑히 알지."
아반티는 자신있게 말했다.
"마을의 두목이 살아 있을 때 온갖 수단과 방법을 다하여 위로 기어 오르느라고 바둥바둥 애를 썼단 말이오. 그는 죽은 다음에도 물을 거슬러 올라가느라고 바둥거릴 거요. 그러므로 그의 시체는 절대로 아래로는 내려가지 않았을 겁니다."

222
사람 보는 눈

아반티가 《송사(宋史)》 중에서 사람 보는 눈을 가져야 한다면서 구준의 이야기를 끄집어냈다.
송나라 진종 때 재상으로 있던 구준은 합주라는 지방으로 쫓겨나 묻혀 있다가 얼마 후 다시 재상이 되었다.
구준의 문하에 정위라는 사람이 있었는데, 재주가 있어 무척 아꼈었다.
그래서 다시 재상이 되자 정위를 참지정사라는 부수상격의 자리에 앉혔다.
 구준은 먼저 재상으로 있던 이강에게 정위를 천거한 적이 있었다. 그런데 이강은 정위를 써 주지 않았다.
 구준이 이강에게 왜 정위를 쓰지 않느냐고 묻자 이강이 대답했다.
 "정위는 재주는 있으나 윗자리에 앉힐 만한 인물이 못 된다."
 그러나 구준은 정위를 바로 자기의 아랫자리에 앉혔다.
 정위는 뜻밖에 큰 벼슬을 얻게 되어 구준을 은인과 같이 여겼다.
 어느 날 연회 자리에서 구준이 국을 마시다가 수염에 국물이 묻었다. 정위는 재빨리 일어나 구준의 수염을 닦아 주었다.
 "이거 참 미안하오. 그러나 대감도 당당한 이 나라의 대신이 아니오. 그렇게까지 나에게 할 필요는 없소."
 구준이 너그러운 말로 한 것이었으나, 정위는 만좌중에 큰 무안을 당한 셈이었다.
 "많은 사람이 있는 데서 그렇게 창피를 줄 수가 있단 말인가."
 정위는 속으로 앙심을 품었다. 때마침 임금이 병이 들어 황후가 나라 일을 보게 되자, 정위는 황후에게 구준을 참소해서 구준을 내쫓고 자기가 재상이 되었다.
 재상이 된 정위는 자기에게 못마땅한 사람들은 모조리 쫓아냈다.
 어느 날 병중에 있던 임금이 나라 일을 의논하려 간신히 입을 열어,
 "구준이 보이지 않으니 웬일이냐?"
라고 좌우에 물었다.
 그러나 정위의 위세에 눌려 아무도 구준이 있는 곳을 임금께 알려주는 사람이 없었다.

임금은 아무 영문도 모르는 채 숨을 거두고 말았다. 구준보다는 이강이 사람 보는 눈이 더 깊었다고 아반티는 힘주어 말했다.

223
자기 말을 가리다

아반티가 몇몇 상인들과 함께 길을 떠났다. 저녁에 그들은 여관집에 투숙하게 되었는데 말을 마구간에 몰아넣었다. 밥을 먹고 난 아반티는 자기의 말한테 여물을 먹이려고 마구간에 들어갔으나 너무 어두워 어느 놈이 자기의 말인지 알아낼 수가 없었다.

급한 김에 꾀를 생각해 낸 아반티는 모든 말들을 바깥으로 내몰고 나서 상인들을 향해 소리쳤다.
"어이쿠! 큰일났소. 말들이 고삐를 끊고 달아나고 있소."
그 소리에 놀란 상인들이 부리나케 밖으로 달려나와 자기들의 말을 붙잡느라고 야단법석을 떨었다. 아반티는 다른 사람들이 붙잡지 않은 말 곁으로 다가가서 중얼거렸다.
"어이, 친구. 내가 자넬 못 가려낼 줄 알았나? 마구 쏘다니지 말고 빨리 가서 여물이나 먹으란 말이야."

224
나귀와 두 자 떨어져 있소

아반티가 목욕하러 욕탕으로 들어갔다. 욕탕에는 김이 구름처럼 모락모락 피어올랐다.

아반티가 손더듬으로 한 사람을 발견하고 그 옆에 앉아서 몸을 씻었다.

그런데 뉘 알았으랴. 이 사람이 황제일 줄을.

어떤 사람이 자기와 나란히 앉은 것을 발견한 황제는 대로하였다.

"눈이 멀었는고? 내가 누구인지 보이지 않는고?"

황제의 목소리임을 멀쩡하게 알아들었지만 아반티는 모른 체하였다.

"누구 눈이 멀었소? 당신이 사람이라는 걸 누가 모를 리 있겠소."

황제는 더욱 화가 나서 욕을 퍼부었다.

"멍청한 놈아, 네 도대체 나귀와 얼마나 떨어져 있는 거냐?"

아반티는 일차 팔을 벌려서 황제와의 거리를 재어 보고 대답했다.

"얼마 멀지 않군요. 매우 가까이 있습니다. 나와 나귀 사이가 두 자밖에 안 되는군요."

225
일은 빈틈이 없어야

아반티가 역사의 인물 중 한비자를 훌륭한 책략가라고 칭찬하면서 다음과 같이 말했다.
 일은 빈틈이 없어야 성공하고, 말은 새어 나가면 실패한다. 그러므로 임금이 아직 발표하지 않은 것을 신하가 먼저 알고 입 밖에 내면, 임금은 반드시 그 신하를 경계해서 그 신하는 위태롭게 될 것이다.
 또 임금이 어떤 일을 이렇게 하라고 명령은 했어도 속으로는 다르게 해 주었으면 하고 생각하고 있을 때, 신하가 임금의 속을 알아차려서 임금이 생각했던 대로 한다고 해도 임금은 그 신하를 만만치 않게 보아 결국 위태롭게 될 것이다.
 임금을 위해 어떤 일을 꾀해서 그 일이 성공되었을 때 임금은 그 신하를 슬기롭다 할 것이나, 다른 때 임금 혼자 무슨 일을 꾀했다가 그 일이 누설되면 임금은 틀림없이 전날의 그 슬기롭던 신하가 누설한 것으로 알고 위태롭게 될 것이다.
 또 임금을 섬기게 된 지 얼마 되지 않아 지혜껏 임금을 설득해서 그 일이 성공되었더라도 임금은 그 신하의 덕을 잊어버리게 되나, 만일 그 일이 성공하지 못하면 크게 의심을 받게 될 것이다.
 높은 사람의 잘못을 다른 사람에게 말하거나 여러 사람 앞에서 높은 사람을 흉보는 일이 있으면 그 사람은 위태로울 것이다.
 높은 사람이 어떤 계획을 짜가지고 자기의 공을 세워 보려는데 그 일에 참여하면 공을 빼앗으려는 줄 알고 그 사람을 원망할 것이니 그 사람도 위태롭다. 또 높은 사람이라도 그 사람으로서 할 수 없는 일을 해 보라고 하거나 그만둘 수 없는 일을 억지로 그만두게 하면 그 사람도 위태롭다.
 일을 꾸밀 때는 치밀하게 하고 말은 함부로 하지 말라는 뜻이다.
 신하 된 자가 일신을 안전하게 보전하기가 이렇게 어려웠던 것이 역사적 사실이다.

아반티는 임금의 속마음과 윗사람의 마음을 꿰뚫어본 한비자를 높이 평가했다.

226
코골이에 머리를 움켜쥐다

친구네 집으로 놀러 간 아반티가 그날 저녁 친구네 집에서 자게 되었다. 술을 거나하게 마신 주인은 눕자마자 코를 드르릉 드르릉 골기 시작했다. 아반티가 좀처럼 잠을 잘 수가 없었다.

생각다 못해 아반티가 주인의 머리카락을 거머쥐고 마구 흔들어 놓았다. 주인은 깨어나서 투덜거렸다.

"아반티, 자넨 왜 내 머리카락을 움켜쥐고 있나?"

아반티가 천연스레 대꾸했다.

"내 머리가 너무 가려워서 그러네."

"아니, 자네 머리가 가려운데 왜 내 머리를 움켜쥔 건가?"

"미안하네. 이 캄캄한 밤에 내가 어찌 자네의 머리를 가려낼 수 있겠나."

227
누가 게걸스러운가

부자로 소문난 사람이 아반티를 곯려 주려고 매우 많은 감귤을 사 왔다. 그는 아반티와 친구들을 청하여 감귤을 먹었다.

부자는 여러 사람들에게 감귤을 많이 먹으라고 권하면서 자기가 먹고 난 감귤 껍질을 아반티 앞에 슬슬 던졌다.
 감귤을 다 먹고 나자 부자는 기가 차다는 듯 쏘아댔다.
 "친구들 저것 보게. 아반티 앞에 얼마나 많은 감귤 껍질이 쌓였는가. 우리들 중에 제일 많이 먹었네. 그의 입은 참 게걸스럽구만."
 "하하하······."
 사람들이 폭소를 터뜨렸다.
 "하하, 좀 보십시오. 도대체 누가 더 게걸스러운가."
하고 아반티가 웃으며 말했다.
 "난 감귤 껍질을 벗기며 먹었는데 부자는 껍질까지 다 먹어 버렸소. 저 사람 앞에 껍질이 몇 개나 있는가 좀 보란 말이오."

228
·
싸움에 진 항우

 아반티가 초나라의 항우에 대하여 말했다. 한나라 군사의 포위를 겨우 빠져 나와 부하 8백여 명을 이끌고 회화를 건너 음릉이란 곳에서 길을 잃고 헤매다가 뒤쫓는 한나라 군사를 만나 동성까지 도망쳐 왔을 때는 살아 남은 사람이 겨우 스물여덟 명밖에 안 되었다.
 이제는 더 도망가려고 해도 길이 막혀 버린 항우는 마지막 기운을 내어 한나라 군사와 맞붙어 싸웠다.
 한나라 군사 수백 명이 항우의 칼 아래 쓰러져 갔다. 항우도 몸에 십여 군데나 상처를 입었다. 상처 입은 몸을 이끌고 장강 기슭의 오강까지 왔다.
 오강을 건너면 그리운 초나라의 고향 땅이다. 항우의 마음은 이상하게 설레었다. 그래서 강가에 멍하니 서 있었다. 그때 오강의 뱃사공이 앞으로 다가와 말했다.

"강동 땅이 넓지는 않아도 왕 노릇은 할 만합니다. 어서 여기를 건너가십시오. 여기는 이 나룻배 하나밖에 없으니까, 한나라 군사가 뒤에서 온다 해도 이 강을 건너지는 못할 것입니다. 어서 오르십시오."

그러나 항우는 쓸쓸히 웃으며 고개를 가로저었다.

"나는 강동의 자제 8천 명과 함께 이 강을 건넜었다. 그러나 나는 지금 싸움에 졌다. 나와 같이 떠났던 그 사람들은 하나도 돌아오지 못했다. 내가 죽인 것이다. 설사 강동 사람들이 나를 가엾이 여겨 받아 준다 할지라도, 내 무슨 낯으로 강동의 부형들을 대할 수 있겠는가. 내 혼자 살아서 돌아갈 수는 없다."

항우는 자기의 말을 뱃사공에게 맡기고 걸어서 다시 한나라 군사들이 있는 곳으로 갔다.

항우는 최후 일보까지 싸웠다. 그리고 끝내 제 칼로 스스로 자결을 했다.

'싸움에 이기고 지는 것은 / 누구도 기약할 수 없는 일 / 한때의 부끄러움은 / 참고 참는 것이 남아가 아니더냐 / 강동의 자제들 / 뛰어난 이 많았으니 / 권토중래를 알 수 없어라.'

아반티는 두보의 시를 읊으면서 항우를 동정했다.

229

경험 없는 올빼미

아반티가 젊었을 적의 일이다. 하루는 몰래 남의 집 과수원으로 기어 들어갔다. 그는 살구나무 위로 올라가서 잘 익은 살구를 한창 맛있게 먹고 있었다. 그런데 과수원 주인이 기미를 알아채고 달려와 큰소리로 호통을 쳤다.
"네 이놈, 나무 위에서 뭘 하고 있느냐?"
아반티는 짐짓 아무 대꾸도 하지 않고 있다가 과수원 주인이 더욱 화를 내기 시작하자 비로소 입을 뗐다.
"나는 올빼미입니다. 난 지금 울음 소리를 내는 걸 배우고 있지요."
과수원 주인은 아반티가 무슨 연극을 꾸미는가 보려고 조용히 물었다.
"오, 그러냐. 그럼 어디 네 입으로 올빼미 소리를 내 보거라."
아반티는 즉시 괴상한 소리를 한바탕 질러댔다. 과수원 주인이 듣다 못해 킬킬거리며 말했다.
"아유, 올빼미 소리가 어디 그렇냐?"
그러자 아반티가 화난 듯한 어조로 대꾸했다.
"경험이 없는 올빼미는 이렇게 운답니다."

230
황제의 영혼

하루는 황제와 아반티가 마주 앉아서 환담을 했다.
황제가 물었다.
"당신이 보건대 내가 죽으면 나의 영혼이 천당으로 갈 것 같소, 지옥으로 갈 것 같소?"
"전하의 영혼은 꼭 지옥으로 갈 겁니다."
하고 아반티가 말했다.
황제는 아반티가 마구 지껄인다고 두 눈을 부라렸다.

"화내지 마십시오! 내 말을 들어 보십시오."

아반티가 점잖게 말했다.

"왜냐하면 전하께서는 천당에 갈 사람을 너무 많이 죽이셨습니다. 천당이 그들로 꽉 차서 더는 전하를 모실 자리가 없기 때문입니다."

231
파벌 싸움

아반티가 나라 안에 파벌이 얼마나 무서운가를 《십팔사략》을 들어 이야기했다.

당나라 말기 문종은 한평생 내시들의 횡포와 관료들의 파벌 싸움에 시달리다 세상을 떠났다.

"나를 주나라 탄왕이나 한나라 헌제와 비교하면 어떠하냐?"

"그것은 뜻밖에 물으심이올시다. 탄왕이나 헌제는 모두 나라를 망친 임금들이 아니오니까. 어찌 폐하의 성덕에 비교할 수가 있겠습니까."

문종은 쓸쓸히 머리를 저었다.

"두 사람은 다 수십만의 군사를 가진 강력한 신하들에게 억눌렸었다. 그러나 나는 내 앞에서 시중드는 내시들에게 눌리고 있다. 그러고 보면 나는 탄왕이나 헌제만도 못하다고 할 수밖에 없지 않은가……."
 하북의 도둑을 없애기는 쉬워도 조정의 붕당(朋黨)을 꺾기는 어렵다.
 하북의 도둑들이란 변방을 지키는 절도사들을 가리키는 말이며, 조정의 붕당이란 관료들의 파벌을 두고 하는 말이다.
 그만큼 관료들의 파벌 싸움이 심했고, 내시들의 세력이 강해서 나라가 점점 기울어지게 되었던 것이다.
 문종 다음의 임금은 무제였다. 무제는 이덕유를 재상으로 임명했다.
 이덕유도 파벌의 한 사람이었다. 문종은 파벌을 따져서 사람들을 기용했다.
 언젠가 이덕유가 문종에게 이렇게 말했다.
 "정직한 신하는 물론 정직하지 않은 신하를 가리켜 정직하지 않다고 말합니다. 그런데 정직하지 않은 신하도 정직한 신하를 보고 정직하지 않다고 말합니다. 그러니 어느 쪽이 정말 정직하고 정직하지 않은지 말만 듣고는 알 수가 없습니다."
 혼탁해진 나라의 붕당이 이 지경이니 임금의 공정한 눈만이 나라를 지탱하는 길이었다.
 아반티는 어리석은 듯하면서도 역사의 모든 내용을 꿰뚫어 보는 모종의 심안을 높이 사고 있었다.

232
상관 없는 닭고기 채

 수다스럽기로 소문난 이웃집 할머니가 아반티에게 말했다.
 "방금 어떤 사람이 구수한 닭고기볶음 채를 들고 가더군."

"그게 나와 무슨 관계가 있습니까?"
아반티가 이렇게 묻자 이웃집 할머니가 또 한마디 거들었다.
"그 사람이 아반티네 집으로 들어가는 것 같더군."
"그럼 그게 할머니와 무슨 관계가 있습니까?"

233
감옥을 돌아보다

하루는 황제가 아반티를 데리고 감옥을 돌아보았다.
"너희들은 모두 무슨 죄를 지었느냐?"
황제가 물었다.
"우린 아무 죄도 범하지 않았습니다."
감옥에 갇힌 죄인들이 이구동성으로 대답했다.
황제가 두루 물어보니 죄를 범한 사람은 한 사람뿐이었다.
"전하!"
하고 아반티가 말했다.
"즉시 명령을 내려 이 사람을 쫓아내십시오. 그들이 어떻게 전하의 감옥으로 잠입해 들어왔습니까. 전하의 감옥에는 다른 곳에 갈 사람들이 잘못 들어온 모양입니다."

234
사람을 쓸 때

아반티가 재상이나 사람을 쓸 때는 역사 속의 예를 찾기 위해 《사기》를 펴 놓고 읽어내렸다.
 위나라 문후라는 사람은 어진 선비들을 기용하여 좋은 정치를 했던 명군이었다.
 문후는 그렇게 훌륭한 선비들을 많이 거느리고 있었지만, 막상 재상감을 고르려 하니 인물이 마땅치 않았다.
 문후는 이극과 의논했다. 이극에게 문후가 말했다.
 "집안이 가난할 때는 어진 아내를 찾고, 나라가 어지러울 때는 훌륭한 재상을 찾는다고 했습니다. 지금 나에게도 훌륭한 재상을 얻어야 하겠는데, 위성과 적황 두 사람 가운데 누가 좋겠습니까?"
 이극은 한사코 대답할 자격이 없다고 사양하다가 할 수 없이 다음과 같이 아뢰었다.
 "인물을 볼 때는 그 사람의 경우에 따라 다섯 가지로 보는 법이 있습니다.
 평온 무사할 때 그 사람이 어떤 친구와 사귀었던가, 돈이 있을 때 그 사람은 어려운 사람을 도와주었던가, 높은 벼슬 자리에 있을 때 그 사람은 어떤 사람을 천거했는가, 곤궁할 때에 처신을 제대로 하고 꾀임에 빠지지 않았던가, 가난하고 어려울 때에 물욕에 사로잡히지 않고 부정을 물리칠 수 있었던가, 이 다섯 가지입니다.
 지금 말씀하신 위성과 적황은 두 사람 다 훌륭한 사람입니다. 그러나 둘 중에서 재상감을 고른다면 제 생각에는 위성입니다. 그것은 위성이 어진 선비를 많이 천거했기 때문입니다."
 이극의 이 한마디로 문후는 위성을 재상으로 맞아들였다.
 아반티는 있는 사람 중에 사람을 쓸 때는 기준이 있어야 한다고 위의 내용을 간명하게 소개했다.

235
뱃속에 불이 났소

하루는 아반티가 어머니가 끓여 준 뜨거운 국에 입술이 데였다.
아반티가 국사발을 상 위에 던져 버리고 미친 듯이 거리로 달려나가 고함을 질렀다.
"불이 났소. 불이 났소."
길가던 사람들이 따라와 물었다.
"어디에 불이 났소?"
아반티가 정색하며 말했다.
"나한테 가까이 오지 마시오. 불은 지금 내 뱃속에서 타고 있소."

236
먹고 와서 기다림세

하루는 아반티가 식당에서 밥과 국을 주문했다.
그러나 아무리 기다려도 밥과 국을 가져오지 않았다. 몹시 배가 고픈 아반티는 참을 수 없어 집으로 가려고 일어섰다.
이때 식당 주인이 나와서 말했다.
"아반티, 그래 시켜 놓은 밥과 국은 어쩔 셈인가?"
아반티는 화가 머리 끝까지 올랐으나 속으로 달래면서 말했다.

"그건 내가 집에 가서 밥을 먹은 다음 다시 기다리도록 하겠네."

237

심술이 발동하여

아반티가 자그마한 염색방을 차려놓고 인근의 사람들을 위해 천에다 물감을 들여 주었다.

사람들마다 아반티가 염색방을 잘 꾸려 간다고 칭찬이 자자했다.

한 부자가 이 소식을 듣고서 심술이 발동하여 견딜 수가 없었다. 하루는 그가 천 한 필을 끼고 아반티네 염색방을 찾아와 문에 들어서자마자 크게 소리를 질렀다.

"이리 와 아반티. 내 이 천을 잘 염색해 주게. 자네의 솜씨를 좀 봐야겠어."

"무슨 색깔로 염색하렵니까, 부자님?"

"붉은 색도 아니고 푸른 색도 아니고 검은 색도 아니고 흰색도 아니고 곤색도 아니고 황색도 아니지. 알만하시겠죠, 염색 기술자 아반티? 어떻소, 해낼 수 있겠소?"

"알겠습니다. 알겠습니다."

꽤나 으쓱거리는 부자를 보고 아반티는 천을 받은 다음 덧붙였다.

"꼭 당신 말대로 하겠습니다."

"어? 물감을 들일 수 있다고?……"

부자는 정신을 바짝 차렸다.

"그럼 며칠 후에 찾으러 올까요?"

아반티는 천을 궤짝에 넣고 자물쇠를 채웠다.
"그날은 월요일도 아니고 화요일도 아니고 수요일도 아니고 목요일도 아니고 또 금요일도 아니고 토요일도 아니고 일요일도 아닌 날입니다. 부자님, 그날 와서 찾아가면 될 겁니다."

238
배우고 생각해야

아반티가《서경》을 펼쳐 들고 책에 대한 이야기를 했다.
《서경》은 선비들에게 귀중한 책이다. 그러나 너무 꾸밈이 많고 과장된 데가 있어서 그것을 그대로 다 믿어서는 안 된다는 것이다. 맹자는《서경》〈무성편〉은 그 중에 일부분을 배우는 것뿐이라고 말했다.
〈무성편〉은 주나라 무왕이 주왕을 정벌하는 대목인데, 그때 싸움의 모습을 이렇게 그려 놓았다.
'싸움은 격렬하였고 수많은 사상자가 흘린 피가 내를 이루고 주검은 산같이 쌓였다.'
맹자가 다 믿지 말라고 하는 점은 바로 이것이다.
성인인 무왕이 폭군 주왕을 토벌하는 데 적의 수효가 그렇게 많았을 리가 없다는 것이다.
맹자의 말이 옳은지 아닌지는 차치하고, 책이란 그 책을 지은 이의 의견이다. 그 의견은 지은이 개인의 것이다.
그 때문에 어떻게 받아들이느냐에 따라 상황의 차이가 생긴다.
많은 책들의 각각 다른 의견을 어떻게 전부 받아들일 수 있겠느냐는 것이다.

그렇다면 차라리 책을 한 권도 읽지 않는 것이 낫지 않겠느냐고 했던 것이다.

공자는 '배우고 생각하지 않으면 소용이 없다'고 했다.

배우고 생각한다는 것은 다른 사람의 의견이나 사상을 자기대로 받아들여서 소화해야 한다는 뜻이다.

배운다는 것은 하나의 수단이다. 수단 속에 묻혀 버리면 목적을 이룰 수가 없다. 즉 아무리 책을 읽고 배웠더라도 자기의 것은 될 수 없다는 말이다.

나쁜 지식을 머리에 집어 넣으면 차라리 배우지 않는 것만 못하다.

특히 잘못된 소설이나 만화를 탐독하는 청소년들은 호기심이 자극되어 자꾸만 더 자극적인 것을 찾게 되어 회의에 빠지게 된다.

아반티는 그런 사람들을 경계해야 한다면서 위의 이야기를 소개했다.

239
하프를 튕기다

연회석상에서 한 사람이 오른쪽 어깨에 하프의 현을 세우고 연주하다가 하프를 아반티의 손에 넘겨주며 말했다.

"여러 사람들이 듣게 어디 한번 하프를 퉁겨 보시오."

아반티는 하프를 받자마자 마구 줄을 퉁겨댔다. 하프의 공명통에서는 듣기 거북한 괴상한 소리가 퉁겨져 나왔다.

그러자 사람들이 귀를 막으면서 소리쳤다.

"아반티, 하프를 그렇게 타는 법이 어디 있나? 마땅히 곡조가 있어야 하잖겠소."

아반티도 질세라 대꾸했다.

"곡조를 찾지 못했기 때문에 하프줄을 골라 퉁겨 보는 게 아니겠소. 그런데 나는 곡조를 이미 찾았으니 헛되이 힘뺄 필요가 없단 말이오."

240
어머니를 위한 기도

아반티의 부모는 모두 세상을 뜨셨다.

그런데 아반티는 늘 어머니를 위해서는 기도를 드리면서 아버지를 위해서는 드리지 않았다. 사람들은 그의 행위가 이해되지 않아 물었다.

아반티는 자못 진지한 표정으로 그 원인을 말했다.

"아버지는 생전에 말씀을 잘하시고 매사가 민첩하고 빠른 분이셨습니다. 그러니 우리 아버지는 지옥에 가더라도 염라대왕을 속여 하늘로 올라갈 수 있을 겁니다. 그러나 나의 어머니는 사람됨이 착하고 거짓말을 할 줄 모르셨습니다. 나는 어머니가 실언을 하여 하느님께 죄를 짓게 될까봐 전적으로 어머니만 위하여 기도를 드린답니다."

241
난 얼빠진 놈

하루는 아반티가 장마당에서 북실대는 장꾼들을 향해 한바탕 자랑을 늘어놓았다.
"여러분, 어제 국왕이 나를 청해다가 내무대신으로 임명하였습니다. 당신들이 이 소식을 들으면 꼭 나를 축하해 줄 겁니다."
아반티를 아는 사람이 빈정거리며 말했다.
"아반티, 넌 정말 얼빠진 놈이구나. 그따위 말은 하지도 말아라."
"형님의 말씀이 옳소."
아반티는 두 손을 앞으로 내들며 말했다.
"만약 내가 얼빠진 놈이 아니라면 국왕은 나를 대신으로 임명하지 않았을 거요."

242
진정한 승리

아반티가 뺏고 뺏기는 춘추전국시대의 상황을 놓고 공자의 말을 빌려 이야기했다.
조나라의 양왕은 적을 쳐서 성 두 곳을 무너뜨리고 많은 포로를 거둬들였다. 그런데 웬일인지 양왕은 좋아하는 기색이 없었다.
그래서 좌우에 있던 신하가 물었다.
"하루아침에 두 성을 함락시킨 큰 전과를 올리고 사람들이 다 기뻐하고 있는데 어찌하여 왕은 조금도 좋아하시지를 않습니까?"

"아무리 큰 강물도 사흘이면 물이 준다. 태풍이나 폭풍도 하루를 계속하지는 않는다. 한나절이면 끝난다.

졸지에 세력이 강해지면 그만큼 쇠퇴하는 것도 빠르다. 그런데 하루아침에 두 성을 함락시켰으니, 이 세력이 오래 갈 것 같지가 않다."

공자는 양왕의 이 말을 듣고 속으로 감탄했다.

"조나라는 번영할 것이다."

걱정은 번영할 징조, 기쁨은 망할 징조, 승리한다는 일이 어려운 것이 아니라 그 승리를 보전하기가 어려운 것이다.

어진 임금은 이 점을 잘 알아서 승리를 지속하려고 힘쓴다.

'큰 강물의 물도 사흘을 더 못 간다. 회오리 바람은 아침을 넘기지 못하고, 소나기는 하루를 넘기지 못한다'는 노자의 말처럼 지속적이지 못한 것이 이치다.

제(齊), 초(楚), 오(吳), 월(越)은 모두 승리를 거두기는 했어도 종내는 망하고 말았다. 그것은 승리를 지속하는 방법을 몰랐기 때문이다.

현명한 군왕은 이와 같이 승리를 지속하는 방법을 안다.

아반티는 역사라는 말을 타고 그 속을 꿰뚫어보면서 말했다.

243
늙으면 빚 독촉 안해

빚구덩이에 빠진 사람이 아반티를 찾아와 물었다.
"빚쟁이가 날마다 찾아와 빚 독촉을 해 정말 죽을 지경입니다. 난 한평생 바둥거려도 빚을 갚을 수 없겠는데 이 일을 어쨌으면 좋겠습니까?"
아반티가 좋은 말로 그를 위로해 주었다.
"너무 괴로워 말게나. 빚쟁이도 늙을 때가 있을 거네. 그러니 지금부터 모르는 척하란 말일세. 그가 늙어빠지면 힘이 없어 빚 독촉을 할 수 없게 될 것 아닌가?"

244
나도 모른다

아반티가 자기의 이야기를 들으려고 몰려오는 사람들을 보고 물었다.
"여러분, 내가 이야기를 하기 전에 한 가지 묻겠습니다. 내가 무슨 이야기를 하겠는지 아시겠습니까?"
여러 사람들이 이구동성으로 대답했다.
"모르겠습니다."
그러자 아반티가 말했다.
"당신들이 아무 것도 모르면 내가 이야기할 힘이 나겠습니까?"
하고 집으로 돌아가 버렸다.
며칠이 지난 후 아반티가 또 자기를 둘러싸고 있는 사람들에게 같은 내용의 질문을 했다.
 그러자 사람들이 이번에는 전번과 반대로 모두들,
"알만합니다!"
하고 외쳐댔다.
 "알만하다구요? 그럼 내가 쓸데없는 이야기를 또 할 필요가 있겠습니까?"
 아반티는 이렇게 말하고 나서 또 집으로 향하였다.
 사람들은 아반티의 말이 애매모호하여 서로 수군거리며 계책을 생각해 냈다.
 만약 다음번에 아반티가 또 물으면 우리들 가운데서 어떤 사람은 안다고 하고 어떤 사람은 모른다고 하자고 입을 모았다.
 어느 날 아반티가 또 자기 주위를 둘러싼 군중들에게 같은 내용의 질문을 던졌다. 군중들은 즉시 사전에 약속했던 대로 대답을 했다.
 그러자 아반티가 웃으며 말했다.
 "그것 참 좋은 일이구만. 그러면 아는 사람이 모르는 사람에게 알려주면 나도 수고를 덜 것이 아닙니까?"

245
떠날 때를 알아야

 아반티가 《사기》의 말을 인용하여 물러날 때를 아는 것이 진정한 지혜라고 말했다.
 월왕 구천은 오나라를 멸망시키고 다시 제나라와 진나라로부터 항복받아 천하를 손아귀에 넣었다. 구천이 이렇게 천하에 패자가 될 수 있었던 것은 범예의 공이었다.

그래서 범예는 상장군(上將軍)이 되고 나라 안에서 가장 존경 받는 사람이 되었다.
범예는 이렇게 지체가 높아지고 이름이 나게 되면서부터 어쩐지 불안한 마음이 들기 시작했다.
'사람이 너무 유명해지면 다른 사람의 시새움과 원한을 사기 쉬워 신상이 위태로울 수가 있다. 그런데다가 구천은 고생은 같이 할 수 있어도 편안하게 행복을 같이 누릴 수는 없는 사람이지 않은가.'
범예는 이런 생각을 했다. 그래서 구천에게 작별의 뜻을 글월로 써 보냈다.
'임금이 수모를 받는 일이 있으면 신하는 그 수모를 풀기 위해 한 목숨을 바친다고 들었습니다. 전날에 임금이 회계에서 수모를 받았을 때 신이 죽지 않고 살았던 것은 그 수모를 풀기 위해서였습니다. 그런데 지금은 그 수모를 풀 수 있게 되었습니다. 전날 회계에서 죽지 못한 죄를 벌해 주시기 바랍니다.'
그러나 구천은 범예를 벌하기는커녕 나라를 둘로 갈라서 나눠 갖자고까지 했다.
범예는 월나라를 떠나야겠다고 결심하고 편지를 남겼다.
'날짐승이 없어지면 활이 소용 없게 되고, 토끼가 죽고 나면 사냥개를 잡아 먹는다고 합니다. 월왕 구천은 목이 길고 입이 새의 부리같이 뾰죽합니다. 이러한 상은 고생은 함께할 수 있어도 즐거움은 같이할 수가 없습니다. 그대로 빨리 월나라를 떠나는 것이 안전할 겁니다.'
범예는 무사히 월왕 곁을 떠났다. 그 후임으로 종이 들어서 재상 자리를 지켰다. 이런 편지의 내용과 같이 얼마 있다가 종은 반란을 꾸미고 있다고 참소를 받아 칼로 목숨을 끊게 되었다.
범예가 예측한 대로 종은 목숨을 보전하지 못했다.
범예는 자기 이름을 치이자피 말가죽이라고 짓고 제나라에서 수천만금을 모아 재산가가 되었다. 그러자 제나라에서 범예를 재상으로 앉히려 하자 재산을 고향 사람에게 나눠 주고 제나라를 떠났다.

범예는 도나라로 가서 그곳에서도 큰 재산을 모아 부자가 되었다고 한다.

아반티는 범예의 선견지명을 입에 침이 마르도록 칭찬했다.

246
재물을 잃게 될 때

뱃속에 재물 욕심이 가득 찬 상인이 아반티에게 물었다.

"아반티, 당신은 총명하므로 사람의 앞길을 잘 알 겁니다. 나와 같은 사람은 어떤 때에 재물을 잃게 됩니까?"

아반티는 묘한 눈길로 상인을 보며 대답했다.

"당신의 재물 욕심이 당신의 자리를 지킬 때입니다. 즉 재물 욕심의 엉덩이가 당신의 지혜의 머리 위에 올라앉을 때입니다. 그때에 당신은 가장 쉽게 재물을 잃게 될 겁니다!"

247
법관 두루마기

어느 날 법관이 술에 만취하여 두루마기와 모자가 벗겨진 것도 모르고 길가에서 쿨쿨 자고 있었다. 친구들과 함께 이곳을 지나던 아반티가 법관을 곯려 줄 심산으로 그의 두루마기를 몸에 걸치고 자리를 떴다.

　술에서 깨어난 법관이 두루마기가 없어진 것을 알자 좋지 않은 기색으로 집으로 돌아올 수밖에 없었다.

　이튿날 법관이 자기의 심복을 불러 임무를 주었다.

　"자네, 내 두루마기를 알고 있지. 그러니까 이 길로 시장으로 가서 살펴보다가 누구든지 내 두루마기를 입은 사람만 보면 붙잡아 오게."

　결국 아반티가 혐의를 받고 끌려오게 되었다. 아반티가 두루마기를 줍게 된 경과를 법관에게 이야기했다.

　"난 며칠 전에 친구들과 함께 과원을 지나다가 어떤 사람이 술에 취해서 두루마기와 모자를 옆에 벗어 팽개친 것을 보았습니다. 나는 나쁜 사람이 도적질해 갈까봐 잠시 내가 입고 다녔습니다.

　이 사건에는 나도 할말이 있습니다. 청컨대 법관께서는 그 못된 버릇을 가진 두루마기 물건 임자를 찾아주기 바랍니다. 그 사람에게 몸을 조심하라고 꼭 일러둬야겠습니다."

　그러자 말문이 막힌 법관이 말했다.

　"그 술주정뱅이를 누가 알 수 있겠소? 두루마기가 마음에 들면 당신이나 입으시오."

　법관은 속으론 썼지만 옷을 뺏기고 말았다.

248

품속에 감춘 물건

아반티가 한 동네에 사는 부자한테 잘못 보였다. 그래서 부자가 아반티를 끌고 법관을 찾아가서 고발했다.

아반티가 커다란 돌 두 개를 주워서 품속에 감추고 부자를 따라 법관 앞에 나섰다.

법관은 아는 대로 몇 마디 묻고는 법전을 펼치고 판결할 근문을 찾는 체하면서 두 사람의 동정을 살폈다.

법관이 무슨 꿍꿍이속을 꾸미고 있는지를 손금 보듯 알고 있는 아반티는 손으로 자꾸 불룩한 가슴을 쓰다듬었다.

법관은 아반티가 품속에다 자기한테 줄 돈다발을 감추고 있는가보다고 생각하고 일차 판결을 내렸다.

"이러한 안건은 아반티의 처사에 도리가 있다고 성서에 씌어 있노라."

이렇게 판결한 법관은 부자를 한바탕 훈계하고 쫓아버린 후 히히 웃으며 아반티에게 다가갔다.

"됐소, 당신이 이겼소. 나처럼 공정한 판결을 다시는 보지 못할 거요. 자, 그 품속에 감춘 물건을 내놓겠소!"

"받으시오!"

하고 아반티가 품속에서 돌 두 개를 꺼내 주었다.

"당신이 부자를 도와서 사람을 업신여겼다면 이 두 개의 돌이 당신의 머리를 박살냈을 겁니다."

249
주님께 감사드리는 이유

아반티가 나귀를 잃어버렸다. 그는 나귀를 찾아 돌아다니며 입속으로 중얼거렸다.
"주여, 고맙습니다. 주께 진심으로 감사를 드립니다."
어떤 사람이 무심결에 그 말을 듣고 아반티에게 물었다.
"아반티 양반, 나귀를 잃어버렸는데 왜 주님께 감사를 드립니까?"
아반티가 말했다.
"난 감사를 드리지 않을 수 없소. 만일 내가 나귀 잔등에 앉아 있을 때 이 나귀를 잃어버렸더라면 나까지 잃어버렸을 게 아니오."

250
장점과 단점

아반티가 당나라 고조의 아들 원집과 곽왕에 대하여 유현평에게 물었다.
"별로 장점이란 게 없습니다."
유현평은 아무렇지도 않게 대답하는 것이었다. 아반티가 뜻밖이라는 듯이 다시 물었다.
"장점이 없다니 그럴 리가 있습니까? 사람마다 어디고 장점이 없는 사람은 없는 겁니다. 더욱이 선생께서는 곽왕과 친하신 사이로 알고 있는데, 장점이 없는 사람과 친하실 수가 있습니까?"
"사람에게 단점이 있으면 장점이 두드러질 것입니다. 그러니까 단점이 많은 사람일수록 장점도 눈에 잘 띄게 되는 것입니다.
 그러나 훌륭한 사람은 특히 단점이라고 끄집어 낼 만한 것이 없기 때문에, 따라서 장점도 눈에 띄지 않는 것입니다. 그러니까 모두가 장점이라고 할 수 있지요. 곽왕은 바로 그런 사람입니다. 내가 별로 장점이랄 게 없다고 한 것은 그런 뜻입니다."
 아반티는 고개를 숙이고 눈만 껌벅거렸다.

251
하느님의 당부

 가난뱅이인 아반티는 늘 굶지 않으면 안되었다. 하루는 그가 시장에 가서 휘청휘청 걸으며 소리쳤다.
 "난 하느님 사신이오, 난 하느님 사신이오."
 그의 목소리를 듣고 시장을 순찰하던 사람이 현관에게 보고했다. 현관은 즉시 그 사람을 파견하여 아반티를 붙들어 갔다.
 현관이 물었다.
 "당신이 하느님 사자라지요. 하느님께서 무슨 당부라도 있었는지 알려주겠습니까?"
 "하느님은 나에게 여러 가지를 당부하셨습니다."
 아반티는 말했다.
 "우선 먹을 것 좀 가져오시오. 배부른 다음 얘기합시다."
 이야기해 주겠다는 말을 들은 현관은 부랴부랴 손을 저어 먹을 것을 가져오라고 했다.
 아반티는 천천히 배부르게 먹고 나서 입을 떼었다.
 "하느님은 이렇게 당부하셨습니다. 현관나리들은 백성들의 물건을 적잖게 긁어모았느니라. 그래서 너한테 아무 것도 없으면 거기 가서 밥을 먹거라."

252
나는 바깥 일만 보오

아반티가 한가로이 시장을 거닐며 이것저것 구경하고 있었다. 그때 문득 이웃에 사는 친구가 달려와 헐떡거리며 아반티에게 말했다.
"아반티, 자네 집에 불이 났소. 어서 가 보시오."
그런데 아반티는 자기와는 상관없다는 듯이 말했다.
"여보게 친구, 자네는 사람을 잘못 보았네. 이 소식은 마땅히 우리 마누라한테 알려야 하오. 우린 바깥 일은 내가 돌보고 집안 일은 마누라가 돌보기로 결정을 지은 지 오래니까."

253
그 말에 일리가 있네

말을 타고 사냥을 나갔던 국왕이 돌아오다가 마을을 지나게 되었다. 국왕은 아반티네 대문 앞에 있는 복숭아나무 그늘에 앉아서 한숨을 쉬고 있었다.
이를 본 아반티가 돌멩이 하나를 주워들고 담장 밖에 서 있는 복숭아나무를 견주어 던졌다. 돌멩이는 바로 복숭아 하나를 떨어뜨렸고 복숭아는 똑바로 국왕의 콧등에 떨어져서 코피가 나게 되었다.

깜짝 놀란 국왕은 화가 나서 고함을 질렀다.
"어! 아반티 빨리 나왓!"
"오, 전하시오니까."
아반티는 문을 열고 나오면서 싱글벙글 웃으며 입을 열었다.
"전하께서 누추한 곳에 오셔서… 무슨 분부라도 계시옵니까?"
"빨리 가서 곡괭이를 가져와서 이 복숭아나무를 뿌리째 뽑아 버려라."
"복숭아가 탐스럽게 달려서 얼마나 아름답고 좋습니까! 그런데 왜 뽑아 버리라고 하십니까, 전하!"
"이봐! 이건 뭐야!"
국왕은 손에 쥐었던 복숭아를 내보이며 노기충천하여 부르짖었다.

"하마터면 짐의 머리가 터질 뻔했어! 반드시 없애 버려."
"하하하, 알았나이다 전하."
아반티는 허리를 굽히고 가슴에 손을 얹으며 국왕에게 절을 올렸다.
"축하합니다! 축하합니다! 전하, 전하의 운수가 매우 좋습니다! 다행스럽게도 나무에서 떨어진 것이 복숭아였으니 망녕이지 그것이 호박이었다면 어쨌겠습니까? 전하의 머리가 박살이 났을 겁니다."
아반티의 말을 들은 국왕은 노여움이 조금 가시면서 천천히 말했다.
"그 말에 일리가 있네. 그 말에 일리가 있단 말이야!"
하고 감탄했다.

254
말과 행동

아반티는 말만 앞세우고 실행하지 않는 자를 경멸했다. 그의 그런 생각은 공자와 같은 생각이었다.

공자의 제자 중에 재자라는 사람은 말을 참으로 잘했다. 어느 날 재자가 대낮에 침실에서 낮잠을 자고 있었다.

공자는 재자를 꾸짖었다. 그리고 얼마 있다가 또 낮잠 자는 것을 보았다.

공자는 그 뒤 이런 말을 했다.

"나는 지금까지 사람의 말만 듣고 그것이 그대로 그 사람의 행실이거니 믿어 왔다. 그런데 지금은 달라졌다. 사람의 말을 듣고 반드시 그 사람의 행동을 보고 나서 판단하기로 했다.

이렇게 깨닫게 된 것은 재자의 행위를 보고 나서부터다."

아반티는 사람을 쓸 때 말을 잘한다고 써서는 안 된다고 당부했다.

그리고 반드시 그 사람의 행실을 보고 쓰라고 권했다.

반대로 나쁜 사람이라고 해도 그 사람이 좋은 말을 했다면 그 좋은 말만은 들어주어야 한다. 그러니까 그 '사람'과 '말'을 따로 떼어 놓고 보라는 말이다.

아반티는 말로만 떠들고 실행하지 않는 자는 상대하지 않지만 누구의 말이든지 좋은 말은 귀담아 들으라는 공자님의 말을 《논어》에서 읽었다고 강조했다.

255
머리를 달고 나갔나요

아반티가 어느 날 친구와 함께 승냥이 사냥에 나섰다. 둘은 산림 속을 누비며 이리저리 다니다가 털빛이 반반한 승냥이 한 마리를 만났다. 둘은 누구랄 것도 없이 그 승냥이 가죽을 갖고 싶어 승냥이를 바짝 뒤쫓았다.

승냥이가 다른 짐승의 굴로 뛰어 들어갔다. 그러자 아반티 친구도 승냥이 뒤를 따라 굴로 들어갔다. 그런데 그 굴이 너무 비좁아 아반티의 친구는 머리만 굴 속으로 들이밀고 몸은 굴 입구에 걸려 들어갈 수가 없었다.

친구는 굴 입구에 끼인 몸을 아반티가 빼 주기를 기다리고 있었다. 그런데 반나절이나 기다려도 친구는 그냥 굴 속에 얼굴을 처박고 있었다. 아반티는 그제야 친구의 허리를 끌어안고 잡아당겼다. 당기고 보니 아뿔사 친구의 머리가 온데간데 없었다.

아반티는 도대체 무슨 영문인지 알 수 없어 친구의 집으로 뛰어가 그 집 마누라에게 물었다.

"여보시오, 집의 남편께서 아침에 집에서 떠날 때 머리를 달고 나갔나요?"

256
하느님께 문을 지키게

아반티가 예배당으로 떠나면서 하늘을 우러러 이렇게 중얼거렸다.

"하느님! 나의 대문을 지켜주옵소서."

아반티가 돌아와 보니 대문짝 두 개를 어느 놈이 떼어 갔는지 보이지 않았다.

화가 난 아반티는 즉시 예배당으로 뛰어와서 예배당 문을 떼다가 자기 집 대문에 달았다.

목사가 이 사실을 알고 헐레벌떡 달려와서 눈을 부릅뜨고 아반티에게 대들었다.

"아반티! 당신 담도 크구만! 감히 예배당 문을 떼다가 제 집에 달다니! 그건 하느님 대문이오. 알기나 하오! 빨리 떼다가 예배당 문에 제대로 달아 놓으시오!"

"목사님, 내력은 묻지도 않고 왜 이렇게 화를 내십니까!"

아반티는 느릿느릿 말을 했다.

"내가 예배당으로 떠나면서 나의 대문을 하느님께 지켜 달라고 간곡히 당부했습니다. 하느님은 도적이 와서 대문을 떼가는 것을 빤히 보면서도 도적을 잡지 않았습니다. 하느님이 나의 대문을 찾아와 주기 전에 나는 교회 대문을 절대로 돌려주지 않겠습니다. 알겠습니까?"

257
불행중 다행

아반티가 맨발로 밭에서 일하다가 그만 가시를 밟았다. 뾰족한 가시가 아반티의 발바닥을 찔렀다. 아반티는 발을 쳐들고 보다가 찔린 자국을 보고 감격스레 말했다.

"주님, 주님의 배려에 감사드립니다. 불행중 다행으로 제가 오늘 새 신을 신지 않고 일하게 하였으니 얼마나 기쁜지 모르겠습니다.

만일 새 신을 신고 일했더라면 그 신을 다 버렸을 것입니다."

258
무엇을 잊어야 하는가

아반티가 총명하고 학식이 깊다는 소문을 듣고 한 사람이 천 만리가 멀다 하지 않고 아반티를 찾아와서 물었다.
"존경하는 아반티! 저에게 알려주십시오. 어떤 일은 똑똑히 기억하고 어떤 일은 영원히 잊어버려야 합니까?"
한참 생각에 잠겼던 아반티가 대답했다.
"다른 사람이 당신을 위하여 한 가지 좋은 일을 하였다면 그 것은 영원히 마음 속에 기억하고, 만약 자기가 다른 사람을 위하여 좋은 일을 하였다면 그것은 영원히 잊어버려야 합니다."

259
요임금의 도량

아반티가 《장자》라는 책을 읽고 말했다. 요임금은 나라를 허유에게 넘겨 주려고 했다.
"해와 달이 나왔는데 횃불을 켠다는 것도 우습고, 비가 오는데 밭에 물을 준다는 것은 쓸데없는 일이다.
허유와 같이 훌륭한 사람이 있는데 내가 언제까지나 천자 노릇을 하고 있다는 것은 괴로운 노릇이다. 그러니 허유에게 천자 자리를 넘겨 주겠다."

그러나 허유는 사양했다. 세상은 요임금이 있어서 잘 다스려 가고 있지 않은가. 내가 나올 때가 아니다. 내가 만약 요임금을 대신하여 천자가 된다 하면 그것은 요임금이 훌륭했다는 것밖에 안 된다. 나는 자리가 탐나지도 않고 또 필요하지도 않다.

'뱁새는 숲 속에 둥우리를 지어도 나뭇가지 하나면 되고, 아무리 큰 짐승이 강물을 마신다 해도 제 배가 차면 그만인 것이다. 나는 이대로 있는 것이 좋다.'

아반티는 오늘의 상황을 역사에 비춰 보면서 말을 했다. 허유처럼 유유자적한 이가 또 있을까? 허유는 끝까지 천자의 자리를 사양했던 역사적인 인물이라며 칭찬했다.

260
·
죽은 아반티

산에 나무를 하러 간 아반티가 높은 나무 위에 올라간 후 발 밑에 톱날을 대고 나무를 자르기 시작했다. 길 가던 사람이 그 광경을 보고 소리쳤다.

"아반티, 자네 위험하네. 위쪽에 몸을 대고 밑을 자르면 어떻게 되겠는가? 곧 나무에서 떨어지겠는데 뭘 하나."

아반티는 아랑곳하지 않고 그냥 톱질을 했다. 잠시 후 아반티가 잘린 나무와 함께 땅에 떨어졌다. 그러자 아반티는 아픔도 무릅쓰고 부리나케 달려가 아까 자기에게 말했던 그 사람을 찾아 물었다.

"여보시오, 당신은 참으로 선견지명하신 분입니다. 당신은 내가 나무에서 떨어질 것을 알았으니 내가 언제 죽겠는지도 알 수 있겠지요. 제가 언제 죽게 되는지 그걸 알려주시오."

아반티는 그 사람을 붙잡고 알려달라면서 놓아 주지 않았다. 그 사람은 아반티를 떼어 버리고 가던 길을 재촉하기 위해 헛소리로 한마디 했다.

"좋소. 그럼 알려주지. 나귀가 잔등에 땔나무를 싣고 가다가 한번 넘어지면 당신 생명은 반으로 줄 것이오. 두 번째 넘어지면 당신의 생명은 완전히 수명을 다하여 죽게 될 것이오."

날씨가 무더운데다가 일에 지친 아반티는 팔다리가 후둘거리던 참이었다. 나귀가 땔나무를 잔등에 가득 싣고 가다가 공교롭게도 그만 넘어뜨리고 말았다. 아반티는 오래지 않아 자기가 죽게 된다고 생각했다. 잠시 후 두 번째로 나귀에게 밀쳐져 넘어졌을 때는 정신이 마비 상태에 빠져 버렸다.

"오, 하느님, 이게 웬일이옵니까. 제가 정말로 죽습니까?"

자기가 죽는다고 생각하던 끝에 긴장된 아반티는 그만 그 자리에 쓰러져 버리고 말았다.

마침 그곳을 지나던 마을 사람이 얼굴빛이 꺼멓게 되어 다 죽어가는 아반티를 보았다.

"불쌍한 사람이 죽었구만."

그 사람은 중얼거리며 바로 마을로 내려가 관 하나를 가져다가 사람들을 불러 아반티를 관 속에 넣었다.

사람들은 아반티를 넣은 관을 메고 마을로 향했다. 그런데 갈림 길목에 이르러 사람들은 이상하게도 어느 쪽 길로 가야 빠른지를 몰라 옳거니 그르거니 하며 옥신각신했다. 이때 관 속

에서 사람들의 다툼 소리를 듣고 있던 아반티가 참다 못해 머리를 관 밖으로 내밀고 관을 메고 있는 사람에게 말했다.
"내가 살았을 때는 그냥 이쪽 길로 다녔댔어."

261
내가 나누어 주지요

하루는 아반티가 예물을 가지고 멋진 준마를 타고 친구네 잔치를 축하하러 갔다. 아반티가 산모퉁이를 돌아서는데 커다란 바윗돌 뒤에서 강도 둘이 불쑥 튀어나왔다. 그들은 아반티가 탄 말이 살이 찌고 말 등에 실은 물건이 불룩한 것을 보고 아반티를 막고 서서 그를 말에서 끌어내리고 말과 예물을 빼앗았다.
"말은 내가 가지겠다."
한 강도가 눈살을 찌푸리며 말했다.
"걷어치워. 물건을 네가 가지고 말은 내가 가지겠다."
다른 강도가 입을 삐죽이며 동의하지 않았다.
그들이 서로 빼앗은 물건을 놓고 공평하지 못하다고 옥신각신할 때 아반티가 참견했다.
"싸우지 말게나. 내가 똑같이 나누어 주겠소."
"좋소. 어떻게 나누려는지 말해 보시오."
두 강도는 이구동성으로 말했다.
아반티는 천천히 대답했다.
"당신들 활을 내게 주오. 내가 한 화살은 동쪽에 쏘고 한 화살은 서쪽에 쏘겠소. 당신들이 달려가서 화살을 주워 오시오. 먼저 화살을 주워 온 사람이 말을 가지고 후에 주워 온 사람이 물건을 가지시오."

"동의하오, 동의."
두 강도는 좋다고 했다.
"그러나 누구도 다른 말을 해선 안 돼."
라고 하면서 두 손으로 아반티에게 활을 넘겨 주었다.
 아반티는 활시위를 힘껏 당겨서 동서 두 방향으로 화살을 쏘았다. 그들은 하나는 동쪽 하나는 서쪽으로 화살을 가지러 나는 듯이 달려갔다.
 이 기회를 틈타 아반티가 활을 어깨에 메고 말에 올라앉아 채찍질하며 눈깜빡할 사이에 그림자도 남기지 않고 사라져 버렸다.

262
달이 필요해

한 멍청이가 아반티에게 물었다.
"해와 달 중에서 어느 것이 더 필요합니까?"
아반티가 말했다.
"물론 달이지. 해는 밝은 대낮에 세상을 비추지만 달은 우리가 빛을 제일 필요로 하는 어두운 밤에 세상을 비추니까. 어두울 때 불편을 경험해 보지 않은 사람은 모를 거요."

263
가마가 새끼를 낳다

한번은 아반티가 부잣집에 가서 가마를 빌려다 썼다. 며칠이 지난 후 아반티가 가마 속에다 작은 가마를 넣어 부잣집에 가져다 주었다.
　부자는 득을 보았다고 매우 기뻐하였다. 그러면서 이상한 생각이 들어 물었다.
　"아반티, 어찌하여 작은 가마가 더 왔소?"
　"부자님."
하고 아반티가 말했다.
　"당신이 나에게 빌려준 가마가 임신하였댔습니다. 우리 집에 온 후 이틀이 지나서 작은 가마를 낳았습니다. 그래서 어미 가마와 새끼 가마를 다 가져왔습니다."
　"그랬습니까! 이후에 가마 쓸 일이 있으면 또 오십시오!"
　부자는 웬 횡재냐며 좋아했다.
　이틀이 지나서 아반티가 또 가마를 빌리러 갔다.
　집에 손님들이 와서 제일 큰 가마를 빌려다 써야겠다는 것이었다.
　부자는 삯을 받고 가마를 빌려주지 못해서 기다리던 중이라 두말 않고 제일 큰 가마를 빌려주었다.
　그런데 한 주일, 두 주일이 지나고 한 달이 다 되어도 아반티는 가마를 돌려주지 않았다.
　조급해진 부자가 아반티를 찾아가서 가마를 가져오라고 했다. 그때 마침 아반티가 나귀를 타고 눈물을 지으며 부자네 문 앞에 서 있었다.
　"아유!"
하고 아반티가 탄식하면서 말했다.
　"부자님, 하느님은 정말 눈도 없습니다. 큰 가마가 우리 집에 온 후 이틀 만에 그만 죽었습니다. 나는 워낙 사십일을 있다가 알려주려 했는데 부자님이 기다리기 어려우실 것 같아 일찍이 찾아와서 알리는 겁니다."

"무슨 망발이야."
부자가 외쳤다.
"날 홀리겠다고. 가마가 어떻게 죽느냐?"
"왜 도리를 따질 줄 모르겠습니까, 나의 부자님."
하고 아반티가 말했다.
"가마가 낳은 자식을 받고서도 가마가 죽었다는 건 왜 인정하지 않습니까?"

264
하나를 보고 백을 알아

 어진 사람들은 서로 만나서 곧 친숙해지고 재주 있는 사람들은 다뤄 보지 않고도 상대의 역량을 안다.
 선비들은 반드시 제 몫을 가르지 않아도 청렴함을 짐작하고 꼭 위험한 고비를 겪지 않더라도 용기를 안다.
 그것은 주고 받는 데 예의가 바르면 그것으로 청렴함을 알 수 있으며, 사물에 대한 결단성을 보면 그의 용기도 알 수 있기 때문이다.
 그러므로 호랑이는 꼬리만 봐도 너구리보다 큰 짐승이라는 것을 알 수 있으며, 코끼리는 그 이빨을 보고 소보다 크다는 것을 안다.
 '한 가지를 보면 백 가지를 알 수

있다'는 말은 이를 두고 한 말이다. 그러고 보면 이미 겪어 안 사실을 가지고 장차 있을 일도 미루어 추측할 수 있다는 이야기다.
　아반티는 《설원》에서 본 내용을 말하고 있었다.

265
수의복이나 기워라

　아반티가 어렸을 때 재봉소에 가서 재봉 기술을 배우도록 했다. 아반티는 날마다 재봉소로 드나들며 거의 2년이나 재봉 기술을 배웠다.
　그러던 어느 날 어머니가 아반티에게 물었다.
　"애야, 너 재봉소에 다니며 무엇을 배웠느냐?"
　"어머니, 주께 감사를 드립니다. 전 이미 실밥을 뜯는 기술을 배웠습니다. 그것도 다 지어 놓은 옷을 뜯는 기술입니다. 이제 옷을 짓는 기술은 차츰 배우게 될 것입니다. 하지만 앞날이 많으니 옷 깁는 기술을 배워 낼 것입니다."
　어머니는 한심하다는 듯 한숨을 쉬고 나서 말했다.
　"그래, 늙고 나면 수의복이나 기울 수 있을지 모르겠구나. 내 수의복이 아니라 네 수의복 말이다."

266
바뀐 나귀 고삐

　어느 날 아반티가 나귀 고삐를 잃어버렸다. 며칠 후 아반티가

지혜로운 아반티

자기네 나귀 목에 맸던 고삐가 다른 나귀의 목에 매여져 있는 걸 보았다. 그래서 아반티가 중얼거렸다.
"주여, 이 나귀의 대가리는 틀림없이 우리 것인데 왜 남의 집 나귀의 몸에 붙어 있을까요?"

267
세 가지로 먹을 수 있는 식품

아반티가 거리로 나갔다가 성벽 밑에 외롭게 앉아 있는 늙은이를 발견했다.
늙은이는 근심이 태산 같은 듯 머리를 숙이고 있었다.
아반티가 늙은이 곁으로 가서 물었다.
"노형, 무슨 큰 근심이라도 있습니까? 나한테 말하여 줄 수 없습니까?"
늙은이는 머리를 들고 아반티를 아래위로 뜯어보더니 아반티도 가난한 사람인지라 늙은이가 입을 열었다.
"근심이 태산 같네, 젊은이! 이런 경우가 세상에 어디 있나? 황제는 나한테 동전 한 닢을 주면서 사흘 안으로 세 가지로 먹을 수 있는 식품을 사 오라고 명령을 내렸네. 못 사 오면 목을 자르겠다고 하였네.
여러 곳에 가서 물어보았으나 누구도 그런 물건이 있다는 것을 알지 못하더군. 오늘 사흘째 되는 날이네. 해가 넘어가기 전에 가져가지 못하면 난 죽어야 하네."
"아니, 형님두, 별거 아닌 걸 가지고 걱정하시는구려."
하고 아반티가 말했다.
"근심 마십시오. 황제도 형님을 어쩌지 못할 겁니다. 자, 나와 함께 갑시다."
아반티는 늙은이와 함께 시장에 가서 하미과 하나를 사들고 황제를 만나러 황궁으로 갔다.
늙은이가 하미과 하나를 달랑 들고 들어온 것을 본 황제가 소리를 꽥 질렀다.
"잠깐만! 전하."
하고 아반티가 앞으로 나서며 도리를 따졌다.
"나의 형님은 전하의 요구를 이미 만족시켰습니다. 이 하미과가 바로 세 가지로 먹을 수 있는 식품입니다.
첫째, 하미과의 속살은 전하께서 자실 수 있고, 둘째, 하미과의 껍질은 양이 먹을 수 있고, 셋째, 하미과의 씨는 닭이 먹을 수 있습니다."
아반티의 말을 듣고 난 황제는 늙은이를 놓아 주는 수밖에 없었다.

268
씨도 돈 주고 산 거요

아반티가 대추를 먹을 때 씨를 뱉어 내지 않고 그대로 삼켜 버렸다. 마누라가 그 광경을 보고 의아스러워 물어보았다.
"아니, 씨까지 자셔 버리는 게 아닙니까?"
아반티가 정색하며 대답했다.

"물론 씨까지 먹었소. 아니 씨도 돈을 주고 산 것 아니요. 돈 주고 먹는 것인데 왜 안 된단 말이오."

269
나귀 대가리를 주다

하루는 황제가 아반티를 불러서 물었다.
"아반티, 너의 머리는 내 머리처럼 크지도 않고 또 너는 수수한 보통 백성인데 무엇 때문에 그렇듯 영리하고 총명한가? 그리고 나는 무너지는 하늘도 받칠 만한 황제인데 무엇 때문에 이렇게 둔한가?"
"히히."
아반티가 아무도 아랑곳하지 않고 대답했다.
"이건 전하의 탓이 아닙니다."
"그럼 누구 탓인가?"
"하느님 탓이죠."
아반티는 나귀의 대가리를 가리키고 또 황제의 피둥피둥 살찐 머리를 가리키며 엄숙하게 말했다.
"하느님께서 머리를 나누어 줄 때 전하를 돌보느라고 많은 짐승들의 대가리를 고르고 고르다가 마지막에는 제일 큰 대가리인 나귀 대가리를 골라서 전하에게 주었습니다. 이렇게 되어 전하는 황제가 되었지만 나귀 대가리를 가졌기 때문에 지혜롭게 살지 못하는 나귀처럼 되었답니다."

270

대문을 열어 주시오

아반티가 어렸을 때의 일이다. 어느 집 포도밭에 몰래 들어갔다가 담장을 뛰어넘어 나오려는데 공교롭게도 주인에게 들켰다. 주인은 크게 놀라 고래고래 소리를 질렀다.
"아반티 이놈아, 담장을 뛰어넘기가 부끄럽지도 않느냐?"
"제가 담장을 뛰어넘는 걸 좋아하지 않으시면 대문으로 나가지요."
아반티는 가랑이가 찢어지게 도망가면서 대답했다.
"그럼 대문을 열어 주셔야지요."

271

화는 스스로 불러들여

아반티가 《좌전》을 읽고 난 뒤에 말했다.
춘추시대 노나라에 계무자라는 사람이 있었다. 이 사람은 노나라에서 가장 권세 있는 사람이었다.
그런데 불행하게도 본부인에게는 소생이 없고 첩에게서 난 아들이 둘 있었다. 형은 이름을 공미라 하고 아우는 도자라고 했다.
계무자는 도자를 무척 사랑했다. 그래서 맏아들 공미보다도 그 아우 도자를 자기의 후계자로 삼으려 했다.
"나는 공미와 도자를 똑같이 사랑하오. 그래서 둘의 재주를 시험해 본 뒤, 뛰어난 쪽을 나의 후계자로 삼을 생각이오."
이 말을 듣고 계무자의 집안 살림을 맡아 보고 있던 신풍이 펄쩍 뛰면서 그 집에서 나가겠다고 했다. 그러는 것을 겨우 달래어 앉혀 놓았다.
 그러나 계무자는 도자에게 살림을 물려주려는 생각에는 변함이 없었다.
 계무자는 장흘을 찾아가 그것을 의논했다. 장흘은 뜻이 그렇다면 도자에게 물려줄 수밖에 없다고 말했다. 그래서 도자에게 상속하려고 준비를 했다.
 공미는 아우에게 상속권을 빼앗긴 것이 분해서 벼슬 자리도 받으려 하지 않았다.
 공미가 그의 아버지와 동생에게 원한을 가지고 있는 것을 알고 사람을 시켜 공미를 타일렀다.
 "그래서는 안 됩니다. 속담에 화와 복은 문이 없다는 말이 있습니다. 사람이 화를 입는 것도 복을 받는 것도 모두 스스로 자기가 불러들이는 것입니다.
 자식 된 도리로라도 만약 부모에게 효도를 하신다면 동생보다 재산을 더 많이 얻게 될지도 모릅니다.
 만에 하나 불효한 마음을 가진다면 화를 스스로 불러들이는 셈이 될 것입니다."
 공미는 민자마의 말을 듣고 보니 그럴듯해서 다시 마음을 고쳐 먹고 아버지가 하라는 대로 벼슬 자리에 나가 열심히 일을 보았다.
 이것을 본 계무자는 대단히 기뻐서 많은 재산을 공미에게 주었다.
 공미는 민자마의 말대로 재물도 얻고 효도도 하게 된 것이라고 하면서 아반티는 옛 선인들의 말씀을 되뇌었다

272
까마귀 빨래

　아반티가 어느 날 마누라와 함께 강가에 나가 옷을 씻었다. 빨래를 금방 적셔 놓고 비누를 문지르는데 갑자기 까마귀 한 마리가 하늘로부터 내려와 비누를 물고 날아가 버렸다.
　마누라가 급하게 소리를 질렀다.
　"아이고, 이걸 어떡하나. 빨리요. 까마귀가 비누를 물고 갔어요."
　그런데도 아반티는 아무 일도 없었다는 듯이 태연하게 말했다.
　"너무 인색하게 굴지 말고 까마귀가 비누를 쓰게 하시오. 그 불쌍한 까마귀인들 제 머리부터 발끝까지 새까맣게 더러워진 걸 모르겠소. 그걸 가져가 씻겠다는데 어떡한단 말이오. 기다렸다가 흰 까마귀가 오거든 잘 썼느냐고 물어나 보시오."

273
나귀 구유를 만들다

　황제의 코가 주먹보다 더 크게 자라났다. 그래서 하루는 아반티를 불러 물어보았다.
　"아반티, 나의 코가 만약 당신의 얼굴에서 이렇게 자라났다면 당신은 어떻게 하겠는가?"
　"거야 간단하지요."
　아반티는 황제의 코를 가리키고는 또다시 자기의 나귀를 가리키면서 말했다.

"나는 코를 베어서 나귀의 구유를 만들겠습니다."
황제가 화가 나서 아반티에게 말했다.
"이놈아, 구멍이 두 개나 난 구유도 있다더냐."

274

미리 울어 두지

아반티의 마누라가 병들어 앓게 되었다. 병세가 그다지 위중하지는 않았다.
그러나 아반티는 시간만 있으면 눈물을 흘리며 울었다.
병문안을 온 이웃 아낙네들이 그 광경을 보고 이렇게 위안했다.
"너무 걱정하지 마세요. 며칠 지나지 않아 병이 나을 것 같습니다."
그러자 아반티가 머리를 저으며 말했다.
"아시겠습니다만 저는 시간이 바쁜 사람입니다. 내일도 도시로 일보러 가지 않으면 안됩니다. 그 일이 아니라도 할 일이 생겨 외출하게 될 수도 있지요. 그러기에 지금 시간이 있을 때 미리 울어 두지 않으면 후에 시간이 없어 울지도 못하게 될 수 있습지요. 더구나 저의 마누라를 불쌍히 여겨 울 사람은 저밖에 없으니까요."
이웃 아낙네들은 하나같이 고개를 살래살래 흔들었다.

275
몇 배는 울어야지요

아반티가 국왕과 함께 왕궁에 앉아 진지한 환담을 주고받았다.

그때 누군가 국왕에게 거울 하나를 선물해 왔다.

국왕은 그 거울에 자기의 얼굴을 비춰 보더니 대성통곡을 하기 시작했다.

아반티도 국왕을 따라 목놓아 울기 시작했다.

한참 울다가 국왕이 아반티에게 말했다.

"아반티, 난 내 못난 얼굴을 보고 통곡하는 거야. 자네는 나를 존경하기 때문에 나를 친구삼아 울고 있을 테지. 자네의 거동에 감격을 금할 수 없구만.

그렇지만 난 이미 울음을 그쳤어. 자네도 인제 그만 울게나."

그러나 아반티는 울음을 그치지 않은 채 국왕에게 말했다.

"아닙니다. 국왕님께서는 국왕님의 얼굴을 잠깐 보고 나서 반시간이나 울었는데 국왕님의 얼굴을 온종일 보고 있는 저는 국왕님보다 몇 배나 더 오래 울어야 하지 않겠습니까?"

276
이것도 적은가

하루는 마을의 촌장이 거리에다 이런 포고장을 붙였다.
'우리 마을에 학식이 많고 교리를 잘 아는 목사가 왔다. 그는 우리 촌사람들에게 여러 가지 지혜를 가져다 줄 것이다. 그를 환영하기 위하여 집집마다 양 한 마리씩을 바쳐야겠다. 양이 없는 집에서는 닭 한 마리라도 바쳐야 한다. 그리고 여러 가지 세금을 사흘 안에 물어야 한다.'
포고를 본 아반티는 달걀 네 알을 가지고 목사를 만나러 갔다. 이웃 사람이 그를 보고 말했다.
"아반티, 이렇게 가서 되겠소? 그래 포고도 보지 못했단 말이오? 괜히 오해만 사겠소."
"당신들 정말 웃기는구만. 어찌 그렇게도 답답한 소리만 하오!"
아반티는 아주 겸손하게 말했다.
"새로 부임한 목사는 촌민들한테 보이지도 않는 '무한한 영광'만 가지고 왔지 어디 헌 바지라도 기울 수 있는 손바닥만한 천조각 하나라도 가지고 왔단 말이오? 그래 빈손으로 온 사람에게 달걀을 네 개나 가져다 주는 것이 적단 말이오."

제3부
교활한 아반티

301

삯꾼 값

아반티가 삯꾼 한 사람을 불러다 별로 값은 안 나가지만 무겁기 그지없는 짐을 지워가지고 길을 떠났다.

사람들이 붐비는 시가지의 골목길에 이르러 갑자기 그 삯꾼이 그림자도 없이 사라져 버렸다. 사방으로 찾아보아도 삯꾼은 어디로 갔는지 보이지 않았다. 나중에 아반티는 하는 수 없이 삯꾼을 더 찾지 않기로 했다.

그로부터 열흘이 지난 후 아반티는 몇몇 친구들과 함께 거리로 나갔다. 문득 한 친구가 앞을 가리키며 소리질렀다.

"저 사람이 아반티가 찾던 삯꾼이구만."

말이 떨어지기가 무섭게 아반티는 얼른 어디론가 피해 버렸다.

친구가 한참 동안 헤매다가 겨우 아반티를 찾았다.

"아니, 아반티, 당장 그 삯꾼을 붙잡게 되었는데 왜 달아나 버리나?"

아반티가 대답했다.

"달아나지 않으면 어쩌겠나. 그 삯꾼을 붙잡았다가 그 삯꾼이 나보고 '열흘 동안이나 당신의 짐을 메고 다녔으니 열흘 동안의 품값을 받아야겠소'라고 하면 할말이 없잖은가?"

302

잃어버린 경과

아반티가 나귀를 잃어버리자 부랴부랴 경찰국으로 달려가

사건을 신고했다.
 경찰관이 물었다.
 "아반티, 우린 모든 수사력을 다해 당신의 나귀를 찾아낼 겁니다. 사건 경위를 처음부터 상세히 알려주십시오."
 아반티가 버럭 화를 내며 말했다.
 "내가 사건이 발생한 경과를 안다면 나귀를 잃어버릴 수 있겠습니까? 그 경과를 모르니까 잃어버린 것 아닙니까? 이 답답한 양반들아."

303
나쁜 이름이라도 남겨야

 아반티가《진서》를 치켜들고 말했다. 동진 강제 때 환온은 군부의 실력자인 유익의 천거로 장군이 되었다.
 유익이 죽은 뒤에는 형주 군사 도독을 지내는 등 두각을 나타내기 시작했다.
 형주는 서하와 가까운 곳이어서 군사상 중요한 요충지이다.
 사람들은 환온과 같은 큰 인물을 형주에 보내면 다른 뜻을 가지게 될지도 모른다고 임금에게 아뢰었다.
 "환온은 훌륭한 장군입니다. 그렇기 때문에 형주와 같이 중요한 곳으로 보내면 안 됩니다."
 그러나 강제는 그런 말을 듣지 않았다.
 환온은 형주의 군사 도독이 되어 갔다. 환온은 과연 천하에 뜻이 있었다.
 그는 어느 날 밤 혼자서 탄식했다.
 '사내 대장부로 태어나서 아름다운 이름을 후세에 남겨야 할

텐데 그렇게 되지 못할 바에는 차라리 나쁜 이름이라도 남겨야 하지 않겠는가.'

환온은 임금의 명령도 기다리지 않고 서쪽에 있는 한나라를 쳐서 한나라를 멸망시켰다. 이어 진나라도 정벌했다.

환온은 조정에 들어와 대사마가 되었다.

환온은 눈엣가시같이 여기던 은연원을 물리치고 정치적·군사적으로 권력을 독차지하게 되었다.

환온이 한나라를 치고 또 진나라를 꺾어 밖으로 큰 공을 세운 것은 사실이다. 환온이 그와 같이 전쟁에 힘을 쓰는 이유는 공을 세워 임금에게 압력을 가해서 임금의 자리까지 넘겨다 보려는 속셈이었다.

그러나 세상 일이 그렇게 만만하게 뜻대로 되는 것만은 아니었다.

환온은 연나라를 치다가 그만 지고 말았다. 그래서 그의 위세가 땅에 떨어지게 되었다. 이제까지의 이름도 내리막길을 달리듯 했다. 뜻을 이루지 못한 환온은 노심 끝에 세상을 떠났다.

사람의 야망은 끝이 없다. 인생은 한 번인데 이것저것 다 이루려면 몸이 몇 개여야 된단 말인가.

아반티는 눈을 감고 한숨을 내쉬었다. 옛말에 욕심이 과하면 사망을 낳는다 하지 않았는가.

304

다리 하나인 학

아반티가 학 한 마리를 삶아가지고 왕에게 예물로 드리려고 떠났다. 한참 길을 가던 아반티는 몹시 배가 고팠다. 그래서 길

옆에 앉아서 학의 다리 하나를 뿍 빼서 질근질근 씹어 먹었다.
  아반티가 올린 학을 받아든 왕은 이리저리 돌려가며 학을 살폈다.
  그리고 아반티를 향해 물었다.
  "아반티, 왜 학의 다리가 하나밖에 없는가?"
  왕이 이렇듯 자세하게 가져온 물건을 보리라고는 생각지 못했던 아반티는 대답이 궁해서 우물거렸다.
  이때 왕궁 뜨락에 있던 학들이 모두 한쪽 다리를 들고 서 있는 것이 보였다. 아반티가 머리에 홀연 떠오르는 것이 있었다. 그는 그 학들을 가리키며 대답했다.
  "전하, 학은 모두 다리가 하나이옵니다. 저 뜨락에 서 있는 학들을 한번 보시옵소서."
  얼핏 밖을 내다본 왕은 몽둥이로 학을 쫓아버리라고 명을 내렸다.
  그러자 학들은 두 발로 걷다 날개를 펴고 날았다.

  학들이 한 마리도 남김없이 푸드덕 푸드덕 산지사방으로 흩어져 갔다.
  왕은 아반티에게 냉소했다.
  "아반티, 봤지. 어느 학이 다리가 하나인가?"
  "전하!"
하고 아반티는 그래도 얼굴빛 하나 내색하지 않고 변명했다.
  "그리 큰 몽둥이로 학을 쫓으시다니요. 불쌍하지도 않습니까? 학들이 워낙 급해 두 다리로 변하여 죽을 힘을 다하여 달아났던 것이옵니다."

305
물고기 머리

아반티가 어느 낯선 친구와 함께 여행을 떠나게 되었다. 중도에서 그들은 배가 몹시 고파 여인숙에 들러 먹을 것이 없는가고 심부름꾼에게 물어보았다. 그런데 난감하게도 여인숙에는 물고기 한 마리밖에 없었다.

물고기가 가마에 들어갈 때에 아반티는 속으로 물고기 한 마리로 두 사람의 주린 배를 채울 수 있을까? 다른 좋은 방법이 없을까 하고 생각해 보았다. 한 가지 꾀를 생각해 낸 아반티는 친구에게 물었다.

"여보게, 자넨 우리 마을 사람들이 왜 다른 마을 사람들보다 더 총명한지 아는가?"

"거야 모르겠는데요. 도대체 무슨 까닭인가요?"

"그건, 우리 마을 사람들이 물고기 대가리를 즐겨 먹기 때문이라네."

"아니, 물고기 머리를 먹는 것과 총명한 것이 무슨 관계가 있다고 그러오."

"물고기는 총명하고 영리한 것들이오. 그래서 물고기 눈을 먹는 사람은 눈이 밝아져 사방을 환히 볼 수 있고, 물고기 귀를 먹는 사람은 귀가 밝아서 모든 소리를 다 가려 들을 수 있는가 하면, 물고기의 머리를 먹는 사람은 머리가 총명해지는 겁니다. 아주 어리석은 사람이라도 물고기 머리를 먹으면 총명해지고 총명한 사람은 그 배로 총명해지게 됩니다."

아반티가 신명이 나서 물고기 머리를 먹으면 어떻게 좋다는 얘기를 하고 있는데 심부름꾼이 기름에 튀긴 물고기 한 마리를 접시에 담아 들고 왔다. 그러자 옆에 있던 친구가 얼른 끼어들며 말했다.

"아반티, 그렇다면 자넨 물고기 몸뚱이를 먹고 대가리 쪽은 나한테 주게."

아반티는 속으로 좋아했지만 짐짓 그래서는 안 된다고 살짝 연막을 폈다. 하여 두 사람은 서로 밀거니 당기거니 하며 반나절이나 사양하다가 마지막에 아반티가 할 수 없이 친구의 방안에 동의하는 척했다. 아반티는 구수한 냄새가 풍기는 물고기 몸뚱이를 게눈 감추듯 먹어 버렸다.

한편 친구는 물고기 머리를 요리조리 돌려 가며 먹을 만한 것을 찾았으나 먹을 것이 없었다. 그렇다고 남과 같이 식사하는 도중에 물고기 머리를 먹겠다고 물고기 머리를 박살낼 수도 없는 노릇이었다.

친구가 어찌할 바를 몰라 하는 사이에 아반티는 자기 몫을 전부 먹어치웠다. 친구는 그때야 홀연 깨닫는 바가 있어서 소리를 질렀다.

"잘하는군. 나는 먹잘 것도 없이 고기 부스레기나 약간 얻어먹었을 뿐 뱃속에서는 쪼르륵 소리만 나는데 자넨 배불리 먹었으니 어떻게 된 셈인가?"

아반티는 웃으며 친구에게 말했다.

"내가 말하지 않았소. 물고기 머리를 먹으면 총명해진다고 말이오. 자넨 물고기 머리 부스레기를 먹더니 예전보다 확실히 나아진 것 같구먼."

306
귤도 강북에 심으면 탱자

아반티가 웃음을 머금은 채 《설원》을 내려놓으면서 말했다.

제나라 경공 때 안자는 재상으로 이름이 높았다. 안자가 왕의 명을 받들고 형나라에 갔을 때의 일이다.

형나라 임금은 안자의 소문을 익히 알고 있었던 터라, 어떻게 하든지 안자를 곯려 주려고 좌우에 신하들과 의논했다.

"좋은 수가 있습니다. 임금님께옵서 안자와 같이 계실 때 제가 죄인 하나를 끌고 들어오겠습니다. 그리고 나서 이렇게 저렇게 하면 어떻겠습니까?"

안자가 형나라 임금과 같이 앉아 있을 때 한 죄인이 포승을 한 채 끌려가는 모습이 보였다.

"그게 누구냐?"

형나라 임금이 물었다.

"제나라 사람이옵니다."

"무슨 죄를 지었느냐?"

"도둑질을 했습니다."

형나라 임금은 짐짓 놀라는 척하면서 죄인과 안자의 얼굴을 번갈아 보면서 말했다.

"제나라 사람도 도둑질을 하는가?"

안자는 빙그레 웃으며 말했다.

"강남에 귤나무가 있는데 제나라 임금이 그것을 강북에다 심게 했더니, 강북에서는 귤나무가 탱자 나무로 변해 버렸습니다. 제나라 사람이 제나라에 있을 땐 도둑질을 하지 않는데 형나라에 오면 도둑질을 하게 되는 모양이니, 형나라의 풍토가 그렇게 만드는가 봅니다."

형나라 임금은 안자를 곯려 주려 했다가 도리어 무안을 당하고 말았다.

  그 다음에 안자는 초나라에도 사신으로 갔다. 초나라에서도 안자를 곯려 주려고 큰 문 옆에 조그만 문을 만들어 놓고 안자에게 그 문으로 들어가라고 했다.

  안자가 말했다.

  "개의 나라에 가면 개구멍을 드나드는 것이 예의일 것이나, 나는 개의 나라에 온 것이 아니고 버젓한 초국에 온 것이니, 어찌 개구멍으로 들어갈 수 있겠는가."

  초나라 사람은 허둥지둥 큰 문을 열고 그리로 안자를 안내했다. 그리고 초나라 임금을 만났다.

  "제나라에는 인물이 없는 모양이군."

  "제나라의 서울은 사방이 3백 여 정보나 되며, 인종이 많아 옷소매를 벌리면 채알을 친 것 같고, 땀을 뿌리면 비가 오는 것과 같습니다. 어찌 그러한 곳에 인물이 없을 수 있겠습니까."

  "그러면 어찌하여 그대와 같은 사람을 사신으로 보냈단 말인가?"

  "제나라에서는 외국에 사신을 보낼 때 슬기로운 임금이 있는 나라에는 슬기로운 사람을 보내고, 못난 임금이 있는 나라에는 못난 사람을 사신으로 보내옵니다. 저는 아주 못난 축이어서 초나라에 오게 된 것입니다."

  초나라 임금은 아무 말도 못하고 얼굴만 붉으락푸르락 했다.

  아반티가 너털웃음을 웃으면서 사람은 머리를 써야 한다고 소리쳤다.

307
아이들의 염원

하루는 목사가 아이들을 데리고 거리를 지나가고 있었다.
아반티가 그들을 만나자 물었다.
"목사님, 아이들을 데리고 어디로 갑니까?"
"아이들 생각이 제일 영험하답니다. 그래서 애들을 데리고 가서 하느님께 비를 내려달라고 할 겁니다."
"하하하!"
아반티가 큰소리로 웃었다.
"당신의 머리 계산이 너무 간단하군요. 아이들 생각이 영험하다면 당신은 차라리 땅 속으로 들어가 무덤 속에서 잠자는 것이 어떻겠습니까. 일은 아이들에게 맡기고 말이오."

308
그래 일리가 있소

어떤 사람이 아반티를 찾아와 억울함을 호소하고 다음과 같이 물었다.
"아반티, 제가 이 억울한 사건의 원고인데 내 말을 좀 들어보시오. 내게 일리가 있죠?"
아반티가 대답했다.
"일리가 있네."
얼마 안 되어 피고가 황급히 달려와 그 사건에 대한 견해를 상세하게 아반티에게 설명하고 물었다.
"그래 내게도 일리가 있잖습니까?"

아반티는 똑같은 대답을 주었다.
"당신 말도 일리가 있소."
이때 옆방에 있던 아내가 무심결에 이 말을 다 들었다. 피고가 간 다음 아내가 아반티에게 물었다.
"당신은 원고의 말도 일리가 있다 하고 피고의 말도 일리가 있다 했는데 그래 쌍방이 다 일리가 있다고 말하는 게 옳습니까?"
아반티는 홱 돌아서며 아내를 칭찬해 주었다.
"옳소, 옳소. 당신 말도 일리가 있소."

309
구장 배 타기

구장은 평생 배를 타 본 적이라곤 없었다. 그런데 처음으로 아반티와 함께 배를 타고 강을 건네게 되었다.

배가 강 중심에 이르렀을 때 자그마한 풍랑이 일면서 배가 기우뚱거렸다. 무서워한 구장은 심장이 한줌만해서 아반티의 옷깃을 꼭 붙잡고 연신 애걸했다.

"아반티, 마음씨 고운 아반티! 내 심장이 튀어 나올 것만 같네. 빨리 방법을 내서 날 무섭지 않게 해 주게."

"방법은 한 가지 있는데 당신이 들을런지 모르겠습니다."

"원하잖고, 왜 원하지 않겠소, 아반티."

"좋습니다. 우선 물 속으로 들어가시오."
 아반티는 이렇게 말했다. 그리고 구장을 강물 속에다 얼른 밀어넣었다.
 구장이 여러 번 물 속에 잠겼다 솟았다 한 후에 아반티는 그의 머리를 움켜쥐고 배 위에다 끌어올렸다.
 다시 배에 오른 구장은 다시는 무섭다는 말을 하지 못했다.
 "어떻습니까? 또 무서워집니까?"
하고 아반티가 물었다.
 "무섭지 않네, 무섭지 않네. 지금 아주 편안하네."
 "그렇지요?"
 아반티가 말을 이었다.
 "제 발로 길을 걸어 보지 않은 사람은 말을 타는 것이 좋은 줄을 모르고, 물 속에 들어가 보지 못한 사람은 배 위가 안전한 줄을 모르고, 날마다 밥을 먹을 수 있는 사람은 가난뱅이들이 굶주려 참는 아픔을 모릅니다."
 구장은 몽둥이에 얻어맞기라도 한 듯이 머리가 뻥해서 한마디도 못했다.

310
아들에게 비파 치는 이야기

 한번은 아반티가 아들을 데리고 밤길을 떠나게 되었다. 으슥한 골목길을 따라 걷는데 어떤 사람이 두리번거리면서 큰 대문집의 자물쇠를 열려고 애쓰는 것이 보였다. 보나마나 도적놈이 분명했다.
 도적놈의 몸집이 웅장하게 생긴 걸 보고 아반티는 소리를 지르려다 멈칫하고 말았다.
 잘못하다가는 도적놈에게 당할 것이 뻔했기 때문이었다. 그래서 아반티는 오던 길을 되돌아섰다. 그러자 뒤에서 따라오던 아들이 물었다.
 "아버지, 저 사람은 대문 앞에서 뭘하고 있는 거예요?"
 아반티는 아무 생각 없이 이렇게 대답했다.
 "비파를 타고 있단다."
 "그런데 왜 소리는 들리지 않는가요?"
 "그 소리는 내일 아침에야 흘러 나올 거다."

311
청첩을 보내다

 이웃집에서 잔치를 치르게 되었는데, 아반티에게 청첩장을 돌려달라고 부탁했다.
 아반티가 집집마다 돌아다니며 청첩장을 주고 나니 한 장이 남았다. 그는 남은 한 장을 성안에서 제일 오만한 부자에게 일부러 전했다.
 아반티는 너덜너덜한 옷을 입고 닳아빠진 신을 끌고 청첩장을 들고 갔다. 아반티를 본 부자는 얼굴색이 변하더니 벌컥 화를 냈다.
 "음, 그래 자네보다 좋은 사람이 없어서 자네한테 청첩을 전하라 하더냐?"
 "있습니다."
하고 아반티는 배를 내밀며 말했다.
 "그러나 그런 사람들은 모두 당신보다 더 훌륭한 사람들에게 청첩을 주러 갔습니다. 사람들은 모두 당신을 개자식이라고 하면서 누구든 청첩을 주러 오지 않으려 하였습니다. 그래서 제가 자원해 왔지요."

312
차가우면 화를 입어

아반티는 조둔과 같이 차가운 성품은 원한을 품기에 족하다고 하면서 조쇠의 아버지 같아야 한다고 말했다.
 춘추시대 때 조나라는 진나라를 종주로 섬기었다.
 문공 때에는 조쇠가, 다음 양공 때에는 그 아들 조둔이 각각 진나라에서 높은 벼슬을 했었다.
 조쇠와 조둔 부자는 다 같이 뛰어난 인물이었으나 조쇠는 성품이 온순하고 부드러워서 누구나 친숙할 수 있는 사람이고, 그 아들 조둔은 성질이 서릿발같이 매서워서 누구나 그 앞에 오면 떨지 않는 사람이 없었다.
 세상 사람들은 이 부자를 가리켜 '그 아버지는 겨울날의 햇볕 같고, 그 아들은 여름날의 불볕 같다'고 했다.
 겨울의 햇볕은 따뜻하고 포근하지만 여름의 햇볕은 뜨겁고 두렵다는 뜻이다.
 조둔은 그래서 싫어하는 사람도 많았고 원한을 가지고 있는 사람도 많았다.
 조둔이 살았을 때는 아무도 그 앞에 대드는 이가 없었다. 그런데 그가 죽고 나자 화근은 그의 아들 식에게로 닥쳐 왔다.
 조둔이 살았을 때 조둔과 권력 다툼을 했던 도안고는 사구라는 사법관이 된 것을 기화로, 조씨들의 잘못을 하나하나 끄집어

내어 조씨 일족을 모두 죽여 버렸다.
 마침 조둔 아내가 임신중에 있었는데 화를 면하여 그 아들이 자라서 집안의 원한을 갚았다고 한다.
 아반티는 불 같은 성품으로 원한을 사고 그로 인해 죽고 죽이는 고리가 끊일 길이 없으니 고운 성품을 가져야지 않겠느냐고 중얼거렸다.

313
재판관 먼저 내가 판결을

 법관이 거리에 나와 아반티에게 욕을 퍼부었다.
 아반티가 어찌 그를 용서하겠는가. 그는 법관을 향하여 지팡이를 휘둘렀다.
 법관은 두려워서 뒤로 물러섰다.
 아반티는 또 그를 쫓았다.
 옆에 있던 사람들이 아반티를 둘러싸며 말렸다.
 "아반티, 미치지 않았소? 그가 누구요? 우리 현의 법관이오. 그를 때렸다고 재판을 받으면 어쩌려고 그러오?"
 "나도 그가 법관이란 걸 알고 있소. 법관이라고 사람 마음대로 욕할 수 있소? 그가 나를 판결할 때까지 기다릴 필요 없이 내가 이 몽둥이로 그에게 사형판결을 내리겠소."

314

홍수 때 비둘기가 물고 온 잎

아반티가 사람들에게 성경 이야기를 들려주었다.
"하느님은 노아시대에 홍수를 범람하게 한 다음 비둘기 한 마리를 날려 보냈습니다. ……그 비둘기는 날아간 지 얼마 안 되어 감람나무 가지를 입에 물고 날아왔지요……."
아반티가 여기까지 말하자 한 여인이 불쑥 이렇게 물었다.
"그 비둘기가 암컷이었던가요, 수컷이었던가요?"
아반티는 고개를 갸우뚱하며 생각하더니,
"아마도 수컷이 분명할 겁니다."
하고 대답했다.
"그걸 어떻게 알지요? 책에 그렇게 씌어 있던가요?"

"아니오. 책에는 씌어 있지 않지만 조금만 머리를 쓰면 알 수 있지요.
하느님이 날려보낸 비둘기가 암컷이라 합시다. 그러면 암컷이 무슨 힘이 그리 세서 감람나무를 떨구지 않고 입에 물고 올 수 있겠습니까?
그리고 모든 산천을 40일 동안이나 물에 젖게 했는데 어떻게 감람나무 가지를 물고 올 수 있겠습니까. 그건 아마 영리한 비둘기가 노아 방주에서 물고 나갔다가 돌아온 것이 아니겠습니까?"

315
속상하면 무덤 속에 들어가

백성들의 반역을 두려워한 황제가 날마다 불안해 잠을 잘 수가 없었다.
그는 아반티에게 물었다.
"침대에 누워 자는데 어떻게 누워 자면 잠이 잘 오느냐?"
"아무렇게나 자십시오."
아반티는 되는 대로 대답했다.
"아무렇게나 누워도 잠이 잘 올 겁니다."
황제는 한숨을 쉰 후 다시 물었다.
"그런데 짐은 아무렇게 누워도 잠이 오지 않네."
"그럼 좋은 방법이 있습니다."
하고 아반티가 말을 이었다.
"빨리 무덤 속에 들어가 쉬십시오. 거기에 가면 속상할 일이라고는 없을 겁니다. 전하께서 아무렇게 누워 자도 아마 다시는 깨어나지 않을 겁니다!"

316
오리 국물이라도

강에서 오리가 자맥질을 하며 놀고 있었다. 아반티가 오리를 잡으려고 살금살금 다가갔으나 허탕을 치고 말았다.
아반티가 날아가는 오리를 바라보며 가지고 있던 만두를 강물에 찍어 먹기 시작했다. 이때 그의 곁을 지나가던 농부가 이상스러워 물었다.

"아반티, 왜 만두를 강물에 찍어 먹는가?"
아반티는 힘없이 대꾸했다.
"난 오리를 잡으려다 놓쳤소. 그러니 오리가 남긴 국물이라도 맛보아야 할 게 아니오."

317
사람은 관 뚜껑을 덮을 때 안다

아반티가 두보 시인의 시를 음미하면서 말했다.
사람은 죽은 뒤 관에 넣고 뚜껑을 덮고 나서야 비로소 그 사람이 평생에 성공을 했는지 실패를 했는지 말할 수 있다.
아직 살아 있는 동안에 스스로 성공을 했다고 안심을 해도 안 되고 실패를 했다고 낙망할 것도 없다.
당나라 때 시인 두보 친구의 아들 소계가 산 속에 묻혀 사는 것을 빨리 나오라고 다음과 같은 시로 그를 견책했다.

그대 못 보는가/길가에 썩은 물 괴어 있는 연못을/그대 못 보는가 앙상하게 등걸만 남아 있는 오동나무를/오동나무는 죽은 등걸로도/거문고를 만들 수 있고/썩은 물에/교룡이 숨어 있는 것을/사나이 죽어 관 뚜껑을 덮고 나서/비로소 성패를 말할 수 있으니/그대 아직 늙지도 않았거늘/어쩌다 불우함을 한하는고/심산유곡은 그대 있는 곳이 아니니/벽력과 비바람까지 이네.

아반티가 시를 읽고 나서 자신의 관 뚜껑을 덮을 때 후세 사람이 나를 어떻게 볼까고 눈물을 흘렸다.

318

당신도 승냥인가

어떤 사람이 승냥이를 잡아 먹으려던 아가리에서 면양 한 마리를 구해 냈다. 그 사람은 면양을 끌고 집에 도착하자마자 면양을 잡으려고 서둘렀다. 면양의 애처로운 울음 소리는 뒷집에 있는 아반티를 놀라게 했다.
아반티가 앞집으로 가 보니 그 사람이 말했다.
"이 면양은 내가 위험을 무릅쓰고 승냥이 입에서 구해 냈단 말이오."
"그런데 면양이 왜 당신에게 욕하는 거요?"
아반티가 이렇게 묻자 그 사람은 눈이 휘둥그레졌다.
"면양이 나에게 어떻게 욕한단 말이오?"
"면양은 '당신도 승냥인가'고 하는구만."

319

꼬리가 없는 황제의 말

황제와 아반티가 사냥을 떠났다가 저녁이 되자 한 곳에서 묵게 되었다.
황제는 아반티를 곯려 주려고 밤중에 슬그머니 일어나서 아반티가 타는 말의 입술을 비수로 싹 베어 놓았다.
이튿날 아침 말을 본 아반티는 말 입술이 없는 것을 보고 황제의 장난임을 알았다.
아반티는 아무런 기색도 하지 않고 있다가 황제가 말에 올라앉는 기회를 틈타 황제의 말꼬리를 싹뚝 베어 버렸다.

두 사람이 말을 타고 가다가 황제가 아반티를 놀려 주었다. 그는 아반티의 말을 가리키며 웃었다.

"하하하……, 당신은 왜 앞을 좀 보지 않소. 당신이 탄 말이 무엇이 그리 우스운지 입을 다물지 못하는구만."

아반티가 질세라 황제의 말 궁둥이를 가리키며 폭소를 터뜨리며 말했다.

"별것이 아닙니다. 전하의 뒤를 좀 보십시오! 황제님이 탄 말은 좋긴 좋은데 애석하게도 꼬리가 없어서 내 말이 웃고 있는 겁니다."

320

모자가 아이들과 놀고 있다

아반티는 어린아이들이 노는 걸 구경하기를 즐겼다. 한번은 아반티가 교외에서 어린아이들이 노는 걸 흥미 있게 보고 있었다. 그런데 장난꾸러기 아이가 달려와서 그의 모자를 가지고 달아났다.

아이들은 이 손에서 저 손으로 모자를 돌려가면서 아반티에게 돌려주지 않았다. 아이들의 뒤를 쫓아다니던 아반티는 맥이 빠져 헐떡이며 말했다.

"얘들아, 내 가야겠다. 모자를 돌려다오."

그러나 아이들은 깔깔 웃으며 모르는 체했다. 아반티는 할 수 없이 모자를 쓰지 않고 갈 길을 가는데 앞에서 한 친구가 다가오며 물었다.

"아반티, 자넨 그 멋진 모자를 어쨌나?"

아반티가 회포에 잠긴 듯한 표정으로 말했다.

"모자 말인가? 모자는 지금 어린시절을 생각하며 교외에 있는 아이들과 함께 놀고 있네."

321
돈 주고 산 벼슬

아반티가《후한서》중에서 부패의 극치를 들어 이야기했다.

후한은 영제까지 내려오는 동안 점점 기울어져 나라 형편이 말이 아니었다.

태평도라는 사교는 신자가 수만 명으로 불어나 그 세력이 만만치 않게 된데다가, 한편 조정에서는 내시들이 권세를 잡고 앉아 자기네들의 배만 채우고 있었다.

국고는 바닥이 나 벼슬 자리를 돈 있는 사람에게 팔지 않으면 안 되게끔 되었다.

감투값은 벼슬 자리에 따라서 값이 매겨졌다. 2천 석짜리 지방장관이면 2천만금, 5백 석짜리 벼슬이면 5백금, 이렇게 값이 정해졌다.

어떤 사람이 5백만금을 주고 사도라는 감투를 샀는데, 아무래도 세상 이목이 꺼려서 그 아들에게 '세상 소문이 어떻더냐?'고 물어보았다.

"별로 나쁜 소문은 없습니다만 사도 자리에서 구리 냄새가 난다고 하더군요. 구리 냄새가 싫은 것 같아요."

그 아들의 솔직한 대답이었다. 구리 냄새는 그 당시의 돈이 구리로 만든 동전이었기 때문에 돈 냄새라는 뜻이었다.

돈 냄새 나는 높은 자리가 후한 때뿐이겠는가. 지금도 금 냄새가 온 세상에 풍기고 있는데…….

아반티는 그 금 냄새가 못마땅하다면서 요즈음의 경제 상황을 지적했다.

322
너무 잰 조세국장

나라의 조세국장이 갑작스레 죽게 되어 아반티가 장례에 참석했다. 장례를 마치자 사람들이 아반티에게 말했다.

"당신이 발인식을 집행하는 게 좋을 것 같소."

그러나 아반티는 그렇게 하고 싶지 않았다.

"나는 싫소. 왜냐하면 조세국장이 평소에 너무 재고 거들떠보지도 않았기 때문이오. 설마 그가 죽었다고 재는 걸 그만둘 것 같소?"

323
훔쳐 먹은 산양

아반티네 집은 늘 쌀독에서 달가락거리는 소리가 나서 명절이 돌아와도 잡아먹을 양이 없었다.

어느 해 설날이었다. 아반티가 예배당에서 나와 집으로 돌아오고 있는데 목사네 집 문 입구에서 산양 한 마리가 서성거리고 있었다.
　아반티는 슬금슬금 다가가 산양을 붙잡아다 잡아먹어 버렸다.
　이웃 사람이 이 일을 알고 헐레벌떡 달려와서 눈살을 찌푸렸다.
　"아이구 아반티, 어찌 이런 수치스러운 일을 하오. 장래 저승에 가면 염라대왕이 이승에서 산양 한 마리를 훔쳐먹었다고 야단치면 무엇이라 할 거요?"
　"그런 일이 없었다지 뭐."
하고 아반티가 대답했다.
　"하이."
　이웃 사람은 떠듬떠듬 말을 이었다.
　"어떻게 하느님 앞에서 피한다구 그러오. 그러면 하느님은 산양이 절로 찾아와서 증명하게 할 게요."
　"정말 그렇다면 얼마나 좋겠소. 나는 또 산양을 붙잡아서 임자에게 돌려줄 수 있을 테니까요. 그럼 아무 일도 없게 되는 게 아니겠소?"
　아반티는 허허 웃었다.

324
토끼 국물의 국물

　어떤 사람이 아반티에게 토끼 한 마리를 선사했다.
　아반티는 그 사람에게 감사를 드리고 나서 토끼를 잡아 후하게 잘 대접했다.
　한 주일이 지난 후 아반티네 집에 또 손님이 찾아왔다. 아반티는 그가 누구인지 생각나지 않았다. 그러자 손님이 자기 소개를 했다.
"난 먼저 주일에 토끼를 선사한 사람입니다."
그러자 아반티는 그를 데리고 집으로 들어갔다.
식사시간이 되자 아반티가 희색이 만면하여 토끼고기 국물이 담긴 사발을 들고 나와 이야기했다.
"이건 먼저 주일에 가져온 토끼를 잡아먹고 난 후에 남은 국물이지요."
손님은 아반티의 말뜻을 이해하지 못한 채 먹고 나서 집으로 돌아갔다.
며칠이 지나자 어디선지 또 서너 명이나 되는 불청객이 아반티네 집으로 들이닥쳤다.
"당신들은 도대체 누구시오?"
아반티가 묻자 네 사람이 이구동성으로 대답했다.
"우리는 토끼를 가져다 준 사람의 이웃이랍니다."
아반티는 어찌 할 수 없어 네 사람을 집으로 불러들인 다음 국 한 그릇을 내놓으며 정중히 말했다.
"이 국물은 당신네 친구가 갖다준 토끼 국물인데 마음껏 나눠 드세요."
한 주일이 지나가자 또 몇 사람이 아반티네 집으로 달려왔다. 아반티가 묻자 그 사람들이 자기들은 토끼를 가져다 준 사람의 이웃의 이웃이라고 했다.
아반티는 연신 잘 왔다고 말하고 나서 커다란 질그릇에다 찬물을 가득 담아들고 나왔다. 사람들은 그게 무슨 뜻인지 몰라 눈을 껌벅거리고 있는데 아반티가 천천히 말했다.
"절대로 이상하게 생각하지 마십시오. 이건 토끼 국물의 국물, 그 국물의 국물이란 말입니다."

325
허물도 탓이 있다

아반티가 《한씨외전》에서 말을 끄집어 냈다. 공자가 이 나라 저 나라를 유랑하고 있을 때, 어느 곳에서 슬피 우는 한 남자를 보고 왜 그러느냐고 물었다. 그랬더니 그 남자가 말했다.

"저는 세 가지 큰 허물을 저질렀습니다. 저는 젊어서 글 배우기를 좋아하여 스승을 찾아 천하를 두루 돌아다니다가, 고향에 돌아와 보니 이미 양친은 돌아가시고 안 계시었습니다. 이것이 첫번째 죄를 진 것입니다. 그리고 제가 일자리를 얻어 주인을 위해 정성껏 일을 해 보려 했으나, 주인이 하도 교만해서 저는 거기를 뛰쳐 나오고 말았습니다. 이것이 둘째의 허물입니다.

그 다음에 저에게 아주 친한 친구가 있었습니다. 그런데 마지 못할 사정이 있어서 그 친구와 절교를 하고 말았습니다. 이것이 세번째의 허물이옵니다.

나무는 고요하려 해도 바람이 그치지를 않고, 부모를 뫼시려 해도 부모가 기다려 주지 않으니 세월은 가고 못 오는 것, 가신 어버이를 다시 뵈올 길이 없습니다. 이제 더 살 생각이 없습니다."

하면서 그 남자는 물 속에 몸을 던지고 말았다. 공자는 마음에 깊이 느끼는 바가 있어 제자들에게 일렀다.

"이 일을 적어 두어라. 계명으로 삼을 만하니라."

이 말을 들은 제자 중에 열세 명이 그 당장에서 고향으로 돌아갔다고 한다.

공자가 귀가 번쩍 띄는 이 말을 듣고 가만히 있을 리가 없었다. 아반티는 세상에 이런 남자라면 모든 사람들이 존경해 마지 않을 것이라고 입에 침이 마르도록 말했다.

326
'맛 좋다, 맛 좋다'

어느 해 겨울이었다. 아반티가 집안에다 온상을 만들고 빨리 익는 참외를 심었다.

참외가 익자 아반티는 잘 익은 참외를 몇 개 골라가지고 황제를 찾아갔다.

황제한테 팔아서 몇 전이라도 더 벌 생각이었다.

그런데 참외를 받아 쥔 황제가 돈은 한 푼도 주지 않고 훌륭한 백성이라고 번지르르하게 추어올리면서 세 번이나 '맛 좋다'고 환성만 지를 뿐이었다.

황궁을 나선 아반티는 배가 고파서 걸음을 제대로 걸을 수가 없었다. 그런데 몸에는 한 푼도 지닌 것이 없었다. 한참 생각하던 그는 식당으로 들어가서 양고기 3인분을 시켜 구워서 눈 깜빡할 사이에 다 먹어치웠다.

"맛 좋다. 맛 좋다. 맛 좋다."

다 먹은 아반티는 이렇게 세 번 외치고는 식당 출입문을 향하여 걸어나왔다.

"돈은요?"

하고 식당 주인이 그의 앞을 막아섰다.

"당신은 돈을 물지 않았습니다."

"아니? 방금 주지 않았습니까?"

아반티는 아주 이상하다는 듯이 대답했다.

식당 주인은 두말 하지 않고 아반티를 끌고 황제를 찾아갔다.

아반티가 양고기를 먹고 돈을 물지 않았다는 신고를 들은 황제는 화를 냈다.

"무슨 연유로 식당의 양고기를 공짜로 먹었소?"

"난 틀린 데가 없습니다, 전하."

하고 아반티가 대꾸했다.
"이 식당 주인은 욕심이 너무 과합니다. 난 양고기 3인분만 먹고 '맛 좋다, 맛 좋다, 맛 좋다' 세 번 하였습니다. 전하께서도 제 참외를 먹고 세 번 맛 좋다고 하셨습니다."
그 말을 듣고 난 황제는 한마디도 반박할 수가 없었다.

327
성스런 비를 밟을까봐

아반티가 창가에 앉아서 쏟아지는 비를 바라보고 있었다.
이때 이웃집 사람이 비를 피하려고 정신없이 달려가고 있는 광경이 눈에 띄었다.
"아니, 이 사람! 왜 미친 사람처럼 뛰어가나?"
아반티가 갑작스레 묻는 말에 이웃집 사람은 걸음을 멈추고 대답했다.
"아반티 선생, 당신은 지금 비가 억수로 쏟아지는 걸 보지 못합니까?"
아반티는 그 말에 정색을 하며 말했다.
"당신은 수치스러운 것도 모르는구만. 우리는 하느님이 비춰주는 태양 아래서 즐겁게 살고 있지 않소. 그런데 어쩌다 비를 내려준 것인데 그걸 피하려 들다니."
아반티의 말을 듣고 나자 일리가 있는지라 천천히 발걸음을 옮겼다. 그러나 집까지 오니 머리로부터 발끝까지 비에 흠뻑 젖어 버리고 말았다. 그제야 이웃집 사람은 아반티가 자기를 골려주려는 걸 알아차렸다.
그로부터 며칠이 지났다. 이웃집 사람이 창가에 앉아 바깥을 내다보고 있는데 비가 억수로 쏟아졌다. 행인들은 부랴부랴 비를 피하려고 달려갔다. 이때 아반티도 그 속에 끼어 바쁘게 집으로 들어오고 있었다.

이웃집 사람이 좋은 기회를 만났다고 생각하고 큰소리로 아반티를 불러세우고 말을 걸었다.

"여보게, 아반티, 자네는 왜 하느님이 내려주는 비를 피하려고 하나?"

아반티는 그 소리에는 아랑곳하지 않고 집까지 들어온 후 이웃집 사람에게 말했다.

"내가 비를 피하다니, 그건 안 될 소리요. 난 성스러운 하느님이 내려준 비를 밟을까 두려워 그렇게 뛰어 들어왔던 거요."

328
큰 도적

현관이 백성들을 박해하고 있었다. 아반티가 현관을 떠보려고 하루는 관아를 여러 번 들락날락했다.

문지기가 아반티를 붙잡아서 현관 앞으로 끌고 갔다.

현관은 매우 노했다.

"에잇, 개자식, 네가 일곱 번이나 관아를 들락거렸다지. 좀도적이 틀림없으렷다."

현관은 문지기에게 '그놈을 끌어다 가둬라'고 명령을 내렸다.
"잠깐만."
하고 아반티가 손을 내들며 말했다.
"내가 관아를 일곱 번 드나들어 좀도적이 되었다면 당신은 날마다 여기에 들락거리니 필시 큰 도적이 틀림없지 않소."

329

눈이 아프면 빼버리게

어떤 사람이 아반티를 찾아와 말했다.
"나의 눈병이 자꾸 악화되어 가는데 무슨 영험한 약이 없겠습니까?"
아반티가 대답해 주었다.
"그런 약방문은 없네만 경험 한 가지가 있네. 난 먼젓번에 이앓이를 할 때 좋다는 약은 다 써 보았는데 좀처럼 낫지 않더군. 그래서 아예 앓던 이를 빼버렸다네. 그랬더니 통증도 사라져 버렸네. 자네도 나의 방법대로 하면 병근을 송두리째 뽑아 버릴 수 있을 거네."
그러자 그 사람이 아반티를 보고 '도적 같은 놈'이라면서 슬그머니 나가 버렸다.

330

전하보다 이틀 먼저 죽어

한번은 아반티가 재상과 농지거리를 하면서 내일 죽을 거라고 했다.
그런데 누가 알았으리.
이튿날 재상이 말에서 떨어져 정말 죽어 버렸다.
이 일을 안 황제가 즉시 신하를 시켜 아반티를 끌어다가 꾸짖었다.
"아반티, 네가 재상을 욕하여 죽었는데 무슨 죄인지 아느냐?"
"전하께서 내 죄에 따라 재판하십시오."
"좋다!"
하고 황제가 말했다.
"재상이 어느 날 죽는 것을 알았으니 너는 네가 언제 죽는지를 알 것이 아니냐? 네가 말하지 못하면 오늘은 네가 죽는 날이다."
"내가 왜 모르겠습니까?"
하고 아반티가 대답했다.
"전하께서 죽기 이틀 전에 먼저 내가 죽는 날입니다. 난 전하보다 이틀 먼저 죽을 뿐입니다."
황제가 듣고 보니 아반티가 오래 살면 살수록 자기도 오래 살 수 있겠다고 생각했다. 그래서 아반티를 놓아 주었다.

331
눈은 눈썹을 못 봐

아반티가 《사기》에서 나온 이야기를 했다.

월나라 무강왕 때다. 월왕 구천이 죽고 6대의 임금이 되었다. 천하는 전국시대, 모두들 천하를 놓고 서로 다투고 있었다.

월나라는 이미 구천이 살아 있을 때와 같지는 못했다. 그래도 야망은 있었다.

월왕 무강은 제나라를 공격했다. 제나라 위왕은 월왕에게 사자를 보냈다.

"월나라의 적은 제나라가 아니고 초나라일 것입니다. 초나라를 쳐 없애지 않으면 천하를 차지할 수 없을 것입니다.

그런데 월나라가 초나라를 치지 못하는 것은 한나라와 위나라가 한편이 되지 못한 때문이 아닙니까. 이때 한과 위와 손을 잡고 초를 치는 것이 상책일 것입니다.

눈은 아주 작은 것을 볼 수 있지만, 바로 제 눈 위에 있는 눈썹은 보지 못하는 것입니다.

남의 나라의 작은 일을 살피지 말고 자신의 가까운 일들을 잘 살펴보시는 것이 좋을 것입니다."

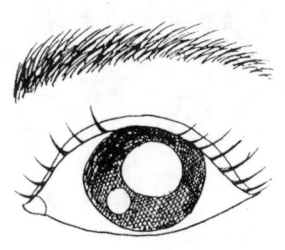

무강은 그도 그럴 것 같아서 제나라를 공격하는 것을 그만두고 공격하던 군사를 이끌고 초나라를 공격했다.

그런데 초나라는 워낙 강한 나라여서 월나라 군사는 크게 패하여 무강도 목숨을 잃고 말았다.

월왕의 자손은 한나라 고조 때 공

을 세워 다시 월왕이 되었다.
 아반티는 역사란 새끼꼬기와 같아서 엎치고 덮치는 것이라면서 이야기를 멈췄다.

332
국왕 다리가 당나귀 다리

 아반티가 눈병에 걸려서 거의 아무 것도 볼 수 없었다. 그런데 국왕은 그를 왕궁으로 청해다 놓고 이것저것 보게 했다. 아반티가 허둥지둥하는 모양을 본 국왕이 웃으며 꼲려 주었다.
 "자넨 지금 무슨 물건을 보든지 두 개로 보인다지. 허허, 축하하네. 자넨 살림이 구차해서 당나귀가 한 마리밖에 없는데 이젠 두 마리가 되었으니 부자가 된 셈이군."
 아반티가 질세라 답했다.
 "그렇습니다, 국왕 폐하. 내 눈엔 지금 국왕 폐하의 다리가 넷으로 보이는데 꼭 우리 집 당나귀 다리 같아 보입니다."

333
나귀 잔등에서 어깨에 맨 짐

 아반티가 시장으로 가 채소와 과일들을 잔뜩 샀다. 아반티는 그것을 주머니에 넣은 후 어깨에 둘러메고 나귀를 타고 집으로 돌아오고 있었다.
 길에서 다른 사람들이 그를 보고 물었다.

"아이구, 갑갑한 친구야. 왜 짐을 나귀 잔등에 싣고 몸을 편안히 못하는가?"

그러자 아반티가 버럭 화를 내며 말했다.

"자네 인간성이란 조금도 없는 사람이군. 내 이 무거운 몸을 나귀 잔등에 실은 것만 해도 언짢은 일인데 내 어깨에 맨 큰 짐까지 나귀 잔등에 실으면 어떻게 되겠는가?

334

검정 닭을 씻다

아반티 집에 검정 암탉 한 마리가 있었다. 그 암탉은 알을 낳을 줄을 몰랐다. 그렇다고 잡아먹자니 아까워 시장에 내다 팔기로 마음먹었다.

아반티는 검정 암탉을 옆구리에 끼고 누가 닭을 사 가기를 기다렸으나 반나절이 지나도록 거들떠보는 사람이 없었다. 아반티는 몹시 속이 상했다. 그때 한 사람이 아반티 앞에 와 멈춰 서더니 검정 암탉을 한참이나 살펴보고 나서 값을 물었다. 그리고 이렇게 말했다.

"닭은 괜찮은데 털빛이 검어서 서운하구만. 난 검정 닭을 싫어한단 말이오. 이 닭이 만일 흰털을 가진 닭이라면 난 당신이 값을 부르는 대로 주고 살 수 있었을 텐데……."

말을 마치고 그 사람은 자리를 떴다.

아반티는 그 사람의 말을 듣고 나서 검정 암탉을 품에 안은 채 부랴부랴 집으로 돌아왔다. 그리고 비누 한 상자를 갖다놓고 생각했다.

'이 닭의 검정 색깔을 씻어 버린다면 흰색이 나오겠지. 그럼

쉽게 팔아 버릴 수 있을 거야.'

그리고는 비누를 문지르며 정성껏 닭의 털을 씻었다.

이렇게 한 상자나 되는 비누를 다 썼는데도 검정 암탉의 털빛은 그대로였다. 아반티는 머리를 절레절레 저으며 말했다.

"어떤 사람이 염색을 했는지 알뜰히도 했군. 빈틈없이 골고루 검게 염색을 해 놓았으니 씻을 수가 있나."

335
돈밖에 모르는 모리배

한 사람이 아반티에게 돈을 꿔 주고 거의 날마다 아반티네 집에 와서 빚 재촉을 했다. 그러나 번번이 빈손으로 돌아가곤 했다. 아반티와 그의 마누라는 이젠 빚받이꾼을 그냥 돌려보낼 방법이 없게 되었다.

그러던 어느 날 그 사람이 또 와서 문을 두드리자 아반티의 딸아이가 제깍 나서서 그 사람에게 말했다.

"아저씨, 조급해 하지 마세요. 우리 아버지가 이제 저 길가에 떨기나무들을 심는대요. 그러면 양떼들이 지나갈 때마다 그 나무에 양털이 묻어나지 않겠어요. 그때 이 양털을 모아서 털실을 뽑을 거예요. 그럼 우리 아버지가 그 털실을 팔아서 아저씨의 빚을 갚을 거래요. 그때 가면 우린 누구의 빚이든 다 갚아 드릴 수 있을 거예요."

빚받이꾼은 아반티 딸의 희한한 말을 듣고 나서 껄껄 소리내어 웃었다.

문 뒤에 숨어서 가만히 이 소리를 엿듣고 있던 아반티가 빚받이꾼의 웃음 소리를 듣고 참지 못해 머리를 내밀고 소리를 질렀다.

"돈밖에 모르는 인간아, 금방 돈 냄새가 나는 이야기를 하는 것 같으니까 벌써 웃음주머니가 흔들거려 야단이구만."

그리고는 눈을 흘기며 덧붙였다.

"돈 냄새만 나면 발동이 걸려 침을 질질 흘리는 인간아, 네가 돈 얘기가 안 나왔으면 웃음이 나왔겠어."

336

열 마리 나귀가 아홉 마리

어떤 사람이 아반티에게 등에 밀자루를 실은 나귀 열 마리를 맡기면서 시내까지 몰고 가라고 당부했다. 아반티는 열 마리 중 한 마리의 등에 올라타고 아홉 마리를 앞세우고 시내로 갔다.

한참 길을 가던 아반티는 문득 열 마리가 맞나 하고 나귀를 세어 보고 싶었다. 세어 보니 글쎄 나귀가 아홉 마리뿐이었다. 아반티는 깜짝 놀랐다.

"하느님 맙소사, 한 마리가 없어졌구나!"
아반티는 얼른 나귀 잔등에서 내려 주위를 두리번거리며 찾아보았다. 그러나 무리에서 떨어진 나귀는 아무리 보아도 보이지 않았다. 아반티는 머리를 돌려 다시 나귀를 세어 보았다. 이상하게도 나귀는 열 마리가 맞았다. 아반티는 시름을 놓고 나귀 잔등에 다시 올라앉아 계속 길을 재촉했다.
얼마쯤 가다가 아반티는 또 마음이 놓이질 않아 나귀를 세어 보았다. 또 아홉 마리밖에 안 되었다. 아반티는 모자라는 나귀 한 마리를 찾느라고 이리저리 땀을 흘리며 뛰어다녔다. 반나절쯤 지나 다시 나귀를 헤어 보니 열 마리 그대로였다. 아반티는 그제야 안심하고 나귀 잔등에 올라 가던 길을 계속 갔다.
목적지에 거의 이를 무렵, 아반티는 다시 한번 나귀를 세어 보았다. 그런데 또 아홉 마리가 아니겠는가! 아반티는 미칠 것만 같았다. 때마침 웬 길손이 안달하는 아반티를 보고 물었다.
"여보시오, 웬 일로 이러십니까?"
아반티는 일의 자초지종을 길손에게 들려주었다. 길손은 아반티의 말을 듣고 나서 웃음을 터뜨렸다.
"아반티, 당신이 탄 나귀도 세어 보았습니까?"
그제야 아반티는 영문을 알고 감탄했다.
"아, 원래부터 잘못되었구나. 나귀 한 마리를 타고 가니 나귀 한 마리가 없어질 수밖에. 이제부터는 나귀를 타지 말고 걸어야지."

337
벼슬은 개 꼬리

아반티가 《진서》에 있는 내용을 이야기했다. 삼국 정립시대와 수·당 사이에 서진·동진·남북조 시대와 같은 혼란했던 한 시대가 있었다.

임금이 된 윤은 자기 편이라고만 하면 누구에게나 벼슬 자리를 주었고, 졸개들에게까지도 관작을 주었다.

궁중은 온통 높은 벼슬에 있는 이들로 득실거렸다. 그때의 말투로 '담비 꼬리와 매미의 날개'가 궁중에 가득했다.

'담비 꼬리가 모자라서 개 꼬리가 세 난다'고 했다는 말도 있다.

그 당시 높은 벼슬에 있는 사람들은 담비 꼬리와 매미의 날개로 장식한 관을 썼다. 담비 꼬리와 매미의 날개가 궁중에 득실거린다는 것은 그만큼 높은 벼슬을 한 사람이 많았던 때문이며, 개 꼬리가 세 난다는 것은 하도 높은 벼슬을 한 사람들이 많아서 담비 꼬리가 모자라 담비 꼬리 대신 개 꼬리를 써야만 했다는 것이다.

한편 개 꼬리는 보잘것없는 졸개들이 높은 벼슬을 했다고 거들먹거리는 것을 비웃는 뜻도 있었다.

이런 꼴을 보고 제왕은 군사를 일으켜 윤을 죽이고, 다시 혜제에게 임금의 자리를 돌려주었다. 그러나 이로부터 서진은 어지러워질 대로 어지러워져서 이른바 팔왕의 난이 벌어지고, 혜제는 동해왕에게 독살되었다.

아반티는 어느 나라에나 개 꼬리는 있게 마련이라면서 부패한 정권일수록 개 꼬리가 많아진다고 덧붙였다.

338
훔쳐보지 않고 어떻게 아오

아반티가 친구에게 한창 편지를 쓰고 있었다.

이때 한 친구가 살금살금 소리없이 와서 그의 등뒤에서 편지 쓰는 것을 훔쳐보고 있었다.

이를 발견한 아반티는 즉시 편지에다 이렇게 썼다.

'…내가 당신한테 할말이 많은데 예의가 없고 부끄러운 줄도 모르는 사람이 나의 뒤에 와서 편지 쓰는 것을 훔쳐보고 있소…'

여기까지 읽은 그는 화가 나서 아반티 앞으로 돌아와 따지듯 물었다.

"왜 마음대로 날 모욕하는 거요. 내가 어떻게 당신의 편지를 훔쳐봤소?"

"당신은 정말 총명하구려."

하고 아반티가 대꾸했다.

"당신이 나의 편지를 훔쳐보지 않았다는데 당신이 어떻게 내가 편지를 훔쳐봤다고 쓴 것을 아오."

339
이 달은 사십오일

한 달은 삼십일의 날짜를 똑바로 알아두기 위해 아반티는 날마다 단지 안에 작은 돌멩이를 하나씩 주워 넣었다. 그러는 아버지를 본 딸애가 자기도 그렇게 하고 싶어 아버지가 안 계시는 틈을 타 작은 돌멩이를 한 줌씩 단지 안에 넣었다.

스무닷새째 되는 날 어떤 사람이 아반티에게 물었다.
"어이, 아반티, 오늘이 며칠인가?"
"잠깐만 기다리게. 내 표시된 걸 보고 알려주겠소."
아반티는 집으로 달려와 단지 안의 돌멩이를 쏟아놓고 헤어 보았다. 모두 일백이십 개나 되었다. 그대로 말하면 사람들이 놀려댈 것 같았다. 아반티는 돌멩이 수를 줄여서 알려주기로 맘 먹고 그 사람을 찾아가 이렇게 말했다.
"오늘은 이 달의 사십오일이네."
"아니, 아반티, 그게 무슨 소린가. 이 달은 모두 삼십일까지밖에 없는데."
아반티는 떠듬거리며 말했다.
"아무튼 난 그래도 많이 줄여서 말했네. 제대로 말하면 오늘은 이 달의 일백일십구일 째가 되는 날이네……."

340

잘생기고 볼 일

아반티가 사람의 잘생기고 못생긴 것에 대한 이야기를 꺼냈다.
옛날 진나라에 번악이라는 미남자가 있었다. 번악은 젊어서 곧잘 수레를 타고 서울 거리를 달렸다. 그럴 때면 길 가던 여인들이 번악의 수레를 둘러싸고 가지고 있던 과일을 번악의 수레를 향해 던져 주었다.
그래서 번악의 수레는 과일로 가득 찼다.
이때 번악과는 반대로 아주 추하게 생긴 장재라는 사나이가 있었다. 장재도 수레를 타고 서울 거리를 달리기를 좋아했다.

그런데 장재가 수레를 타고 지나가면 어린 아이들이 돌팔매질을 해서 장재의 수레는 돌맹이로 가득 찼다.
아반티가 《진서》에 기록된 이야기를 통해 잘생기고 못생긴 차이점에 대하여 이처럼 이야기했다.
내가 잘생긴 번악이라면, 아니 내가 못생긴 장재라면 나는 어떤 생각을 가졌을까?

341
악 귀

아반티가 눈이 아파서 좀처럼 두 눈을 뜰 수가 없었다.
황제가 그것을 알고 아반티를 옆에다 불러놓고 놀려 주었다.
"나를 아오? 하하 눈두덩이 볼록하게 살아났구만."
"알다뿐이겠습니까?"
하고 아반티가 황제의 말을 받았다.
"나는 당신이 악귀라는 걸 똑똑히 보고 있는데요?"
"뭐라고요. 난 확실한 사람이라고요. 그런데 어째서 황제께서는 악귀라고 하는 거요."
황제가 화를 냈다.
"급해 하지 마시오. 황제가 사람이라는 걸 누가 모르겠습니까? 짐승이야 절대 아니지요. 그런데 사람들 속에도 마음을 고약하게 쓰는 악귀가 가끔 있답니다."
하고 아반티가 대답했다.

342
버린 수박 먹기

아반티가 산으로 나무하러 가면서 수박 몇 개를 지게에 지고 갔다. 산으로 가는 길에 목이 말라 수박 하나를 꺼내 쪼갠 후 한 입 먹어 보았다. 그런데 별로 단맛이 나는 것 같지 않자 길가의 소똥무지를 향해 던져 버렸다. 잠시 후 또 다른 수박 하나를 꺼내 한 입 먹어 보았다. 역시 별로 맛이 신통치 않아 길가의 소똥무지에 던져 버렸다. 이렇게 가지고 간 수박을 모두 한 입씩 떼 먹어 보고는 소똥무지에 버렸다.

얼마 후 아반티는 참을 수 없이 목이 말랐다. 그러나 부근에는 물이라곤 없었다. 아반티는 하는 수 없어 다시 오던 길을 되돌아가 자기가 소똥무지에 버렸던 수박 하나를 주워 먹어 보았다.

"참으로 맛이 좋았다. 아니 이렇게 맛있는 것을 왜 버렸을까?"

아반티는 연신 중얼거리며 버렸던 수박을 다 먹어치우기 시작했다.

343
새깃도 많으면 배가 가라앉는다

아반티가 《회남자》라는 헌 책을 들고 말했다. 새의 깃처럼 가벼운 것이 없다. 그러나 이렇게 가벼운 것이라도 많이 실으면 배가 가라앉는다.
　즉 조그마한 나쁜 버릇이라도 쌓이고 쌓이면 큰 나쁜 짓을 하게 된다는 뜻이었다.
　아반티는 이어 《회남자》의 한 대목을 눈을 살며시 감고 회고했다.
　군자는 조그마한 일일지라도 그것이 착한 일이라면 허술히 하지 않는다. 그것은 조그마한 착한 일일지라도 쌓이고 쌓이면 큰 착한 일이 되기 때문이다.
　이와 반대로 좋지 않은 일은 아무리 그 일이 조그만 일이라 할지라도 결코 하지 않는다. 그것도 자꾸 쌓이면 크게 되기 때문이다.
　'새의 깃도 많으면 배를 가라앉게 하고, 가벼운 것도 많으면 차의 굴대를 부러뜨린다'는 이야기였다.
　군자는 작은 일에도 신중하다. 하나의 착한 일 그 하나만 가지고는 대단한 것이 못 되지만 그것이 거듭 쌓이면 큰 덕이 되는 것이다.
　하나의 조그마한 원한 같은 것도 그 일 하나로는 크게 잘못될 것이 없지만 쌓이고 쌓이면 큰 원한이 되는 것이다.
　적선이란 말이 있다. 또 적악이란 말도 있다. 이것은 글자 그대로 착한 일과 악한 일이 쌓이게 된다는 뜻이다. 요, 순, 하, 은, 주가 후세에 찬양받는 것은 천년을 두고 쌓이고 쌓인 명예 때문이며 걸(桀)과 주(紂)가 비난을 받는 까닭은 천년의 적악이 쌓였던 탓이다.
　아반티는 《회남자》를 덮으며 회상에 잠겼다.

344
말발굽 세 개

아반티가 길에서 말발굽쇠 하나를 주워가지고 좋아하며 집으로 돌아와 아내에게 말했다.
"여보, 어서 주님께 감사드립시다. 우리 집에도 이제 말이 있게 되었소."
"말이라니요? 당신도 참……."
"하, 이것 보시오. 이제 말발굽쇠 하나가 생기지 않았소. 이제 말발굽쇠 세 개에 말 다리 네 개만 더 있으면 말 한 필이 되지 않겠소. 왜 그걸 모르오."
아반티가 흥분에 겨워 말했다.

345
혼자 먹은 밥

아반티가 친구와 함께 과수원에서 밥을 지어 먹게 되었다.
"아반티, 난 솥을 걸 줄도 모르고 불을 피울 줄도 모르고 무를 썰 줄도 모르네. 한마디로 말해서 아무 것도 모르네."
하고 말을 마치고는 큰 나무 그늘에 가서 쿨쿨 잠을 잤다.
아반티는 솥을 걸고 불을 지피고 무를 썰었다. 그리고 솥엔 쌀을 절반밖에 넣지 않았다. 그는 부지런히 밥을 짓고 나서 친구를 깨우지도 않고 혼자 맛있게 먹었다.
아반티가 그릇을 딸각딸각 씻는데 친구가 눈을 부비며 일어나서 흔들흔들 걸어왔다.
"너 혼자 밥을 다 먹었구나, 아반티."

친구가 불쾌하여 소리질렀다.
"왜 밥을 지은 후에 나에게 알리지도 않고 혼자 먹었어?"
"이 친구야."
하고 아반티가 대답했다.
"당신은 그래 '아무 것도 모른다'고 하지 않았소. 나는 당신이 밥 먹을 줄도 모르는가 해서 깨우지 않았소."

346
도적이 물건을 찾아 주다

아반티의 마누라가 어느 날 밤 곤한 잠결에 바스락거리는 소리를 들었다. 덜컥 겁이 난 마누라가 아반티를 흔들어 깨웠다.
"여보, 집안에 도적이 들었어요. 어서 일어나세요."
아반티는 대수롭지 않다는 듯이 일어날 생각도 않고 말했다.
"급할 게 뭐요. 도적이 우리 집에서 쓸만한 물건을 찾아내면 그때 우리가 도적의 손에서 그걸 빼앗으면 되지 않겠소. 그럼 도적이 우리를 위해 물건을 찾아 준 것이니 수고해 준 꼴이 되지 않겠소. 얼마나 좋은 생각입니까?"
그러나 도적은 물건을 훔치자 곧바로 도망쳐 버렸다.
마누라는 아반티를 나무라며 세 끼를 굶주릴 정도로 세간이 어려워도 도둑맞을 물건은 있는 법이라고 일깨워 주었다.

347
솜이불 때문에 떠들다

 아반티가 막 잠자리에 들었는데 문 밖에서 왁자지껄 떠들어 대는 소리가 들려왔다. 아반티는 무슨 일이 생겼는지 궁금했다. 그때 마누라가 그를 나가지 말라고 말렸다.
 "여보, 우리와 상관없는 일이니 잠이나 잡시다. 야밤중에 생긴 남의 시비에 귀기울일 것 없잖아요."
 아반티는 마누라의 권고는 듣는 척도 않고 솜이불을 둘러싸고 문 밖으로 나왔다. 사람들이 떠들어대는 원인이 뭔지 궁금해 그냥 있을 수가 없었다. 그때 웬 사람이 아반티가 둘러쓴 이불을 덥석 잡고 칠흑같이 어두운 장막 속으로 사라져 버렸다. 떠들썩하던 다툼 소리가 갑자기 조용해지고 사람들도 하나둘 사라져 갔다.
 아반티는 자기가 왜 솜이불을 빼앗겼는지 알 수가 없었다.
 그리고 한참이나 어리벙벙해 서 있었다. 나중에 그는 온몸이 얼어붙어 부들부들 떨면서 집안으로 들어왔다.
 마누라가 물었다.
 "그 사람들이 왜 떠들어대던가요?"
 "그 사람들이 내 솜이불 때문에 떠들어댔더구만. 내 솜이불을 가지고 사라지고 나니까 떠들썩하던 다툼 소리가 뚝 멎더구만."
 아반티는 고개를 갸우뚱거리면서 대답했다.
 '사람들은 따뜻하면 소리가 나지 않는가봐.'

348
새의 깃은 골육보다 못해

아반티가 《세설》의 말을 인용해 말했다. 남조에 제(齊)라는 나라가 있었다. 이 제나라의 임금 무제는 형제간에 우애라곤 털 끝만치도 없었다.

세상이 어지러울 때이니까 형제간이라 해도 누가 언제 형의 자리를 빼앗을지 몰라서 그랬을지도 모른다.

그렇지 않으면 임금의 자리에 있다가 다른 자에게 그 자리를 빼앗겼을 때 아우들에게까지 누가 끼치게 될 것을 염려해서, 일부러 형제간에 서먹서먹하게 지냈는지도 알 수 없다.

어쨌든 무제는 그 아우들을 멀리했다. 그러던 무제가 어느 날 아우들을 불러 함께 술자리를 베풀었다.

여러 아우들은 오래간만에 형제가 한자리에서 술을 마시게 되자 무척 기뻐했다.

이때 술이 거나해진 아우 무릉이 모자에 달려 있는 새의 깃을 뽑아가지고 접시에 있는 고기를 찍어 먹었다.

무제는 아우의 하는 짓이 너무도 우스워서 한마디 했다.

"그렇게 하면 새의 깃이 더러워지지 않겠나?"

무릉이 형 무제의 말에 대답했다.

"폐하께옵선 모자의 장식으로 꽂는 새깃은 아끼시고 골육은 아끼실 줄 모르십니다."

무릉은 접시에 있는 고기에 빗대어 형제간에 우애가 없는 것을 말한 것이다.

아반티는 형제간에 우애가 이래서야 되겠느냐면서 이야기를 마쳤다.

349
수행 묘법

황제가 죽어서 천당으로 가야겠는데 무슨 수행 방법이 있는가를 아반티에게 물었다.
아반티는 제일 묘한 방법은 밤낮 자면서 아무 일도 하지 않는 것이라고 했다.
황제는 너무도 신기해서 아반티에게 물었다.
"잠자면서 어떻게 수행을 하는가?"
"자는 것은 전하로 말하면 제일 묘한 수행 방법입니다."
하고 아반티가 대답했다.
"잠만 자고 계시면 전하는 다시는 나쁜 일을 하지 않게 될 겁니다. 악한 사람은 깨어 있는 것이 자는 것보다 못하다고 옛사람들이 말했는데 바로 이런 도리입니다."

350
무덤 속의 죽은 사람

어느 봄날, 아반티가 교외에서 산보를 했다. 그때 문득 멀리서 흙먼지를 날리며 기병들이 달려오고 있었다.
급한 김에 아반티는 부근의 공동묘지로 달려가 무덤 속에 숨어 버렸다.
멀리서 이 광경을 보며 쫓아온 기병들이 무덤 속에서 아반티를 찾아낸 다음 의아하여 물었다.
"방금까지 잔디밭에서 산보하더니 왜 무덤 속에 들어갔습니까?"

아반티가 잠깐 정신을 가다듬고 난 뒤에 할말이 없자 이렇게 대답했다.
"저는 이 무덤 속의 죽은 사람인 것 같습니다. 조금 전은 바람을 쐬려고 무덤 속에서 나와 산보했습지요."

351
달빛과 우물 물

추운 겨울 밤이었다. 황제가 이불 사십여 채를 덮고도 춥다고 야단이었다. 황제가 아반티를 불러다 말했다.
"아반티, 당신이 홑옷을 입고 뜨락에 나가서 하룻밤만 새면 짐이 돈 백 냥을 주겠소."
"그렇게 해 주십시오."
아반티가 솜옷을 벗어 황제에게 주고 뜨락으로 나갔다.
윙윙 부는 북풍은 칼로 에이듯 살을 파고들었다. 아반티는 성벽 밑에 있는 석마들을 발견하고 그것을 힘껏 굴렸다. 그는 이리저리 굴리면서 하룻밤을 지냈다. 그랬더니 춥기는커녕 오히려 더워서 땀이 났다.
아침에 일어난 황제는 아반티가 꼭 얼어 죽었으리라 생각했다. 그런데 문을 열고 밖을 내다보니 아반티가 죽기는커녕 싱글벙글 웃으며 뜨락을 뛰고 있지 않겠는가.

돈 백 냥이 아까워진 황제는 한 가지 꾀를 생각해 내고 아반티를 불렀다.
"어젯밤에 달이 떴었소?"
"예, 떴습니다."
"그럼 대단할 것도 없었겠구만."
하고 황제가 말했다.
"달빛이 당신을 비추었으니 얼마나 따뜻했겠소. 얼어죽자 해도 못 죽지. 당신이 아니라 나래도 달빛을 받으면 얼어죽을 수야 없지."
말을 마치고 황제는 아반티를 쫓아 버렸다.
몇 달이 지난 후 황제가 대신들과 함께 사냥을 떠났다. 여름인지라 숨이 막히게 무더웠다.
황제와 대신들은 목에 갈증이 나서 참을 수가 없었다. 그들은 아반티를 찾아내서 물을 마시려 했다.
아반티가 깊은 우물가에 앉아 있는 것을 보고 황제가 소리쳤다.
"냉수가 있나! 빨리 떠 와라."
"있구말구요, 빨리 여기로 오십쇼."
"물이 어디에 있나?"
하고 황제가 다가왔다.
"물은 우물 안에 있습니다."
아반티는 황제를 불러 우물 안을 들여다보게 했다.
"우물을 들여다보면 갈증이 풀리는가!"
라고 하며 황제가 화를 냈다.
"전하!"
하며 아반티가 대꾸를 했다.
"달빛이 사람을 비추면 따뜻해지는데, 우물도 보면 어찌 갈증이 풀리지 않겠습니까?"

352
군왕의 믿음

 진나라 무왕이 감무에게 한나라를 치라고 명했을 때 감무가 자기를 믿어 달라고 하면서 다음과 같은 예를 들었다.
 "옛날 노나라에 공자의 제자 증삼과 이름이 똑같은 자가 있었는데, 그자가 살인을 했습니다. 어떤 사람이 그자를 공자의 제자 증삼인 줄 알고 급히 증삼의 어머니에게로 가서 그런 사실을 알렸습니다.
 그러나 자기 아들의 평소의 행실을 잘 알고 있는 증삼의 어머니는 조금도 놀라는 기색이 없이 베틀에 앉아 베를 짜고 있었습니다.
 그런데 뒤이어 다른 사람이 와서 또 그런 말을 전했습니다. 세 사람째 와서 똑같은 말을 했을 때에는 증삼의 어머니도 조금 의심이 생기기 시작했습니다.
 증삼의 어머니는 베틀에서 내려오더니 그 자리에 있을 수 없어 밖으로 나가 버렸습니다.
 세 사람이 의심을 가지면 어머니도 그 아들을 믿을 수 없다는 것입니다."
 무왕은 알아들었다는 듯이 고개를 끄덕이며 말했다.
 "설사 장군을 참소하는 자가 몇백 명이 있더라도 나는 장군을 믿겠소. 맹세해도 좋소."
 감무는 안심하고 물러나와 한나라 정벌의 길에 올랐다.
 싸움은 벌써 다섯 달이 지났다. 그런데도 감무는 한나라의 서울을 함락시키지 못했다.
 과연 감무가 염려했던 것과 같이 참소를 하는 자가 나왔다.
 무왕의 마음도 흔들리기 시작했다. 무왕은 감무를 불러들였다.
 감무가 말했다.

"언젠가의 맹세를 잊으셨습니까?"

무왕은 그제야 '아, 이렇게 될 것을 두려워했던 것이었군' 하고 자기의 잘못을 뉘우쳤다.

그래서 이번에는 전보다 더 많은 군사를 감무에게 주어 한나라를 기어코 정복하고야 말았다.

아반티는《전국》책과《십팔사략》을 들어 위의 이야기를 입담 좋게 해내렸다.

353
변해 버린 괴물

아반티가 교외에서 산보를 하다가 함정에 빠진 토끼를 산채로 붙잡았다. 토끼라곤 전혀 본 적이 없는 아반티는 이렇게 중얼거렸다.

"이건 무슨 괴물일까? 주머니에 넣어가지고 가서 친구들에게 보여줘야지. 친구들 중에는 틀림없이 아는 사람이 있을 거야."

아반티는 토끼를 주머니에 넣은 후 주머니 단추를 단단히 잠가 놓았다.

집에 오자 아반티가 마누라에게 부탁했다.

"이 주머니 단추를 절대로 풀지 마시오. 내 가서 누굴 불러올 때까지 말이오."

집안에 혼자 있게 된 마누라가 궁금증이 났다.

"주머니 안에 뭐가 들었길래 저렇게 이상하게 구는 걸까? 한번 열어 봐야지."

마누라가 주머니 단추를 풀자 토끼가 주머니 안에서 뛰쳐나와 어디론가 달아나 버렸다.

깜짝 놀란 마누라는 당황했으나 어찌할 방법이 없었다. 하는 수 없이 손에 잡히는 대로 커다란 밀자루를 주머니 안에 밀어넣고 단추를 채워 놓았다.

잠시 후 아반티가 사람들을 데리고 돌아왔다. 그는 주머니 단추를 풀었다. 그런데 안에는 밀상자 외엔 아무 것도 없었다. 사람들은 그것을 보고 웃음을 터뜨렸다. 아반티는 일이 생긴 것을 알아차리고 일부러 목청을 돋우어 소리치며 말했다.

"이건 도대체 웬 괴물이오. 그새 그 동물이 밀상자로 변하다니, 엉?"

354
·
주머니에다 찬물을 먹이다

아반티가 친구의 집에 손님으로 갔다. 주인은 밥이며 양고기국이며 떡이며 또 여러 가지 과일을 내어놓고 친절하게 대했다.

아반티 옆에 앉은 한 손님이 입으로는 볼이 미어지게 먹어대고 손으로는 여러 가지 음식들을 제 주머니에 쉴 새 없이 밀어 넣었다.

아반티는 말 한마디 하지 않고 물 주전자를 들고 와서 그 손님의 주머니에 주르르 쏟아 부었다.

"이봐요, 이게 도대체 무슨 짓이오?"
그 손님이 대뜸 화를 냈다.
"여기가 어딘데 이런 짓을 하는 거요, 아반티?"
"딴짓은 하지 않습니다."
하고 아반티가 변명했다.
"당신의 주머니가 그렇게 많은 것을 먹었으니 목이 마를 겁니다. 나는 주머니한테 시원한 물을 부어 줄 뿐입니다."

355
담비 가죽 외투

아반티가 남루한 옷을 차려입고 연회석에 참석했다. 연회에 참석한 사람들은 누구도 그를 거들떠보지 않았다. 아반티는 사람들이 자기를 주의하지 않는 틈을 타 가만히 집으로 돌아와 멋진 고급 담비 가죽 외투를 갈아입고 다시 연회석에 가 앉았다.
사람들은 너나없이 대뜸 얼굴에 반가운 기색을 띠며 듣기 좋은 말로 아반티를 추켜올리며 그를 윗자리에 앉게 했다.
아반티는 상석에 앉아 진수성찬을 마음대로 먹고 후한 대접을 받았다. 그러자 아반티는 그 값진 고급 담비 가죽 외투 소매를 요리 접시에 밀어넣으며 조심스레 말했다.
"어서 드세요, 담비 가죽 외투님."
연회에 참석한 내빈들은 눈이 휘둥그레졌다.
"아반티, 왜 그러십니까?"
아반티가 정색을 하며 말했다.
"당신들이 초대한 대상은 담비 가죽 외투가 아닙니까? 그러니 이 맛있는 진수성찬은 으레히 담비 가죽 외투가 맛보아야 할

게 아닙니까?"

356
젊을 때 배워야

　아반티가 도연명의 시 한 수를 읊조리며 말했다.
　'성년은 거듭 오지 않으며, 하루도 두번 다시 오지 않는다.' 이는 어린 사람들에게 학문을 권하는 유명한 시다.
　중국에도 우리나라의 '노세 노세 젊어서 노세, 늙어지면 못 노나니'와 같은 '인생은 짧다. 밤 새우고 낮에 이어 노세' 하는 서문행 시가 있다.
　사람은 쉬이 늙어지나 학문은 여간해서 이루어지지를 않는 것이다. 그러니까 짧은 시간, 한 치의 광음이라도 헛되이 보내지 말고 공부에 열심하라는 이야기이다.
　'못가에 무성했던 풀들을 물끄러미 바라보고 있는 동안, 어느새 뜰 앞에 오동잎 하나가 떨어지면서 가을이 오고 있다는 것이다.'
　도연명은 참으로 인생을 꿰뚫어본 대 시인이었다.
　'인생은 짧다. 언제까지 젊은 시절이 있는 것도 아니다. 젊어서 공부를 하지 않으면 늙어서는 기력이 쇠잔해져 공부할 시간이 없다.'
　아반티는 도연명의 이 시를 외우면서 젊은 사람들이 정신을 차려 이를 빨리 깨우쳐야 한다고 말했다.

357
제일 기쁜 날

황제가 아반티에게 물었다.
"자네는 나귀를 타고 전국을 돌아다녔으니 사람들이 무엇을 생각하고 있는가를 다 알 거 아니겠소. 그래, 어떤 날이 우리 백성들에게 제일 기쁜 날입니까?"
아반티가 대답했다.
"전하께서 다행스럽게 천당으로 가는 날일 겁니다."

358
난 지금 자고 있네

아반티가 도시로 일을 보러 갔다. 마침 이웃 마을에 사는 한 젊은이와 객주방에 들르게 되었다. 밤중에 그 젊은이가 자꾸만 아반티를 불렀다.
"아반티, 아반티, 주무십니까?"
"엉, 무슨 일이 있나?"
"내 당신께 돈을 좀 꾸자고 그럽니다."
아반티는 코를 골면서 중얼거렸다.
"난 지금 자고 있네. 자는 사람이 돈을 어떻게 알아."

돈다발 때문에 울다

하루는 아반티가 강가에 홀로 앉아 있었다.
이윽고 살이 피둥피둥 찐 두 사람이 아반티 곁으로 왔다. 그들은 강물을 바라보았다. 강에는 다리가 없으므로 건너갈 수가 없었다. 그래서 아반티한테 사정했다.
"선생님, 우린 서울에 있는 제일 큰 부자입니다. 다른 나라에 좋은 장사거리가 있다고 해서 가는 중입니다. 우리들을 업어 강을 건너 주면 한 사람이 돈 한 다발씩을 주겠습니다."
"물이 깊고 물살이 셉니다. 건너가다가 나나 당신들이 물에 빠지면 어떻게 하겠습니까?"
"선생님, 장사에는 돈버는 것이 중요하지 사람이야 대수롭지 않습니다."
하고 한 부자가 말했다.
"아반티 선생, 물에 빠지는 일은 없을 겁니다. 만일 우리들이 빠진다 해도 선생님을 원망하지 않겠습니다."
하고 다른 부자가 말했다.
"그렇다면 건너가 봅시다."
이렇게 승낙한 아반티는 부자를 업고 강을 건너갔다. 그리고 돈 한 다발을 받았다. 그가 두 번째 사람을 업고 강 중심에 이르렀을 때였다. 그는 고의적으로 발을 빗디디며 뒤로 벌렁 자빠졌다. 그리고 등에 업혔던 사람을 물살에 밀려가게 했다.
강을 건너간 부자는 물살에 떠내려가며 '사람 살려요! 사람 살려요!' 하는 고함 소리를 듣고 자기도 소리치며 엉엉 울었다.
헤엄쳐 강 밖으로 올라온 아반티도 목을 놓아 대성통곡했다.
부자는 아반티가 우는 것이 이상하여 물었다.
"선생님, 난 친구를 잃어서 우는데 당신은 왜 웁니까?"

"당신은 친구가 물에 빠져 죽었으니 울고 나는 돈 한 다발이 물에 떠내려가서 웁니다."

360
그 비밀 정말 모른다

어떤 사람이 아반티에게 물었다.
"우리 이곳에서 은밀한 비밀을 주고받읍시다. 그런 다음 그 비밀을 누가 잘 지키는지 한번 시험해 봅시다."
아반티가 이렇게 대답했다.
"그 사람은 바로 저일 겁니다. 제가 당신에게 그 문제를 알려주면 제 스스로가 저에게 미안한 일을 하는 것이 됩니다.
그것은 나라는 사람을 위해 비밀을 지켜 줄 사람이 없기 때문입니다.
지금까지 전 입이 무거워 비밀을 잘 지켜 주고 있습니다.
내가 당신에게 문제를 알려준 외 아무에게도 말한 적이 없습니다.
그런데 왜 이렇게 비밀이 지켜지지 않는지를 나는 알았습니다. 누가 말을 잘 옮기며 이간질하는지를 모를 리 있겠습니까. 그러나 그 사람을 알려줄 수 없습니다.
그가 내 속사람인 걸 어떻게 알려줍니까. 때문에 저는 그 일에 대하여 정말 모릅니다."

361
현관과 개

현관이 아반티에게 명령하여 성질이 포악스럽고 사람을 만나면 잘 물고 잘 짖는 개 한 마리를 구해 달라고 했다.
며칠 후 아반티가 현관에게 말을 잘 듣고 시키는 대로 하고 사람을 보고도 짖지 않는 개 한 마리를 현관에게 가져다 바쳤다.
현관은 만족하지 않아 화를 냈다.
"아반티, 당신에게 귀가 있소, 없소? 내가 어떤 개를 가져오랬는지 듣지 못했는가?"
"어째서 듣지 못했겠습니까. 어떤 개를 가져오나 여기에 오면 모두 마찬가질 겁니다."
하고 아반티가 말했다.
"개가 며칠만 당신을 따라다니면 사람을 잡고 물고 할 필요가 없을 겁니다. 다른 집 돈궤짝을 여는 것도 곧 배우게 될 것이니까요."

362
사람은 머리로 평가해야

아반티가 사람을 평가할 때 섣불리 하지 말라는 뜻으로 《사기》의 내용을 들어 이야기했다.
조나라가 진나라의 공격을 받아 위기에 몰리자 조나라 평원군이 초나라에 구원을 청하기 위해 사람을 뽑고 있었다. 마땅한 사람을 물색하고 있는 중에 모수라는 자가 불쑥 나와 자기가 가겠노라고 했다. 이때 평원군이 모수에게 말했다.

"선비가 세상에 있는 것은 송곳이 자루 안에 있는 것과 같아서, 그 끝이 자루를 뚫고 밖으로 나오는 법이오. 그런데 당신은 내 집에 3년이나 있었지만 지금까지 당신의 이름조차 알지 못하오."

그랬더니 모수가 평원군에게 말했다.

"저의 이름을 모르고 계신 것은 그런 기회가 없었기 때문입니다. 만약 저를 자루에 넣어 주셨더라면 송곳 끝이 아니고 송곳 자루까지 불거져 나왔을 것입니다."

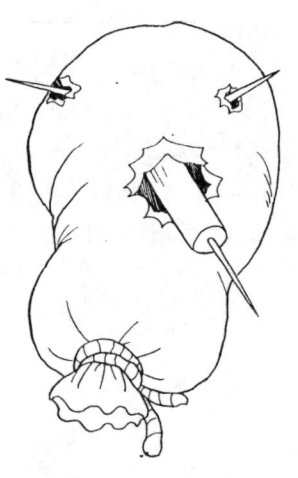

평원군은 이 재치 있는 대답을 듣고 수행원 속에 모수도 끼어 주었다.

다른 수행원들은 자기가 자신을 자랑하는 모수를 비웃으며 빈정대기도 했다.

그러나 여행 중 사람들은 모두 모수의 말재주에 당해 내지를 못하고 굴복하고 말았다. 모수는 의외로 대논객이었던 것이다.

아반티는 늘 신중히 사람을 평가해야 한다며 모수의 예를 들었다.

363
돈이 없으니까 줄이지

아반티가 재단사를 찾아가 물었다.

"저의 이 외투를 줄이면 돈을 얼마나 받습니까?"
"금전 두 닢이면 됩니다."
이는 상당히 비싼 값이었다. 아반티는 깜짝 놀라 펄쩍 뛰었다.
"아! 이 사람아, 장사를 이렇게 하는 법이 어디 있어? 내게 그렇게 돈이 많으면 좋은 음식을 많이 먹고 살을 찌울 수 있었을 게 아냐. 그러면 외투를 이렇게 줄일 필요도 없이 그대로 입어도 됐을 테니까."

364
도적 따라 이사

아반티네 집에 도적이 들었다. 도적은 크고 작은 물건들을 도적질하여 수레에 싣고 도망가려 했다. 그때 아반티가 자기 침실 안에 있는 일부 물건들을 챙겨 메고 도적의 뒤를 따라 집을 나섰다.

도적이 제 집으로 들어갈 때 아반티도 그 집으로 따라 들어갔다. 도적은 이상스러워 뒤따라오는 아반티에게 물었다.

"우리 집에는 왜 왔소?"
아반티가 말했다.
"아니, 우린 지금 이사하는 게 아니오?"

365
그 우유 나도 모른다

 사냥하러 떠났던 황제와 재상들이 땀에 젖고 목이 말라서 말이 아니었다. 그들 중 두 사람이 말을 몰고 아반티네 집 문 앞으로 뛰어왔다.
 재상은 말에서 내리지도 않고 소리쳤다.
 "어이, 아반티, 빨리 우유를 가져와. 이빨이 시린 얼음을 넣은 우유를. 우린 목이 말라 죽겠네."
 아반티는 빈손으로 천천히 나와 예를 올리고 입을 열었다.
 "오전에 반나절이나 일하면서 나도 목이 말라서 집안에 있는 우유를 다 마셔 버렸습니다. 지금은 한 방울도 없습니다."
 황제와 재상들은 기분이 잡친 채로 돌아가는 수밖에 없었다.
 그들이 멀리 간 후에 아반티는 갑자기 우유통을 들고 지붕 꼭대기에 뛰어올라가 소리쳤다.
 "돌아오시오! 돌-아-오-시-오."
 우유통을 본 황제와 재상들은 너무도 기뻐서 즉시 말머리를 돌려 뛰어왔다. 두 사람이 또 문 앞까지 오기를 기다린 아반티는 지붕 위에서 우유통을 거꾸로 들어 보이며 확인시켜 주었다.
 "참 미안합니다. 이 우유통을 보십시오. 정말 한 방울도 없지 않습니까."

366
술에 대하여

 아반티가 거나하게 술에 취해서 걸음을 비틀거렸다. 사람들이 아반티에게 물었다.
"근사하게 한잔 하셨습니까?"
아반티가 이야기했다.《한서》식화지에서는 술이 '백약의 으뜸'이라고 했다. 모든 회합과 의식에서 술은 없어서는 안 될 음식이라고도 했다.
그러나 이러한 술도 도가 지나치면 '술은 병기와 같다'고 《남사》에서 말했다.
병기와 같다는 것은 곧 경계하지 않으면 안된다는 뜻이다. 그러므로 술은 적당히 먹는 것이 좋다.
《남당서》에 '술을 써서 사람을 욕보인다'는 말이 있고 〈통속편〉에는 '술을 마시고 공사를 얘기하지 않는다'고 했다.
사람들은 누구나 그 사람 나름의 생각이 있고 주의 주장이 있다. 그러나 자기의 생각이나 주장을 말할 때 술을 마시고 술기운을 빌려 해서는 안 된다.
술 좌석에서는 독도 안 되고 약도 안 되는 그런 얘기가 좋다.
또 '술을 마시고 취하지 말라는 것은 산채로 파묻는 것보다도 심하다'는 말이 《진서》에 있다.
술이 제일 맛있을 때는 마음에 맞는 친구와 아무 거리낌 없이 마실 때다.
'술이란 지기를 만나면 천종(千鍾)도 적다'는 말이 있다.
천종이 얼마만한 양인지는 알 수 없으나 얼마가 있어도 모자란다는 말일 게다.
술이 들어가면 사람의 인격이 문을 잠그거나 열고 나가 버린다. 때문에 취중에는 막중한 이야기를 하지 않는 것이 좋다는 말일 것이다.
아반티도 술을 좋아하지만 취중에는 그저 홍얼거릴 뿐이다.

367
나무가 꿇고 앉아 절해

아반티가 어느 추장네 집에 가 밤을 지내던 때였다. 밤중에 갑자기 천정에서 뿌지직뿌지직 하는 소리가 들려왔다. 아반티는 아무리 잠을 청해도 그 소리에 잠이 오지 않았다. 나중에 아반티는 참다 못해 추장을 불렀다.

"여보시오, 추장님. 천정의 나무가 저의 머리에 떨어지면 상처를 입힐 수 있으니 내일 꼭 고치도록 해 주시오."

추장은 대수롭지 않게 생각했다.

"자네는 기나라 사람이 하늘이 무너질까봐 근심하는 격이군. 천정에서 나는 소리는 천정의 나무가 잘못되어 나는 소리가 아니라네. 자네는 나무도 하느님 앞에서 경을 읽는다는 걸 알겠지. 들어 보게. 저 소리는 바로 천정에 놓은 나무가 염주를 세는 소리일세."

아반티는 추장이 얼토당토 않는 말을 하는 걸 듣고 이렇게 말했다.

"아, 일리 있는 말씀입니다. 그렇기 때문에 전 천정의 나무가 만일 하느님 앞에서 무릎을 꿇고 앉아 절을 하면 어쩔까고 걱정하는 겁니다……"

368
왕이 선사한 삼베

왕이 어느 날 성대한 연회를 베풀었다. 연회에 초청된 사람들은 모두 돈도 있고 권세도 있는 사람들이었다.

연회에서 왕은 손님들에게 귀중한 옷을 일일이 하사품으로 주었다.

여러 사람들 앞에서 왕은 아반티를 불러다 놓고 나귀 등허리에 씌웠던 삼베를 하사했다.

아반티는 경건한 마음으로 그 삼베를 받아들고 허리를 굽혀 절을 올렸다.

그리고 재삼 사의를 올리고 나서 큰소리로 자랑했다.

"귀빈 여러분, 왕께서는 당신들에게 비단을 주었지만 소인에게는 직접 시장에 나가시어 사 온 것을 하사하셨습니다. 이 얼마나 소인을 생각하십니까? 보십시오. 왕께서는 자기의 옷을 소인에게 하사하셨습니다."

왕은 다른 사람에게는 비단을 주고 아반티에게는 삼베로 된 깔판떼기를 주었는데 낯부끄러운 줄도 모르고 큰소리 치고 있었다.

369
·
경고 귀빰

아반티가 딸을 불러 물을 길어 오라고 물동이를 주었다.

"이 그릇에 물을 가득 담아 오너라."

말을 마치기가 무섭게 두 번이나 딸의 귀뺨을 호되게 쳤다.

"꼭 조심해야 한다. 물동이를 깨어 버리면 혼날 줄 알아라."

딸은 울면서 질그릇 물동이를 들고 물을 길러 갔다. 사람들이 그 광경을 보고 아반티를 꾸짖었다.

"아반티, 그게 무슨 짓이오? 질그릇 물동이를 아직 깨어 버리지도 않았는데 먼저 아이의 귀뺨부터 치다니?"

그러자 아반티가 말했다.
"질그릇이 깨어진 다음에 귀뺨을 쳐서 무슨 소용이 있습니까? 아직 그것을 깨어 버리지 않았을 때 경고를 줌으로써 조심하도록 하는 게 낫지요."

370
제일 좋은 기도

아반티가 신발 깁기를 할 때였다. 목사님이 넓은 삼베천을 들고 중얼거렸다. 그리고 아반티 곁에 와서 부탁했다.
"아반티, 내 신 밑바닥 실이 끊어져 있소. 기워 주면 내가 당신을 위하여 잘 되도록 기도를 드리겠소."
"미안합니다, 목사님."
아반티는 머리도 들지 않고 그냥 바느질을 계속했다.
"기워 주겠다고 받아 놓은 신이 너무 많아서 목사님 신을 기워 드릴 시간이 없습니다. 다른 곳으로 가 보는 것이 좋겠습니다."
그러자 목사님이 버럭 화를 냈다.
"지금 내 신부터 기워 주게. 그렇지 않으면 난 기도하는 중 제일 나쁜 기도를 드려서 당신에게 엄벌이 내려지도록 하겠소. 그때에 가서 후회하지 마시오."
"허허."
아반티는 일손을 놓고 말했다.
"당신의 기도가 그렇게 영험하다면 아예 여기서 기도를 드리시오. 당신의 신바닥이 당장 기워지고 영원히 떨어지지 않게. 그럼 하느님이 기워 주시지 않겠습니까? 얼마나 좋습니까?"

371
뇌 물

아반티가 어느 날 유장이라는 사람과 싸우게 되었다. 아반티와 그는 서로 자기 견해를 주장하며 한치도 양보가 없었다.
나중에 아반티가 법원에 기소하여 법원에서 시비를 가리기로 했다. 아반티가 변호사를 찾아가 어떻게 하면 자기가 이길 수 있겠는가고 물었다.
변호사는 아반티의 시비에 별로 큰 흥미를 느끼지 않았다. 그리고 오히려 유장의 말에 일리가 있는 것이 아니냐고 했다.
그래서 아반티가 말했다.
"만일 내가 상등품인 오리 두 마리를 법관에게 뇌물로 준다면 상황이 달라지게 되지 않을까요."
"절대로 그래선 안 됩니다."
변호사가 말했다.
"그건 뒷거래로 뇌물을 먹이는 행위지요."
"그렇게 말할 수 있습니까?"
아반티가 어깨를 으쓱이며 말했다.
"그건 호의로 가져가는 선물인데요."
"내가 할 수 있는 말은······."
변호사가 말했다.
"당신이 이번 시비에서 질 것 같으면 그렇게 하라는 것뿐입니다."
아반티는 기어이 법원에 가 시비를 가렸다. 그 결과 변호사의 예상과는 달리 아반티가 이겼다.
법원에서 나올 때 아반티는 머리를 돌려 그 변호사의 귓전에 입을 대고 말했다.
"난 법관에게 오리를 갖다드렸습니다."

"오리를 갖다주었다구요?"
변호사가 몹시 놀랐다.
"가져다주었습니다."
아반티가 빙그레 웃으며 말했다.
"난 유장의 명의로 말라빠진 오리를 가져다주었지요."

372
법관이 나귀가 되다

아반티가 양 한 마리를 길렀는데 살이 피둥피둥 찌고 꼬리만 해도 키만큼 컸다.
하루는 부자가 이 양을 훔쳐갔다.
아반티는 법관을 찾아가서 고소했다.
아반티의 말을 다 들은 법관은 '돌아가시오. 내일 다시 오시오'라고 했다.
이튿날 아반티가 법정으로 찾아가 법관과 단도직입적으로 말했다.
법관이 아반티에게 말했다.
"아반티, 이번 고소는 당신이 이기는 겁니다. 그런데 어제 저녁에 부자를 찾아갔더니 은전 열 닢을 주었습니다. 지금은 당신 앞에서 이렇게 맹세할 수밖에 없습니다. 만약 당신이 나에게 은전 이십 냥을 준다면 나는 곧 부자를 양 도적이라고 심판하겠습니다. 그리고 내가 배신하면 나귀로 변한다고 하여도 달게 받겠습니다!"
"좋습니다! 그렇게 합시다!"
아반티는 너무도 좋아서 은전 이십 냥을 법관에게 주었다.

은빛이 반짝이는 은전을 받은 법관은 대단히 기뻐했다.
"내가 피고에게 알리겠습니다. 당신들은 내일 여기로 오시오."

이튿날 아반티가 부자보다 앞서 법정에 도착했다.

법관은 난감한 표정을 지으며 반벙어리 소리를 했다.

"아반티, 부자가 두 차례나 은전을 가져왔는데 모두 삼십 냥입니다. 어떻게 하였으면 좋겠습니까?"

"법관님, 당신이 말한 대로 하는 수밖에 없습니다."

아반티는 미리 준비하여 가지고 왔던 나귀 굴레를 법관의 머리에 씌우고 그를 끌고 법정을 나오며 말했다.

"가자! 나귀야. 너를 타고 산에나 가서 땔나무 한 짐을 싣고 와야겠다."

제4부
바보스런 아반티

401

새끼 낳는 자루

고리대금업으로 살아가는 구두쇠가 아반티를 보고 자루 하나를 빌려달라고 했다. 구두쇠 영감을 줄곧 아니꼽게 보아 온 아반티는 그에게 아무 것도 빌려주고 싶지 않았다.

"나는 당신에게 자루를 빌려주고 싶은데 내 자루가 새끼를 낳은 지 아직 한 달이 안 되니 빌려줄 수가 없구만."

"아니, 그게 무슨 뚱딴지 같은 소린가?"

고리대금업자는 의아스러워하며 물었다.

"세상에 어디 새끼를 낳는 자루가 있단 말인가?"

아반티가 정색하며 말했다.

"당신의 동전 한 닢이 일 년 사이에 동전 열 닢을 낳는데 나의 자루는 일평생에 한 번밖에 새끼를 낳지 않소. 그게 어디 이상하게 여길 일이오."

402

힘장사

저절로 힘장사라고 자랑하는 사람이 아반티를 찾아왔다.

"아반티, 당신은 지혜가 대단하고, 나는 대단한 힘장사요. 우리 둘이 친구로 사귀어 봅시다."
  아반티는 찾아온 사람의 위아래를 훑어보고 나서 물었다.
  "당신 힘이 도대체 어느만큼 셉니까?"
  힘장사는 자기의 가슴을 쫙 펴 보이며 뽐냈다.
  "한 천 근 되는 바윗돌을 한손으로 훌쩍 들어서 성 밖으로 내던질 수 있습니까?"
하고 아반티가 힘장사에게 물었다.
  "내 곁으로 오게. 먼저 시험해 봐야겠네."
  아반티는 그를 뜨락으로 불러들였다.
  "빨리 말하시오. 아무 시험이나 다 됩니다."
  힘장사는 연거푸 거드름을 피웠다.
  "친구, 좀 겸손했으면 좋겠네."
  아반티는 호주머니에서 손수건을 꺼내 주며 말했다.
  "이건 두 냥도 못 되는 손수건일세. 저 담장 밖으로 내던져 보게."
  "히히!"
  힘장사는 어이없다는 듯이 웃으면서,
  "아반티, 사람을 너무 깔보지 마시오."
하고는 손수건을 담장 밖으로 냅다 던졌다. 그런데 손수건이 담장 밖에 나가 떨어지지 않고 뜨락 안에 떨어졌다.
  아반티는 힘장사를 홀끔 처다보며 하하하 하고 상쾌하게 웃어댔다.
  "난 이 손수건을 담장 밖으로 쉽게 던질 수 있네."
  아반티는 말을 마치자 달걀만한 돌을 주워 손수건에다 싸고 담장 밖으로 내던졌다.
  "어떤가? 이만하면 졌지?"
  아반티는 어깨를 으쓱했다.
  힘장사는 귀밑까지 홍당무가 되어 걸음아 날 살려라고 도망치듯 달아났다.

403
머리를 창턱에 떼어 놓지 말라

아반티가 어느 날 술친구를 만나러 그 집으로 찾아갔다.
대문 밖에 이르러 아반티는 그 친구가 머리를 창 밖에 내밀고 바람을 쐬고 있는 것을 보았다.
저만치서 그 친구는 아반티가 오는 걸 보고 얼른 머리를 집 안으로 움츠렸다.
아반티가 대문을 두드리며 형님을 보러 왔다고 하자 문지기가 아반티에게 말했다.
"아이 참, 공교롭구만요. 형님은 방금 어디로 나가셨는데요. 당신이 찾아왔었다는 걸 알면 만나지 못해 아주 서운해 하실 겁니다······."
아반티는 얼른 그의 말을 가로챘다.
"가서 형님께 잘 말하시오. 다음부터는 외출할 때 머리를 창턱에 떼어 두고 다니지 말라고 말입니다."

404
못생긴 사람은 잘생긴 사람을 미워한다

아반티가 자기를 몰라주고 놀려대는 세상 인심에 대하여 한마디 했다.

《논어》에서 자공이 어느 날 공자에게 물었다.
"어떤 사람을 그 마을 사람들이 모두 칭찬한다고 하면, 그 사람은 훌륭한 사람이라고 생각되는데 선생님은 어떻게 생각하십니까?"
"그것만 가지고는 충분하지 않다."
"그러면 사람들이 나쁜 사람이라고 하는 사람을 나쁜 사람이라고 생각하는 점은 어떻습니까?"
"그것도 옳지 않다. 한 마을의 사람들이 훌륭하다고 칭찬을 받는 사람은 훌륭한 사람이고, 나쁜 사람들이 나쁘다고 하는 사람도 훌륭한 사람이니라."
전국시대 양인이란 사람이 조나라 간자를 찾아가서 말했다.
"저는 고향에서 세 차례나 쫓겨났고, 임금을 섬기었으나 다섯 번이나 쫓겨났습니다.
그러나 조왕께옵서는 선비를 알아주신다고 하기에 왔습니다."
간자는 양인의 말을 듣고 감탄해서 예를 갖추어 맞았다.
좌우에 있던 사람들이 간자에게 아뢰었다.
"고향에서 세 차례나 쫓겨났다면 여러 사람 틈에 끼일 수 없는 사람입니다. 또 임금을 섬기다가 다섯 번씩이나 물러나왔다고 하니 충성심이 없는 사람입니다. 그런 사람을 쓰셔서는 안 됩니다."
그러나 간자는 고개를 저었다.
"그것은 그대들이 모르는 소리다. 얼굴이 아름다운 여자는 못생긴 여자들에게 미움을 사고, 덕이 있는 선비라도 어지러운 세상에서는 알아주지 않는다. 정직하지 않은 사람들은 정직한 사람을 미워한다고 하지 않느냐. 저 사람은 너무 훌륭해서 고향에 있는 소인배들과 같이 섞이지 못했을 것이며, 저 사람이 섬겼던 임금은 어질지 못한데다가 임금 곁에 있는 무리들이 간악

해서 저 사람을 몰아낸 것이다."
  간자는 양인을 당장에 재상을 시켰더니 과연 나라를 잘 다스려 나갔다고 한다.
  아반티는 《설원》에 기록되어 있는 내용을 《논어》에 있는 내용과 비교해 자기 처지를 이야기했다.
  나 또한 양민만 못하지 않은데…….

405
당나귀 친구가 되다

  국왕은 일부러 어려운 글귀만 나열한 시를 좋아했다. 하루는 그가 써내린 시 중에서 자기가 제일 잘 지었다는 '걸작'을 골라 아반티에게 보이면서 평해 달라고 했다.
  "아반티, 한번 보아 주게. 이런 시를 지을 사람은 아마 세상에 한 사람밖에 없을 걸세."
  시작부터 끝까지 읽어 내려간 아반티는 머리를 저었다.
  "전하, 솔직하게 말씀 올리면 이 시는 세상에서 둘도 없는 졸작입니다."
  국왕은 갑자기 벌컥 화를 냈다.
  "워낙 시도 모르는 놈이었구나! 시를 모르는 놈은 당나귀 친구밖에 될 수 없다."
  황제는 호위병들에게 명령하여 아반티를 당나귀 우리에 가두게 했다.
  얼마 지나지 않아 속이 답답해진 국왕은 아반티를 찾아서 이야기를 들려달라고 했다. 우스운 이야기를 하면 울적한 마음이 풀린다는 생각에서였다.

아반티는 국왕을 자기가 갇혀 있는 당나귀 우리 안으로 안내했다.

그는 문 안에 들어서자마자 이야기를 시작했다.

"이전에 한 국왕이 있었지요. 머리는 조롱박처럼 작고 뱃속에는 밀짚이 꽉 들어찼지요. 개뿔도 모르는 국왕은 시만 지었지요. 한데……."

그때 국왕이 당나귀를 보자 기겁을 했다.

"왜 나를 당나귀 우리로 불러 왔나, 왜. 불러 온 게 아니라 스스로 온 거지요. 나야 억지로 왔지만……. 전하께서 '시를 모르면 당나귀 친구밖에 될 수 없다' 하시지 않았습니까. 이곳에 당나귀 친구는 전하밖에 없습니다."

406
법관과 나귀

하루는 아반티가 나귀를 잃어버렸다. 아반티는 여러 곳에 가서 찾아보았으나 나귀는 나타나지 않았다. 그는 한 친구를 만나서 물었다.

"어이, 나귀를 잃어버렸는데 어디서 보지 못했나?"

"봤소."

친구는 농담 반 진담 반으로 대답했다.

"당신의 나귀는 성안에 들어가서 법관이 되었다네. 내가 직접 보았는데 그놈이 법정에 들어가서 심판을 하고 있었어. 빨리 가 봐."

"어찌 그럴 수가 있나."

아반티는 손바닥을 내들며 말했다.

"법관은 흑백을 가리지 않고 재물을 생명처럼 여기고 날마다 재물을 받아 먹지만 내 나귀는 정직하고 청렴하고 재물을 미워하는데 어떻게 법관질을 한단 말인가."

407
군신간의 믿음

아반티가 임금과 신하간에는 적어도 이러해야 한다고 말했다.
제나라 경공이 어느 날 밤 술이 거나하게 취해가지고 재상 안자의 집을 찾아갔다.
경공이 자기 집엘 납신다는 전갈을 받고 안자는 조복을 갖춰 입고 문간에 나와 서서 경공을 맞이했다.
"밤중에 행차가 웬일이십니까? 제후간에 무슨 일이라도 일어났습니까? 그렇지 않으면 나라 안에 무슨 변이라도 생겼습니까?"
"아니야, 그런 일이 아니야. 그대와 술을 한잔 먹고 싶어서, 술과 거문고 소리, 그대와 함께 즐겨 봄이 어떠한가?"
"술 자리를 장만하고 모실 사람은 따로 있을 것입니다. 저는 좀 어렵겠습니다."
경공은 거절을 당하자 이번엔 사마 양저의 집으로 갔다.
양저는 경공이 온다는 기별을 듣고 갑옷 투구에 장창을 비껴 들고 문에 나와 영접했다.
"무슨 사변이라도 일어났습니까? 아닌 밤중에 웬일이시오니까?"
경공은 안자에게 하던 말과 같은 말을 했다.
양저도 안자와 똑같이 거절을 했다.

경공은 하는 수 없이 양구거라는 신하에게로 갔다.
양구거는 손에 악기를 들고 노래를 읊으며 경공을 맞아들였다. 경공은 마음이 흡족했다.
"양구거, 즐거운지고. 오늘 밤 내가 술을 마시려 해도 안자와 양저가 하나는 정치일을 보고, 하나는 군사 일을 보아 주지 않으면 어떻게 내가 마음을 놓고 술을 마실 수 있겠는가.
또 양구거 같은 신하가 없으면 누가 나를 즐겁게 해 줄 수 있겠는가. 나는 좋은 신하들을 두어 참으로 행복하다."
아반티는 안자와 양저처럼 자기의 소임을 다하기 위해 아첨할 줄도 모르고 어찌 생각하면 무례히 대했지만, 그를 무례하다고 하지 않고 믿어 줄 수 있었던 경공의 도량 또한 크다 하지 않을 수 없었다.
군신간의 믿음이 이렇다면 무엇이 두렵겠는가?

408

내 장례식을 치르시오

아반티가 병이 중하여 자리에서 일어날 수 없게 되었다. 의사가 그에게 말했다.
"당신은 특별히 치료를 받아야겠소. 병이 중해 약을 많이 써야 합니다. 그러자면 돈이 많이 필요하겠습니다."
그래서 아반티는 아무 말도 없이 목사를 불러서 물었다.
"시체를 파묻는 데는 돈이 얼마나 필요합니까?"
목사가 대답했다.
"얼마 들지 않습니다."
그러자 아반티는 마누라를 보며 말했다.

"약값을 치를 돈이 없으니 아예 내 얼굴에 담요를 덮고 돈이 적게 드는 장례식을 치르시오."

409

인과 응보

아반티의 고향에 아주 간교한 우유 장사가 있었다. 그는 늘상 우유에 물을 타서 순수한 우유라고 팔아먹었다. 참으로 양심이라고는 털끝만치도 없는 사람이었다.

그러면서도 고객들에게는 이렇게 떠들어댔다.

"저의 우유는 보통 우유가 아닙니다. 세상에서 보기 드물 정도로 순도가 높은 질 좋은 우유입니다."

그 후 큰비에 홍수가 져 마을의 집집마다에서 숱한 재해를 입었다. 우유 장사도 예외없이 재해를 입었다. 재해로 인해 풍족하게 살아가던 우유 장사가 지금은 말이 아니었다. 그래서 날마다 수심에 잠겨 있었다.

어느 날 아반티가 우유 장사네 집 앞을 지나가다가 그런 정경을 보고 물었다.

"아니, 이게 어찌된 일입니까? 얼굴엔 수심뿐이고 상점도 말이 아니구만요?"

우유 장사는 홍수 때문에 재난을 당한 일을 이야기하며 울상을 지었다. 그러자 아반티가 말했다.

"여보시오. 너무 상심하지 말고 참고 견디시오. 당신이 그전에 우유에 그렇게 많은 물을 섞어 넣던 일을 생각하고 하느님은 물을 조금 주었을 뿐이라고 생각하면 괴롭지 않을 것입니다. 당신은 과거에 대한 보응을 받는 것입니다. 당신 처사를 보고 하느님도 그에 상응하는 결과를 가져다주었단 말입니다. 그래서 하느님은 스스로 돕는 자를 돕는다고 말하고 나쁜 짓을 하면 해하기도 하는 겁니다."

410

나귀를 찾다

하루는 아반티가 거리를 지나가면서 소리쳤다.
"여러분! 나귀를 잃어버렸습니다. 누구든 찾아주면 나귀를 상으로 주고 또 달걀 다섯 개를 더 얹어 드리겠습니다."
사람들은 그의 말을 듣고 야릇한 생각이 들어서 말했다.
"아반티, 나귀를 찾아 준 사람한테 나귀도 주고 달걀도 줄 거면 찾아서 뭘 합니까?"
"허허."
아반티가 대꾸했다.
"내가 이렇게 외치지 않으면 이 세상에서 내가 잃어버린 나귀를 누가 찾아다 주겠습니까?"

411

버터 한 근의 무게

아반티가 늘 자기 집에서 만들어 먹고 남은 버터를 부근에 있는 한 식료품 가게에 가져다 팔곤 했다. 어느 날 그 식료품 가게 주인이 말했다.

"당신이 전번에 한 근이라고 가져온 버터가 한 근이 못 되더구만."
"엉? 그럴 리가 있습니까? 그날 공교롭게도 우리 집 애가 저울추를 잃어버려 당신네 가게에서 사 온 한 근짜리 사탕 봉지를 사용하여 버터 한 근의 무게를 달아 보았는데 틀림없었는데요."
아반티가 얼른 둘러대며 가게 주인에게 둘러씌웠다.

412
여색으로 망한 주왕

아반티가 주왕의 말로에 대하여 이야기했다.
주나라가 문왕의 뒤를 이어 무왕이 임금이 되었다.
은나라 주왕은 점점 포악 무도해져 갔다.
제후들 사이에서는 주왕을 없애야 한다는 소리가 높았지만, 무왕은 아직 때가 아니라고 제후들을 누르고 있었다.
무왕이 임금이 된 지 9년 되던 해에 그 시기가 왔다.
무왕은 전군을 향해 외쳤다.
"나를 따른 제후와 용사들이여, 그리고 멀리 각지에서 모여 온 장수들이여, 이제 창과 칼을 들어라.
옛사람이 이르기를 '암탉이 울면 집안이 망한다'고 했다. 지금 주왕은 여색에 빠져 스스로 제 집안을 망치고 백성들을 못살게 하고 나라를 어지럽혔다. 나는 삼가 하늘의 뜻을 대신하여 주왕을 치려 하는 것이다. 쓸데없이 공을 다투지 말라.
범과 같이 승냥이같이 용감하라. 그러나 사람을 너무 살상하지는 말라."
무왕의 출전 명령을 듣는 군사들의 사기는 하늘을 찌를 듯

했다.
 한편 주왕도 대병 칠십만을 풀어 싸우도록 했다. 그러나 주왕의 장병들은 싸울 의욕이 없었다. 싸움의 결과는 뻔했다. 주왕은 성중으로 도망쳐 들어갔다.
 소중히 간직했던 금은보화를 한데 꾸려 몸에 지니고 녹대 위로 올라가 불을 질렀다.
 토벌군의 함성을 들으며 시뻘겋게 타오르는 불꽃 속에 주왕은 몸을 던졌다. 스스로 죽음의 길을 택한 것이다.
 이때는 기원전 1122년, 탕왕으로부터 644년이었다.
 한나라가 망하는 것이 병기의 부족에 있는 것이 아니라 실권자의 허랑방탕한 생활에 있다.
 아반티는 특히 주왕의 말로에 대하여 힘주어 말했다.

413
금반지는 내가 끼고 있겠네

 아반티의 친구가 멀리 타향으로 장사하러 떠나게 되었다. 아반티한테 작별 인사를 하러 와 아반티의 손에 끼고 있는 금반지를 보자 욕심이 동해 그걸 제 손아귀에 넣고 싶었다.
 "친애하는 아반티, 우린 오랜 친구 사이지. 그런데 서로 오랫동안 떨어져 있게 되어 정말 견딜 수 없을 것 같네. 이번에 장사하러 나가게 되면 언제 돌아오게 될지 누가 알겠나. 그러니 자네의 금반지를 내게 선물로 주는 게 어떻겠는가? 자네가 그리워질 때면 그 금반지를 보고 그리움을 달랠 수 있게 말야."
 "자네의 호의에 감사하네. 나도 자네와 마찬가지로 오랫동안 자네를 보지 못하게 되면 자네를 마음속으로 그릴 걸세. 그러니

금반지는 내가 끼는 게 옳을 것 같구만. 이 금반지를 볼 때마다 자네가 나보고 금반지를 달라고 했는데 내가 주지 않았다는 사실을 생각하고 자네를 만나 본 듯이 느낄 수 있게 말일세. 그러면 자네를 그리지 않게 될 테니까 말일세."

하고 아반티가 말했다.

414
현감을 놀려주다

아반티네 마을 사람이 현감이 된 지 몇 해가 지났다.
하루는 아반티가 그를 방문하러 갔다.
현감은 부하들에게 일러서 여러 가지 맛있는 음식을 아반티 앞에 차려놓게 했다. 그러나 그는 먹으라는 말 한마디도 하지 않고 자기만 볼이 미어지게 먹어대며 자기 집 일을 꼬치꼬치 물었다.
"우리 어머니가 편안한가?"
"매우 건강하시던데요."
"나의 마누라는 즐겁게 보내는지?"
"하루 종일 기뻐서 하하 웃고 있읍죠."
"내 아들은 활발하겠지?"
"온종일 껑충껑충 뛰고 다닙니다."

"내 붉은 말이 건강하게 있는지?"
"당신처럼 피둥피둥하지요."
"우리 누렁이가 지금도 잘 있는지?"
"밤낮 없이 멍멍 짖어댑니다."
　현감은 끝이 없는 물음을 물어 왔고 아반티는 올라온 밥과 채들을 바라보면서 대답만 했다. 배가 꼬르륵꼬르륵 울었다. 너무 배가 고파서 더는 참을 수 없게 된 아반티는 기회를 타서 현감의 주의력을 다른 데로 돌릴 말을 했다.
"규례대로 하면 주인이 허락하지 않으면 손님이 그냥 앉아만 있어야죠."
"그래, 아반티."
　현감은 뒤이어 또 질문을 던졌다.
"우리 집 고양이가 지금도 쥐를 잡고 있소?"
"아깝게도 그 집 누렁개에게 물려 죽었지요."
"우리 누렁개가 병나지 않았소?"
"왜 병이 없겠습니까? 미쳤습니다."
"어째서 미쳤는가?"
"당신 붉은 말의 껍질을 벗길 때 말이 개대가리를 힘껏 차놓아서 미쳤지요!"
"앗! 무슨 말이오? 우리 말이 어떻게 되어 죽었단 말이오?"
"당신 처의 시체를 싣고 묘지로 갈 때 지쳐서 죽었지요."
"엇! 그럼 나의 사랑하는 처도 죽었단 말이오! 어떻게 죽었소?"
"당신 아들이 죽은 후에 너무도 비통해서 울며 혼절하다가 마지막에는 숨이 넘어가더구만요."
"아이유, 내 집을 환하게 비추던 보배 아들이 죽다니. 어떻게 죽었소?"
"당신 에미 죽은 후에 보살피는 사람이 없어 죽었소. 제방 쪽에 나가 놀다가 그만 물에 빠져 죽었지요."
 "하느님이여, 나를 낳은 어머니가 죽다니. 어떻게 죽었소?"
 "고향에 폭우가 내렸는데 벽이 무너지고 집이 쓰러지면서 그 늙은이가 깔려 죽었소."
 "아! 아, 하느님은 왜 개가 미치고 말이 죽고 온 집을 망하게 합니까."
 현감은 땅바닥에 쓰러져서 몸을 와들와들 떨면서 짐승처럼 울부짖었다.
 "주인이 너무 비통해서 울기만 하더니 손님에게 먹으라고 청할 새가 없구나."
 아반티는 중얼거리며 천천히 배를 불리었다.
 "현감 나으리님, 당신이 기쁘면 나는 먹을 것이 없고 당신이 큰일을 당하면 나에게 먹을 밥이 생기는구려. 안녕히 계십시오."
 아반티는 이렇게 말하며 나갔다.

415
내 친구 수는 후에 알 수 있소

아반티가 법관으로 있을 때였다. 많은 사람들이 찾아와 아반티와 친구로 사귀려 했다. 한 사람이 이렇게 말했다.
 "아반티, 참으로 대단하십니다. 보십시오. 당신에게 얼마나 많은 친구들이 있는가요?"
 아반티는 그 말을 듣고 말했다.
 "내게 친구가 얼마나 되는가는 지금은 알기 어렵습니다. 후에 내가 법관 노릇을 그만두게 될 때에 가서야 똑똑히 알 수 있을 거요."

416

암탉의 나이

마을 사람이 아반티에게 물었다.
"아반티, 무엇으로 암탉의 나이를 알 수 있습니까?"
"이빨로 알 수 있습니다."
아반티는 묻기가 무섭게 대답했다.
"아니 아반티, 암탉에게는 이빨이 없는데요?"
"그러나 나에게는 이빨이 있지 않습니까? 만일 그 닭고기가 익은 후에 연하고 먹을 만하면 그 암탉의 나이가 어린 것이고, 질기고 뼈가 단단하면 그 암탉의 나이는 틀림없이 많은 거지요. 사람 나이도 그 암탉의 뼈를 씹을 정도면 아직 어린 놈일 거요."

417

톱으로 사발을 켜다

깍쟁이 부자가 있었다. 하루는 아반티를 손님으로 청해 놓고 자기 사발에는 우유가 찰찰 넘치게 부어 놓고 아반티의 사발에는 반사발밖에 붓지 않고 연신 권했다.
"마십시다, 마십시다. 맛좋은 것은 별로 없으니 이 큰 사발의 우유나 마십시오."

"부자님, 먼저 톱이나 가져다 주십시오."
"톱으로 뭘 하시렵니까?"
부자는 의아해서 물었다.
"보십시오."
아반티는 반 사발밖에 차지 않은 우유 사발을 가리키며 말했다.
"사발 윗부분의 절반을 톱으로 켜 베어 버리겠습니다."
아반티는 말이 떨어지기가 무섭게 톱으로 사발을 켜기 시작했다.
당황한 부자가 괜히 사발만 망가뜨려지게 되겠다 싶어 얼른 멈추도록 하고 사발에 우유를 가득 부어 주었다.
"진즉 그럴 일이지."
아반티는 우유를 한 사발 마시고는 나가 버렸다.

418

명재상 안영

아반티가 관중에 버금가는 재상 안영에 대하여 이야기했다.
제나라 경공 때 환공을 보필했던 관중에 비길 만한 명재상 안영이 나타나 제나라는 또 천하의 강국이 되었다.
안영은 학식이 뛰어나고 검소하기로 유명했다. 안영은 여우 가죽으로 만든 외투 하나를 삼십 년 동안이나 입었다 한다. 제사 때는 돼지고기가 제기 한 구석에 담길 만큼 조금 담아 놓았다.
안영은 그렇게 절약해서 모은 돈으로 어려운 사람들을 도와 주었다.
당시 제나라에는 안영의 도움을 받아 살아나가는 집이 칠십여 가구나 되었다고 한다.
 안영은 밑에 사람을 채용하는데도 세심한 데가 있었다.
 안영의 마부에 대한 이야기는 쇠 끝을 달구면 다른 쪽 끝이 뜨거워지듯이 자연스럽게 구전되었다.
 어느 날 안영의 집 문 앞에 마차가 대령하고 있었다. 안영이 출입을 하는 모양이었다.
 그때 마부의 아내가 자기 남편의 모습을 보려고 문 틈으로 그 광경을 내다보았다.
 마부는 자기밖에 사람이 없는 듯이 으스대고 있었다.
 이 모양을 본 마부의 아내는 속으로 실망하고 이랫입술을 지그시 깨물며 안으로 들어가 버렸다.
 그날 저녁 마부의 아내가 남편에게 말했다.
 "주인 대감께서는 재상 자리에 계셔도 조금도 거만하신 데가 없이 항상 겸손하십니다. 그런데 당신은 명색이 무엇입니까? 마부에 지나지 않는 주제에 그게 뭡니까? 그런 마부하고는 같이 살 수가 없습니다."
 마부는 아내의 말을 듣고 크게 뉘우치며 다시는 그러지 않겠노라고 다짐했다. 그 뒤부터 마부는 딴 사람처럼 공손해졌다.
 안영은 마부가 전과 달라진 것을 보고 그 까닭을 물었더니 그와 같은 얘기를 했다.
 안영은 지아비에게 바른 말로 타일렀던 그 아내와 아내의 충고를 듣고 태도를 고친 두 사람 다 훌륭하다고 여겨서 마부를 대부로 올려 주었다고 한다.
 아반티는 바른 충고를 알아들을 수 있는 사람도 귀가 있어야 한다면서 훌륭한 대부가 되었을 거라면서 말했다.

419
맡긴 돈을 다시 찾다

어떤 여행가가 먼길을 떠났다. 그런데 길에서 몸에 지닌 돈을 잃어버릴까봐 몹시 걱정했다. 어느 도시에 이르자 돈을 맡겨 둘 만한 사람을 찾아보았다.

한 부락에 이르러 선량하고 정직해 보이는 상점 주인을 만났다. 상점 주인은 여행가의 근심 걱정을 들어보고 그를 대신하여 돈을 잘 보관해 두었다가 여행을 마치고 돌아오면 손실 없이 그대로 돌려주겠노라고 약속했다.

여행을 마치고 돌아오는 길에 그 상점 주인을 찾아가 맡겨 두고 간 돈을 찾으려 했다. 그런데 상점 주인이 그런 일이 없다고 딱 시치미를 뗐다. 영수증이나 보관증이 없는 여행가는 난색했다.

"당신은 누구요?"

상점 주인이 말했다.

"난 당신이 누군지 도무지 알아볼 수가 없구만요."

상점 주인은 여행가를 상점에서 쫓아냈다.

여행가는 어찌할 방법이 없었다. 그렇다고 그 많은 돈을 포기할 수도 없었다. 그는 하는 수 없이 시의 법관을 하는 아반티를 찾아갔다. 아반티는 여행가의 말을 듣고 나서 말했다.

"돌아가 계십시오. 그 상점 문 앞에 가 사흘 동안 앉아 버티고 계시오. 그리고 지나가는 사람들과 말을 주고받지 말고 상점 주인과도 말을 건네지 마시오. 나흘째 되는 날 내가 당신 곁을 지나면서 아는 체할 테니 그때 당신은 놀라지 말고 나와 아주 가까운 사이인 체하시오."

그렇게 하여 여행가는 상점 앞에 가 사흘 동안 그냥 앉아 있었다.

나흗날 법관인 아반티가 거리에 나서자 그를 만나는 사람들은 저마다 모자를 벗어 손에 들고 공손히 인사를 건넸다. 상점 앞에 앉아 있는 여행가 앞에 이르자 아반티는 걸음을 멈추었다. 사람들은 모두 놀라움을 금치 못했다.

아반티는 여행가를 보고 이렇게 친절하게 말했다.

"나의 친구여, 자네 이 도시에서 뭘 하는 건가? 언제 또 우리 집에 와서 이야기를 나눠 볼 셈인가?"

상점 안에서 이 광경을 꼼꼼히 내다본 주인이 아반티가 그 자리에서 떠나기가 무섭게 상점 안에서 뛰쳐나와 여행가를 붙잡고 말했다.

"얼마 전에 당신은 나에게 돈을 맡겨 보관해 달라고 하지 않았소. 어서 상점으로 들어갑시다. 내 지금 돈을 돌려드릴 테니. 참 여행을 오래도 하셨군요."

이렇게 해서 여행가는 한푼도 손실 없이 자기 돈을 되찾게 되었다.

약발도 이 정도면 즉효였다.

420
참 모

하루는 대신들이 왕에게 아반티를 참모로 추천했다.

"전하, 아반티는 뱃속에 먹물이 가득 찼고 재주가 뛰어나 입은 청산유수와 같을 뿐만 아니라 사리에 밝고 또 깊이 생각하고 책략이 고명한 줄로 아옵니다. 그를 불러다 전하의 참모로 삼으심이 좋을 듯하옵니다."

"그런가, 데려오도록 하시오."

왕은 머리를 끄덕이면서 아반티를 당장 찾아오라고 명했다.
아반티가 왕 앞으로 왔다.
"아반티."
왕이 물었다.
"짐이 백성들을 부유하게 살게 하고 싶은데 어떤 현명한 조치를 세웠으면 좋겠소?"
"전하, 현명한 조치는 있는데 전하께서 실행하시겠는지 모르겠습니다."
하고 아반티가 정색해서 말했다.
"전하께서 착취해 온 양식과 거두어들인 금전을 죄다 백성들에게 돌려주면 백성들은 잘 먹고 잘 입으며 살아가게 될 겁니다."

421
푸른 머리 오리 무

마을 부자가 들오리 한 마리를 사냥하여 가지고 집으로 오다가 아반티를 만났다. 부자는 아반티를 보자 의기양양하게 자랑했다.
"이 푸른 머리는 참으로 사냥하기 힘들단 말야."
"허허, 그렇구말구. 그 푸른 머리가 참 크기도 하구만."
들오리는 머리에 푸른 빛이 반짝이는 털을 가지고 있어 푸른 머리라는 별명을 가지게 되었다.
"오늘 저녁 이 오리를 고아 먹어야겠는데 자네도 오게나. 내 푸른 머리를 사냥한 턱을 내겠네."
부자는 기분이 좋아 말했다.

저녁이 되자 아반티는 정말로 부잣집으로 들오리 고기를 먹으러 갔다.

"체면을 차리지 않고 오라고 해서 왔네."

'아니, 이 사람이 정말로 왔나.'

부자는 속으로 이렇게 생각하며 얼굴에 몹시 불쾌한 기색을 띠었다. 그러나 자기가 오라고 청해 온 사람이기에 쫓아 보낼 수도 없었다.

아반티는 식탁에 마주 앉아 한참이나 기다렸다.

부자가 마침내 들오리 고기 그릇을 상 위에 가져다 놓았다. 진작부터 허기가 든 아반티는 그릇 뚜껑을 열기가 바쁘게 젓가락으로 그릇 안의 것을 집어 먹었다. 그런데 들오리 고기 맛은 어데 가고 온통 무맛뿐이었다.

아반티가 그릇 안을 찬찬히 들여다보니 들오리 고기는 한 점도 없고 죄다 삶은 무 조각뿐이었다. 아반티는 아무런 내색도 하지 않고 집으로 돌아왔다.

사흘 후 아반티는 길에서 또 그 부자를 만났다.

"요즈음, 우리 집 부근에서 푸른 머리들이 밤마다 나타난다네. 총을 가지고 한번 사냥을 나가 볼까."

"엉? 그거 좋은 소식이구만. 내일 저녁 내 사냥하러 가겠네."

이튿날 저녁 부자는 총을 메고 아반티네 집으로 왔다. 아반티는 부자를 끌고 집 뒤에 있는 밭머리로 나갔다. 부자는 아반티와 함께 밭머리에 앉아 들오리가 날아오기를 기다렸다. 그런데 반나절이나 기다려도 들오리는 그림자도 보이지 않았다. 부자는 기다리다 못해 입을 열었다.
 "아니, 자네 헛소리를 한 게 아닌가? 왜 푸른 머리가 그림자도 안 보이나?"
 "천만에, 저기 저기에 많이 있는데 보이지 않나?"
 부자가 아반티가 가리키는 곳을 보니 거기에는 푸른 잎사귀를 가진 무들이 밭이랑을 타고 줄지어 있었다.
 그곳 사람들은 무가 푸른 잎사귀를 머리에 이고 있다 하여 '푸른 머리'라 부르고 있었다.

422
파리를 붙잡아서 기소하다

 아반티가 파리를 한 마리 붙잡아 가지고 법관을 찾아가서 물었다.
 "법관님, 이놈의 파리가 우리 아기의 얼굴에 앉지 않으면 밥상 위에 앉습니다. 사람을 해치는 더러운 놈입니다. 이놈의 죄를 판결해 주시기 바랍니다."
 법관이 코란경을 이러저리 뒤적이고 나서 말했다.
 "코란경에 이렇게 적혀 있습니다. 이러한 사건에 부닥치면 파리를 놓아 주어 마음대로 날게 하라. 그리고 원고는 몽둥이로 파리를 때릴 수 있다. 만약 파리가 맞으면 마땅히 판결해 주어야 하고 맞지 않으면 원고가 벌금을 내야 한다."
 말을 마친 법관은 파리를 날려보낸 뒤 굵직하고 길다란 몽둥이를 내 주었다.
 파리는 제멋대로 날아다니다가 법관의 이마에 가서 앉았다.
 아반티는 파리를 겨누고 몽둥이로 힘껏 내리쳤다. 파리는 사형판결을 받았고 법관의 이마는 맞아서 주먹만한 혹이 생겼다. 그리고 그곳에서 붉은 피가 솟구치고 법관은 땅에 쓰러졌다.
"이 원고가 벌금을 내지 않게 되었군."
아반티는 이렇게 말하고는 천연스럽게 법원을 나왔다.

423

여자와 소인은 다루기 힘들어

아반티가 공자님의 예를 들며 말했다.
여자와 소인은 다스리기 힘들고 어둠에서 건지기 어렵다. 《논어》에 있는 공자의 말을 들어 여자를 은근히 깔보았다. 여기서 말하는 소인은 어린 사람을 말하는 것이 아니다.
흔히 아녀자라고 해서 어린 아이들과 여자를 같이 말하는 경우가 있으나 이 경우는 다르다.
공자가 말하는 소인은 군자에 대한 다른 말이다. 즉 수양을 쌓지 못한 사람들을 가리킨다.
공자가 살아 있을 때는 춘추전국 시대, 그야말로 어지러운 시대였다.
'어지러운 세상은 어리석은 자에게 다행한 일'이라고 하였듯이 세상은 소인들이 판을 치는 암흑시대였다.
그래서 공자는 섬길 만한 임금을 만나지도 못했고, 그의 도를 천하에게 펼 수도 없이 큰 뜻을 가슴에 안은 채 여기저기를 유랑하는 신세가 되었다.
공자는 분하고 억울한 마음을 '소인이란 정말 건질 수 없는 것'이라고 한탄했다.
그러면 여자는 어떠한가. 여자는 어려서 어버이를 좇고 자라서는 지아비를 좇고, 다음에 아들을 좇아야 한다는 삼종의 가르침을 역설했다.
 그리고 '젊어서는 혈기가 아직 자리잡히지 않았으므로 여색을 조심해야 한다'고 가르쳤다.
 '여색은 강물과 같아서 빠지면 헤어 나오기 어렵다'고 했다.
 아반티가 말했다.
 생명의 근원인 사랑이 꼭 경시되어야 할 일은 아니지만 또한 생명을 탄생시키는 일이니만큼 신중해야 한다고 말했다.
 이래저래 유혹을 뿌리치고 잘 다루어야 할 뿌리가 남자들의 그 뿌리가 아니겠느냐며 아반티는 한 발을 들어올려 개가 오줌을 누는 시늉을 했다.

424
거위 털

어떤 사람이 아반티를 찾아왔다.
 "아반티, 저의 이웃에 사는 사람이 저의 집 거위를 가져갔는데 누가 가져갔는지 확실히 알 수가 없습니다."
 아반티는 특별집회가 있다고 사람들을 모이게 해 놓고 말했다.
 "여러분들 중에는 이웃의 거위를 훔친 사람이 있는데 그 사람은 머리에 거위 털을 단 채로 집회에 나와 주셨으면 고맙겠습니다."
 아반티의 말이 떨어지기 무섭게 한 사람이 저도 모르는 사이에 자기 머리를 어루만져 보았다. 아반티는 얼른 그 사람을 손가락으로 가리키며 소리쳤다.

"저 사람을 붙잡으시오. 저 사람이 바로 거위 도적입니다."

425
무슨 바지 값이오

아반티가 옷가게에서 바지를 사려고 했다.

마음에 드는 바지를 골라놓고 값을 물은 아반티는 점원에게 바지를 잘 싸놓으라고 말했다.

이어 주위를 살피던 아반티는 맞은 켠에 줄이 쭉쭉 간 두루마기가 걸려 있는 것을 보자 갑자기 그것까지 살 생각이 났다. 그리하여 아반티는 옷가게 주인에게 사놓은 바지와 두루마기를 바꿀 수 없는가고 물었다. 옷가게 주인은 그렇게 하라고 말했다.

그러자 아반티는 바지는 내버리고 두루마기를 팔에 걸친 채 슬그머니 밖으로 나가고 있었다. 이를 본 점원이 크게 소리쳤다.

"아니, 두루마기 값은요?"

아반티는 고개를 돌리며 의아하다는 듯이 말했다.

"무슨 소리를 하오. 두루마기는 내가 바지와 바꾼 건데."

"그러나 당신은 바지값도 물지 않았는데요."

점원이 이렇게 대꾸하자 아반티는 영문을 알 수 없다는 듯이 머리를 갸우뚱하고 대답했다.

"그렇다면 더욱 괴상하지 않소. 난 바지를 가지지도 않았는데 바지값은 또 무슨 놈의 바지값이지요?"

426
당나귀만 믿다니

어떤 사람이 당나귀를 빌리러 아반티를 찾아갔다. 그러나 아반티는 당나귀를 빌려주기 싫었다.
"만약 당나귀가 있었다면 선뜻 빌려주었을 텐데……."
하고 거짓말을 했다.

이때 마구간에서,
"흐훙 흐흐훙."
하는 당나귀 울음 소리가 들려왔다. 당나귀를 빌리러 온 사람은 몹시 불쾌해 하며 말했다.
"아반티, 이게 웬일이오. 당나귀가 집에 있는 게 분명한데 없다고 하다니."

그러자 아반티도 화를 내며 말했다.
"당신이 웬일인지 모르겠소. 그래 당나귀만 믿고 세상에서 가장 정직한 이 아반티의 말은 안 믿는단 말이오."

427
하느님의 사자

난생 처음 서울에 들어선 아반티는 서울의 거리와 골목을 샅샅이 누비며 돌아다녔다. 점심 무렵에 서울을 떠나서 집으로 돌아오고 있는데 멋진 말을 탄 두 사람과 마주쳤다.
 "서라, 너 어디서 오는 거냐?"
 한 사람이 아반티에게 물었다.
 "서울에서 옵니다."
 "서울에 가서 뭘 했느냐?"
 "돌아보았지요."
 "서울이 어떻더냐?"
 "우리 나귀 우리보다 더 더럽고 쿠린내가 납데다."
 "시민의 차림새는 어떠하고 생활은 어떠하더냐?"
 "남자 여자가 얼굴이 누렇게 여위고 노인과 아이들이 기아에 허덕입데다."
 "그들의 불만들이 무엇이라고 토로하더냐?"
 "모두들 이구동성으로 국왕과 대신들을 욕합데다."
 "어떻게 욕하더냐?"
 "국왕은 폭군이라 욕하고 대신은 아첨쟁이라 욕합데다."
 "우리 두 사람을 알 만하냐?"
 "본 것 같기는 한데 모르겠습니다."
 "흥, 눈은 있는데 눈알이 없는 멍청이군."
 줄창 묻기만 하던 사람이 두 눈을 부라리며 말했다.
 "나는 국왕이고 이 사람은 나의 대신이야."
 급기야 아반티는 황당해 급한 중에도 꾀가 떠올라 일부러 얼굴을 붉히며 물었다.
 "당신들이 나를 압니까?"
 "모른다."
 국왕이 대답했다.
 "당신들 몸에다 남루한 옷을 걸치고 있는 걸 보니 필시 어리석은 시골놈들이군."
 "틀렸소, 틀렸소."

아반티는 득의 양양해서 말했다.
"나는 하느님의 사자요. 당신들은 고분고분하게 구는 게 좋을 거요."
"하느님 사자라고."
국왕과 대신은 깜짝 놀라서 멍청해졌다. 가슴이 팔딱팔딱 뛰고 눈앞이 캄캄했다. 그들은 부랴부랴 말에서 내려 서쪽을 향하여 꿇어앉아 하느님께 기도를 드렸다.
기회를 만난 아반티는 말을 잡아타고 채찍질하며 날듯이 사라져 버렸다.

428

예의 범절

아반티는 이야기 주머니가 따로 있는 사람이었다. 그는 《사기》와 《당서》와 《논어》와 《맹자》와 《제자백가》 등을 두루 섭렵했다.
한나라 고조를 도와 공을 세웠던 사람 중에는 그 내력이 보잘것없던 사람들이 많았다.
소하는 말단 벼슬아치였고 한신은 떠돌이 무뢰한이었다. 주발은 자리를 엮어 호구지책을 하던 사람이었고, 번쾌는 백정이었다. 이런 사람들이 피비린내 나는 싸움터에서 자고 샜으니 거칠고 상스럽기가 이루 말할 수 없었다.
천하를 통일한 뒤에도 술만 들어가면 싸움이요, 궁전에서조차 걸핏하면 칼을 빼어 들고 내리치는 등 낭자하기 그지없었다.
고조 자신도 선비의 갓에다 오줌을 누었던 망나니였으니, 궁중 안에 예의 같은 것이 있을 수 없었다.

이런 꼴을 보다 못한 박사 숙손통이 조용히 고조에게 아뢰었다.

"선비라 하옵는 것은 나라를 일으킬 때는 쓸모가 없지만, 나라를 다스리는 데는 필요합니다. 선비들을 불러들여 조정의 예의 범절을 정하심이 가한 줄 아옵니다."

숙손통의 말을 듣고 보니 궁중에 너무 예의가 없는 것 같아서 그 말에 따르기로 했다.

숙손통은 곧 삼십여 명의 학자를 불러다가 임금의 좌우에 있는 사람들과 고관 집에 있는 하인들까지 예절을 가르치게 했다.

한나라가 천하를 통일한 지 7년 되던 해에 장락궁이 준공되었다. 문무 백관이 늘어서서 새로 궁궐을 짓게 된 것을 임금 앞에서 경하하는 예식을 행했다.

이때 예식이 끝날 때까지 예관이 의전을 지키고 서서 누구든지 예법에 어긋나는 이가 있으면 밖으로 쫓아냈다.

여러 신하들은 조심스러워서 말 한마디나 행동 하나에까지 신경을 써야 했다. 등에서 땀이 흐를 지경이었다.

의식은 그야말로 엄숙하고 정연했다.

이 광경을 본 고조가 말했다.

"과인은 오늘 비로소 황제가 위대하다는 것을 알았다."

지난날 그처럼 거칠고 사나웠던 용사들이 황제 앞에서 고양이 앞의 쥐같이 얌전해진 것을 보고 만족했던 것이다.

난세에는 힘이, 치세에는 예의 범절이 으뜸이라면서 아반티는 자기가 아는 게 많다며 지식 자랑을 했다.

429
기침에 설사약

기침을 늘 하는 사람이 아반티를 찾아와 물었다.
"아반티, 난 기침이 자꾸 나와서 견딜 수가 없소. 무슨 약을 쓰면 좋겠는지 알려주시오."
아반티가 잠깐 생각하다가 대답했다.
"차라리 설사약을 쓰시오."
"아니, 설사약이 기침과 무슨 관계가 있는데?"
기침을 하는 사람이 놀라서 묻자 아반티가 정색해서 말했다.
"그 약만 먹으면 자넨 설사를 할까봐 감히 기침을 못하게 될 게 아니겠소."

430
포도맛은 한 알도 마찬가지다

아반티가 과수원에서 딴 포도를 나귀 등에 싣고 집으로 오고 있었다. 이때 어린 아이들이 우르르 달려와서 길을 막으며 사정했다.
"아반티 할아버지, 우리한테 포도를 조금씩 나눠 줄 수 없나요? 포도가 먹고 싶어요."
아반티는 아이들이 너무나 많은 것을 보자 당황했다. 한 아이한테 한 송이씩 준다 해도 광주리 안의 포도가 남아날 수가 없었다. 그래서 아반티는 한 아이에 한 알씩 나누어 주었다. 그러자 아이들이 아쉽다는 듯이 말했다.
"할아버지, 포도가 너무 적어요. 좀더 줄 수 없겠어요?"

"얘들아, 너무 욕심을 부리지 말아라. 너희들이 포도를 좋아하는 건 그 맛이 좋아서가 아니냐. 포도는 한 알을 먹으나 열 알을 먹으나 그 맛은 마찬가지란다."

말을 마친 아반티는 뒤도 돌아보지 않고 나귀를 끌고 가 버렸다.

431
·
일찍이 죽어야 좋을 사람

한 천호장이 양고기를 먹다가 양의 뼈다귀가 목에 걸려 토하지도 못하고 넘기지도 못해 발을 동동 구르며 죽을 지경이었다.

그는 많은 의사들을 찾아보았으나 어느 의사도 목에 걸린 뼈다귀를 뽑아내지 못했다. 최후로 아반티한테 사람을 보내어 물어보는 수밖에 없었다.

아반티는 사람에게 편지를 써 주면서 말했다.

"천호장이 이 편지를 보면 무슨 약이 영험할 건지 알 겁니다."

그 사람은 편지를 들고 날듯이 천호장을 찾아가 편지를 전했다.

편지를 보고 난 천호장은 꽥 소리를 지르면서 두 눈을 하얗게 뜨더니만 곧 죽어버렸다.

사람들이 편지를 보니 이렇게 쓰여 있었다.

'천호장, 당신은 한평생 못된 짓만 하였습니다. 오늘 당신이 잡아먹은 양도 가난한 사람들의 것을 잡아온 것일 겁니다. 양뼈가 당신 목에 박혀 죽게 한 것은 아주 잘 된 일입니다. 당신이 또 무엇을 기다립니까? 또 무슨 병을 치료한단 말입니까? 일찍이 죽는 것이 좋겠습니다.'

432
오십 년 전 스물셋

아반티가 과거제도에 대한 역사를 말하기 시작했다.
옛날 중국에서 관리를 뽑기 위해 과거를 보기 시작한 것은 대강 6세기 말 수나라 문제 때부터이다.
이 과거제도는 청나라 광서제 때인 1904년을 마지막으로 실로 1400년간 중국 사람들에게는 과거가 출세의 등용문이었다.
이 과거를 에워싼 희비극은 이루 헤아릴 수 없을 정도로 많았다.
과거에 붙었다는 소리를 듣고 하도 기뻐서 미친 사람도 있고, 평생 동안 과거에 붙지 못해 죽을 때 아들에게 꼭 과거에 붙어달라는 유언을 남긴 사람도 있다.
그런가 하면 과거에 붙지 못한 한을 품고 반란을 일으킨 자도 있었다.
과거에도 여러 종류가 있다. 그 중에서 제일 어려운 과거는 임금님 앞에서 보는 전시라는 것이다.
이 전시에 합격이 되면 진사라는 칭호가 주어졌는데 진사가 된다는 것은 참으로 어려웠다.

당나라 때 쉰에 진사가 되면 젊은 축으로 들어갔다 한다.
더 오래 된 송나라 때 이런 애기가 전해지고 있다.
초기 과거가 끝나서 새로 진사가 되는 사람을 임금이 한 사람 한 사람 만나 보는데, 그 중에 호호백발이 있었다.
　몇 살이냐고 물으니 73세라고 했다. 아들은 몇이나 두었느냐고 재차 물었다. 그러자 과거 공부를 하느라고 아직 장가도 가지 않았다는 것이었다.
　임금이 그 말을 듣고 가엾게 여겨 궁녀 중에서 가장 예쁜 시씨를 내주었다.
　이 소문이 세상에 알려지자 다음과 같은 우스개 소리가 생겨났다. '새색시가 신랑 나이를 물었더니 50년 전에 스물셋이었다 하네.'
　요즘도 고시 준비를 하느라고 나이 먹는 줄 모르는 고시파가 있다.
　이들도 호호백발의 진사처럼 오십 년 전에 스물세 살이라던가 삼십 년 전 세 살짜리가 허다하다면 얼마나 우스운 일인가?
　꼭 옛 중국만 탓할 일이 아니다.

433
목욕한 아반티

　한번은 아반티가 목욕하러 가는데 길에서 젊은이를 만났다. 젊은이는 아반티를 붙잡고 우스운 이야기를 들려주지 않으면 놓아 주지 않겠다고 했다.
　아반티는 할 수 없이 그의 요구에 응했다.
　"어느 하루였다네. 아반티가 목욕하러 가는데……."
　아반티는 여기까지 말하고 입을 더 열지 않았다.
　"그래, 그 후에는 어떻게 되었나요?"
　젊은이가 급해 하며 묻자 아반티가 심드렁하게 대꾸했다.

"난 아직 목욕탕에 들어가지도 않았는데 뒤에 일을 어떻게 알겠나? 뒤에 있은 일은 목욕탕에서 나온 후에 알려주겠네."
이렇게 말하자 젊은이는 아반티를 순순히 풀어 주었다.

아반티가 목욕탕에서 나오자 젊은이는 또 아반티를 붙잡고 물었다.
"아저씨, 아저씬 목욕탕에서 어쨌는가요? 계속 이야기해 주세요."
아반티는 웃으며 대답했다.
"자네들은 정말 우둔하군. 다른 사람이 목욕탕에 들어가면 아무 일도 없는데 내가 들어가면 무슨 이야깃거리가 생기겠는가? 우습지 않은가?"
말을 마친 아반티는 제 갈 길을 떠났다.

434
아니, 잠들었소

외지로 나갔던 아반티가 한 여인숙에서 밤을 새게 되었다.
그는 가지고 간 짐을 잃어버리지 않기 위해 베개로 삼고 자리에 누웠다.
여인숙 주인은 아반티가 갖고 온 그 무거운 짐이 욕심 나서 아반티가 자는 틈을 타서 슬그머니 훔치려 했다.
밤에 주인은 여러 번 살금살금 아반티 곁으로 왔으나 잠이 든 것 같지 않아서 감히 손을 쓸 수가 없었다.
밤중이 지나자 주인은 더는 기다릴 수 없어서 일부러 말을 붙였다.

"아반티, 잠이 들었소?"
"아니, 왜 묻소?"
"밤중이 지났는데 빨리 잠드는 것이 좋을 거요."
"왜지요?"
"내일 또 먼길을 갈 사람이 밤에 잘 자지 못하면 몸이 마르지요. 당신의 짐은 다칠 사람이 없으니 염려를 놓으시오."
"감사합니다. 주인님, 그럼 난 자겠습니다."
아반티는 말을 마치고 드렁드렁 코를 골았다. 그는 이따금 꿈결에 소리쳤다.
"나는 잠을 잡니다. 나는 잠을 잡니다. 이 가게엔 돈 도적이 없다고 주인은 말하였습니다."

435
죽은 승냥이는 안 잡아 먹는다

어떤 목장 주인이 아반티에게 물었다.
"아반티, 나는 양을 기르면서 많은 양들이 승냥이한테 잡아 먹히는 것을 보아 왔다네. 그래 묻겠네. 이 세상에서 양을 잡아 먹지 않는 승냥이는 없나?"
"있습니다. 있구말구요."
아반티가 말이 떨어지기가 무섭게 대답했다.
"그건 어떤 승냥인가?"
"죽은 승냥이지요."

436
정치는 지배가 속성

정치란 약한 자를 지배하는 속성을 가졌다고 아반티는 힘주어 말했다.

후한의 광무제는 천하를 다 평정했으나 외효만이 항복을 하지 않고 있었다. 그러던 어느 날 외효의 신하인 마원이 광무제를 한번 본 뒤부터 광무제의 인품에 마음이 끌렸다.

그래서 자기 주인 외효에게 광무제를 한없이 추켜세우며 말했다.

"광무제의 용기와 재주는 지금 세상에 당할 사람이 없을 것입니다. 게다가 사람이 너그럽고 담담하며 도량이 큽니다. 전한의 고조와 비슷한 데가 있습니다."

외효는 마원이 광무제를 그처럼 칭찬하는 것이 듣기 좋았을 리가 없었다.

"그래, 광무제와 고조와 비교하면 어떠하냐?"

"고조와 옳고 그른 데를 따질 수 없을 만큼 훌륭한 인물입니다. 광무제는 일거일동이 법도에서 벗어남이 없는 임금입니다."

외효는 불쾌하기 이를 데 없었으나 한편 생각하면 틀리지도 않은 듯하여 참고 있었다.

그러나 그냥 있을 수가 없어 아들을 후한에 보내 잘 지내자고 외교 사절로 보냈다. 그러나 후한은 그런 외효를 쳐들어 갔다.

후한의 군대가 몰려와 끝내 패하고 말았다.

정치의 속성은 약한 나라를 쳐 굴복시키고 만다.

금세기의 경제 정치도 그렇고 정치 경제의 논리도 마찬가지다.

북극 곰 한 마리를 가두기 위해 수십억 달러를 썼는데 잡고 보니 한 눈이 멀고 한쪽 다리가 부러진 형편 없는 허깨비였다는 미국 관리의 이야기는 귀담아 들을 만하다.

외세를 막기 위해 EU가 왜 통화를 통일할 만큼 시급하겠는 가? 지금 세계 경제의 흐름은 어떤가? 이미 경제 전쟁이 밀도있 게 진행되고 있지 않은가? 우리 나라가 왜 경제 종속국인가. 왜 경제적으로 법정관리를 당해야 하는가. 왜 경제 식민지란 말 인가.
　그들이 쫓아온 것이 아니라 우리가 불러들인 것이다.
　정치논리든 경제논리든 상관없이 지배하고자 하는 속성은 마찬가지다.
　아반티는 중국 역사를 꿰뚫어보고 현재의 세계 정세도 이렇 게 보고 있었다.
　'역사란 옳은 것도 없고 옳지 않은 것도 없다'고.

437
부엉이는 이렇게 말했다

　아반티는 백조의 말을 알아들을 수 있다고 늘 지껄였다. 이 말이 황제의 귀에 전하여지자 황제는 아반티를 데리고 사냥을 떠났다.
　그들이 산으로 가고 있는데 갑자기 부엉이 한 마리가 무너져 내린 동굴 어귀에 앉아서 '부엉부엉' 울어댔다.
　황제가 아반티에게 물었다.
　"저 부엉이가 무슨 말을 했느냐?"
　아반티는 황제의 코마루를 가리키며 말했다.
　"부엉이는 이렇게 말합니다. 만약 황제가 계속 백성을 이렇 게 통치하면서 착취한다면 머지 않은 장래에 황제의 국가는 무 너져 내린 동굴처럼 되고 말 것이다."

438
매 따라 배우고 있네

　아반티가 삶은 닭간 한 봉지를 사들고 집으로 오는 도중이었다. 푸드득 하는 소리와 함께 하늘에서 매가 덮쳐 삶은 닭간을 가로채 하늘로 날아가 버렸다.
　그러자 아반티는 뒤따르던 사람의 손에서 삶은 닭간 한 봉지를 덥석 낚아채 가지고 큰 바윗돌 위로 올라갔다.
　그 사람은 어안이 벙벙해서 물었다.
　"아반티, 자넨 도대체 어쩌자고 그러나?"
　아반티는 태연스럽게 대꾸했다.
　"난 지금 매를 따라 배우고 있네."

439
배 아픈데 눈약을 쓰다

　한 사람이 배를 끌어안고 아반티 집으로 달려와서 대문을 열며 바쁘게 소리쳤다.
　"아이구! 큰일났으이. 배 아파 죽겠소. 빨리 치료해 주십시오."
　"어떻게 든 병이오? 상한 음식을 먹은 게 아니요?"
　"별것을 먹은 것도 아닌데 큰 떡을 먹었을 뿐이오."
　"음."
　아반티는 신음을 하고 약상자 뚜껑을 열고 눈약 한 병을 꺼내 주었다.
　"머리를 드오. 눈을 뜨오. 눈약을 넣어야겠소."

"틀렸소, 아반티."
병자가 소리쳤다.
"난 배가 아프지 눈이 아픈 게 아니오."
"알고 있소."
아반티가 말했다.
"눈에 티가 없다면야 이렇게 다 큰 어른이 어떻게 그 큰 떡을 먹을 수 있단 말이오?"

440
병든 법관 집에 울음 소리가 없나

시내에 있는 법관이 병에 걸렸다. 하루는 아반티가 시내로 들어가다가 그 법관 문 앞을 지나가게 되었는데 웬 젊은이와 맞부딪쳤다. 아반티가 자세히 보니 그는 법관의 아들이었다.
아반티가 공손히 물었다.
"그래, 아버지 병이 좀 나으냐?"
그러자 법관의 아들이 대답했다.
"아버지의 병은 당신이 원하는 대로 나아지고 있습니다."
아리숭한 대답에 아반티가 어리둥절했다.
아반티가 당나귀를 끌고 법관의 대문 앞까지 갔다. 그는 귀를 대문에 대고 집안 동정을 살폈다. 법관의 아들이 아반티의 행동이 괴이해 왜 그러느냐고 물었다.
"도대체 뭘 엿듣고 있는가요?"
아반티는 난색한 표정을 지으며 말했다.
"내가 바라는 대로라면 왜 집안에서 울음 소리가 들리지 않는지 모르겠구나."

441
그 자리에 그 사람

아반티는 사람을 적재적소에 쓴 사람이 한두 사람이겠습니까만 《예기》에 나오는 수무자만한 사람도 없다고 말했다.

진나라 헌문자가 어느 날 숙예와 함께 진나라 고관 전용의 묘지를 참배했다.

무덤들을 둘러보며 헌문자가 말했다.

"이 사람들을 다시 살릴 수 있다면 그 중에 누구를 살리고 싶소?"

"우선 양처문이겠지요."

"나는 수무자를 살리고 싶소. 왜냐하면 임금을 위해서 내 몸을 던지고, 자기를 위하면서 또한 친구를 잊지 않았던 사람이었으니까."

이 말을 들은 사람들은 헌문자의 사람 보는 눈이 보통이 아니라고 모두 감탄했다.

헌문자는 몸이 바싹 마르고 말까지 더듬었다. 그러나 사람을 보는 데는 남보다 뛰어난 데가 있어, 이 사람이 천거한 사람은 모두 뒤에 큰일들을 했다고 전하고 있다.

헌문자는 하도 마르고 약해서 옷을 이기지 못할 정도라고 하였으나 적소에 적임자를 쓰는 데는 귀재였다고 한다.

그래서 그의 이름이 《예기》에 기록되어 전해지고 있다.

아반티는 가신들이 판을 치는 현대의 정치를 비판하면서 그만한 사람을 그 자리에 올려놓아야 정치가 바로 된다고 역설했다.

442

활 쏘는 수준

사병들이 활 쏘는 것을 구경하고 있던 아반티가 국왕한테 불려갔다.

"아반티, 자넨 평소에도 활쏘기를 하는가?"

국왕의 물음에 아반티가 순간 할말이 없는지라 나오는 대로 대답했다.

"젊었을 때 좀 쏘아 보았습니다."

"좋네. 그럼 자네의 솜씨를 좀 보여주게."

아반티는 사실 활쏘기가 싫었지만 왕의 청이라 할 수 없이 활을 받았다. 그가 쏜 화살은 과녁의 변두리도 맞히지 못했다. 그러나 아반티는 넉살좋게,

"이렇게 쏘는 것은 사병들의 수준이지요."

하며 떨어진 화살을 보고 말했다.

국왕은 아반티에게 두 번째 화살을 주었다. 아반티는 속으로 '하느님께서 나를 도와주십사' 빌며 당긴 시위에서 손을 뗐다. 화살은 과녁 변두리를 맞혔다.

그러자 아반티는 기뻐하며 말했다.

"이렇게 쏘는 것은 군관들의 수준이랍니다."

아반티가 회심의 미소를 띠며 말했다.

아반티가 받은 마지막 화살은 우연하게 과녁의 중심을 맞혔다. 그러자 아반티가 우쭐해 하며 말했다.

"이게 바로 아반티의 수준이란 겁니다."

443

금씨를 심다

아반티가 사금 몇 냥을 꿔가지고 나귀를 타고 야외로 나갔다. 그는 누런 모래가 깔린 강변에서 금을 일여 내고 있었다.

얼마 지나지 않아 사냥을 나갔던 황제가 여기를 지나가고 있었다. 그때 아반티의 거동이 매우 괴상한 것을 발견한 황제가 물었다.

"어, 아반티, 여기서 뭘 하고 있는 건가?"

"전하이십니까. 지금 한창 바쁘답니다. 금씨를 심고 있는 것이 보이지 않습니까?"

더욱 괴상 야릇해진 황제가 캐고 들었다.

"빨리 알려주게나. 총명한 아반티, 이 금씨를 심으면 어떻게 되는 건가?"

"전하께선 이것도 모르십니까?"

하고 아반티가 말했다.

"지금 금씨를 심으면 닷새가 지나면 수확을 할 수 있는데 금 열 냥은 너끈히 된답니다."

이 말을 들은 황제는 욕심이 났다.

그는 얼굴에 웃음을 가득 떠올리며 아반티와 의논을 했다.

"사랑스러운 아반티, 요까짓 금씨를 심어서 얼마나 벌겠나? 심으려면 많이 심어야지. 종자가 모자라면 내 궁전에 와서 가져가면 될 게 아닌가. 달라는 대로 줄 테이니깐 그저 우리 함께 심는 것으로 치면 되네. 금이 자란 다음 내가 팔 할만 가지면 되겠지?"

"예 좋습니다, 전하."

이튿날 아반티는 궁전에 가서 금 두 근을 가져왔다. 한 주일이 지난 후 아반티가 황제에게 금 열 근을 가져다 주었다.

황제가 금주머니를 열어 보니 금빛이 반짝여서 입이 딱 벌어졌다. 그는 즉시 명을 내려 창고에 저장해 두었던 금 여러 상자를 아반티에게 주어서 모래뻘에 심게 했다.

아반티는 금을 가져다가 가난한 사람들에게 죄다 나누어 주었다.

한 주일이 지난 후 아반티는 빈손으로 울상이 되어 황제 앞에 나타났다.

아반티를 본 황제가 너무도 기뻐 흥분하고 있었다.

"아, 왔소. 금을 실은 수레들도 왔겠지?"

"아유, 말도 마십시오."

하고 아반티가 갑자기 울음을 터뜨렸다.

"전하, 요즈음 비가 한 방울도 내리지 않아 금씨앗이 죄다 말라 죽었습니다. 수확은커녕 종자까지 죄다……."

순간 황제는 대로하여 보좌에서 내려서며 고래고래 소리를 질렀다.

"헛소리야. 너의 궤변을 누가 믿는다더냐. 누구를 속이려 드느냐? 금이 어떻게 말라 죽는단 말야?"

"예, 이런 기괴한 일도 있습니까?"

아반티가 차근차근 변명했다.

"전하께서 금이 말라 죽는 것을 믿지 않으시면 금을 심어서 자란다는 건 어떻게 믿습니까?"

듣고 보니 그렇다. 황제는 입을 벌린 채 말을 잇지 못했다.

444
내시들의 가신 역할

아반티가 내시들에 대하여 이야기했다. 중국 역사에서 언제나 말썽거리가 되는 것 중의 하나가 내시다. 내시들은 늘 임금 곁에 있기 때문에 인사권 등을 간하는 경우가 많아 실세가 막강해진다.

이들은 자손이 없기 때문에 권력과 재산에 관심이 많다.

그래서 그들은 그들 나름대로 여러 가지 계략을 짜내 관리들을 미혹시킨다.

내시들은 대개가 이렇게 생각한다.

'임금에게는 한가한 시간이 있게 해서는 안 된다. 언제나 주색이나 춤, 놀이 등으로 임금을 즐겁게 해 주어야 하며, 또한 사치스럽게 해서 그 밖에 다른 일은 생각할 겨를이 없도록 해야 한다.

책을 읽게 한다든가, 선비들과 가까이 하도록 해서도 안 된다. 책을 읽으면 사람이 영리해져서 역사를 알게 되고 나라의 흥망을 생각하게 된다.

선비들과 가까워지면 인간의 도리와 정치를 배우게 되어 옳고 그른 것을 깨닫게 되며, 그렇게 되면 내시를 배척하게 될 것이다.'

송나라 때 이런 얘기가 있었다. 위의 이야기와는 괘를 같이 하고 있지 않지만 귀담아 들을 만한 이야기다.

제3대 진종 때 재상 이항은 매일같이 어디서 도둑이 일어났느니, 어디가 비가 안 와서 가물어 큰일났느니 하는 얘기를 임금에게 보고했다. 이것을 본 참정 왕단이 이항에게 말했다.

"그렇게 세세한 일까지 하나하나 임금에게 알릴 것이 없지 않은가?"

그러자 이항이 대꾸했다.
"젊은 임금은 세상의 어려운 일과 백성의 고통스러운 것을 알지 않으면 안됩니다. 그렇지 않으면 혈기만 자라서 청년이 되었을 때 주색이나 놀이 같은 쓸데없는 일을 하게 됩니다. 때문에 큰일이건 작은 일이건 무엇이고 어려운 일을 하나도 빼지 않고 임금에게 알리는 것입니다."

충정을 가진 내시가 있다면 충직한 가신이 되겠지만, 이는 칼날의 양면과 같아서 위험하기 짝이 없다. 가신과 기용된 관리간에도 예나 지금이나 알력이 있게 마련이다.

아반티는 이런 위험을 가신정치의 현주소라고 말했다.

445
·
산이 안 오면 내가 가지

아반티가 자기에게 초자연적인 힘이 있다고 떠들어댔다. 그래서 사람들은 아반티에게 그런 능력이 있다면 저기 있는 산을 움직여 이쪽으로 끌어다 놓으라고 했다.

아반티는 즉시 고함을 질렀다.
"산아, 이쪽으로 오너라."

당연히 산은 아무런 변화도 없었다. 아반티는 계속 고함을 지르면서 산 쪽으로 다가갔다.

그러자 사람들이 떠들며 물

었다.

"당신은 도대체 어디로 가는 거요?"

아반티가 태연스레 대꾸했다.

"나는 산처럼 완고한 사람이 아니요. 만약 산이 완고하게 뻗치면서 다가오지 않으면 내가 그쪽으로 가는 게 도리지 않소."

446

나도 목화를 심겠소

재간이 서툰 이발사가 아반티의 수염을 깎아 주게 되었다. 이발사가 면도칼을 댈 적마다 아반티의 턱 살가죽이 조금씩 베어졌다.

그리고는 이발사는 면송이를 베어진 곳에 붙여 놓곤 했다. 아반티는 더는 참을 수가 없어 벌떡 일어섰다.

"아니, 수염을 절반쯤 깎았는데요."

아반티는 자기의 턱을 가리키며 말했다.

"당신은 나의 턱 절반에다 면화를 심어 놓았는데 나머지 절반은 남겨 두었다가 나도 심어야 할 게 아니겠소."

447
명 언

아반티가 돈냥이나 벌어서 먹고 입을 것을 해결하려고 밧줄을 가지고 장마당으로 나갔다. 그는 막벌이꾼들 틈에 끼어 일거리가 없겠는가고 기다렸다.
배가 불룩 나온 부자가 찾아와서 소리쳤다.
"내가 잔그릇들을 한 상자 샀소. 누가 우리 집에 메어다 주면 세 마디 명언을 들려주겠소."
막벌이꾼들은 누구도 그를 알은체하지 않았다. 그런데 아반티만은 마음이 움직였다.
'돈이야 어디에서나 벌 곳이 있지 않는가? 그러나 명언을 듣기는 용이하지 않지. 저 사람의 물건을 메어다 주고 명언 세 마디를 얻어듣고 지혜를 키우는 것도 밑질 것이 없다.'
이런 생각을 하고 아반티는 물건을 메고 그를 따라 나섰다.
한참 걷다가 아반티가 부자에게 명언을 말하라고 했다.
그러자 부자가 입을 열었다.
"그럼 들으시오. 어떤 사람이 당신에게 이런 말을 했소. 배고픈 것이 배부른 것보다 낫소. 그런데 당신은 절대 믿지 말아야 하오."
"묘합니다! 묘합니다."
아반티는 찬탄했다.
"두 번째 명언은 어떤 겁니까?"
"어떤 사람이 당신에게 이런 말을 했소. 걸어가는 것이 말타고 가는 것보다 낫소. 그런데 당신은 절대로 그걸 믿지 말아야 하오."
"옳습니다. 그보다 더 옳은 말이 없습니다. 얼마나 듣기 어려운 명언입니까. 그럼 세 번째 명언은요?"

"또 들어 보시오."
부자는 세 번째 명언을 말했다.
"만약 누가 당신에게 이 세상에서 당신보다 불쌍한 사람은 없을 거요라고 하면 절대로 믿지 마시오."
세 번째 명구를 들은 아반티는 갑자기 손에 쥐었던 밧줄을 놓아 버렸다. 그러자 '탕' 하는 소리와 함께 상자가 땅에서 굴러 떨어졌다.
아반티는 상자를 가리키며 부자에게 말했다.
"만약 어떤 사람이 상자 안에 그릇이 깨어졌다고 하면 절대로 믿지 마십시오."

448
장안이 가깝다

아반티가 《십팔사략》에서 한 대목을 소개했다.
동진의 숙종은 영특한 임금이었다. 숙종이 어려서 태자로 있을 때였다. 어느 날 장안에서 사람이 왔다. 그때 아버지 원제가 태자에게 물었다.
"장안과 태양이 어디가 가까우냐?"
그러자 태자가 대답했다.
"장안이 가깝습니다. 왜냐하면 장안에서 온 사람은 와 있어도 태양에서 사람이 온 일은 보지도 듣지도 못했으니까요."
원제는 태자의 이 재치 있는 대답이 무척 마음에 들었다. 그리고 나서 얼마 후에 원제는 여러 사람들과 한가한 얘기를 하고 있던 자리에서 또 똑같은 말을 태자에게 물었다.
그런데 이번에는 이렇게 대답하는 것이었다.

"태양이 가까울 것입니다."
"전번에는 장안이 가깝다고 하지 않았는가?"
"지금 머리를 쳐들고 보니까, 태양은 보이는데 장안은 보이지 않습니다. 그러니까 태양이 가까운 것 같습니다."
원제는 태자의 대답이 너무도 신통하게 여겨졌다.
아반티는 이렇게 영리하신 분이었기 때문에 임금이 되어 여러 가지 어려운 일을 물리치고 나라를 다스렸지 않았겠는가고 말했다.

449

세상은 공포의 세계

한 방랑 시인이 아반티에게 찾아와 물었다.
"우리가 앞으로 가야 할 곳이 어딘지 알려줄 수 없습니까?"
아반티가 즉석에서 말했다.
"그곳의 정경은 공포에 휩싸여 있을 것입니다."
방랑 시인이 의아해서 물었다.
"그걸 어떻게 압니까?"
"이 세상의 사람들이 태어날 때 모두 울면서 나왔습니다. 그리고 대다수의 사람들은 또 세상을 떠날 때 울면서 떠나갑니다. 울면서 오고 울면서 가야 한다면 그 세계는 공포의 세계가 아니겠습니까?"

450
잠벌레

여름 밤 아반티는 좀체로 잠을 이룰 수가 없었다. 아반티가 자리를 차고 일어나 밖으로 나갔다.
그가 거리에서 흔들거리며 산보하는데 경찰을 만났다.
"밤중에 왜 거리를 다니십니까?"
경찰이 묻자 아반티는 하품을 하면서 대답했다.
"글쎄, 나의 몸 안에 있던 잠벌레가 어디론지 도망쳐 버렸다오. 그래서 난 그 잠벌레를 찾아다니는 중이라오."

451
요리법은 못 가져갔지

아반티가 어느 날 시장에 가서 닭 내장을 샀다.
집으로 돌아오는 길에 친구를 만나 한참 동안 이야기를 나누었다. 친구가 아반티 손에 든 것이 닭 내장인 것을 알자 화제는 어느덧 먹는 문제로 돌아갔다.
"아반티, 자네는 이 닭 내장을 어떻게 요리해 먹을 건가?"
친구가 물었다.
"그야 간단하지. 기름에 튀겨 먹을 작정이야."
"여보게, 그렇게 요리해 먹지 말게. 그렇게 요리해 먹으면 맛도 없고 돈도 더 들고 또 번거롭기만 하네. 내가 돈이 적게 들고 맛좋은 요리법을 가르쳐 주지."
친구는 침을 튕겨 가면서 아반티에게 요리 비결을 일러주었다. 아반티는 다 듣고 나서 말했다.

"난 자네가 알려준 그 요리법을 아주 좋아하네. 그런데 잊어버릴까 봐 걱정이군. 자네, 방금 들려준 요리법을 종이에 적어서 줄 수 없나?"

아반티의 요구에 친구는 종이에다 자기가 말한 요리법을 상세히 적어 주었다. 아반티는 친구와 작별한 후 새로운 요리법으로 닭 내장을 요리하면 그 맛이 어떻겠는가를 궁리하며 집으로 돌아왔다.

그런데 갑자기 하늘에서 독수리 한 마리가 쏜살같이 내려와 아반티 손에서 닭 내장을 가로채 하늘 높이 날아가 버렸다.

그러나 아반티는 조금도 안달하는 기색이 없었다. 아반티는 친구가 준 요리법이 적혀 있는 그 종이를 추켜들고 소리질렀다.

"이봐, 요리법이 여기에 적혀 있어. 내장만 가져갔다고 좋아하지 마."

452
총명한 심부름꾼

아반티가 총명하고 지혜롭다는 말을 들은 황제가 그를 황궁의 심부름꾼으로 채용했다.

국왕은 그에게 늘 이렇게 분부했다.

"아반티, 이후에 무슨 일을 하든지 그 일과 관계되는 여러 가지 일들을 잘 알아서 처리해 주어야 하네."
 아반티는 심부름꾼이 된 후 처음 몇 가지 일은 아주 잘 처리하여 국왕이 매우 만족했다. 그는 특별히 대신들 앞에서 아반티를 총명한 심부름꾼이라고 칭찬하면서 여러 대신들에게 아반티의 일하는 솜씨를 따라 배우라고 했다.
 하루는 국왕이 병에 걸렸는데 미음 한 숟가락도 물 한 모금도 마시지 못했다.
 대신이 아반티를 불러오자 국왕이 떠듬떠듬 말했다.
 "아반티, 빨리 가서 제일 고명한 의사를 불러오시오. 빨리 가. 시간을 지체 말고."
 "마음 놓으십시오, 전하."
하고 아반티가 말했다.
 "꼭 전하의 병에 능통한 의사를 찾아 돌아오겠습니다."
 서울 안 거리로 나간 아반티는 동분서주하면서 겨우 고명하다는 의사를 청하여 왔다.
 예배당을 지날 때 그곳에 들어가 죽은 사람에게 기도를 잘 드리는 사람을 모셔오고 또 시체를 놓는 침대를 세내 땅거미가 질 무렵에야 국왕 앞에 나타났다.
 "훼! 아반티."
 시체를 놓는 침대를 본 국왕은 분이 상투 끝까지 치솟아 올라 수염을 바들바들 떨었다. 국왕은 온몸을 화들거리며 욕설을 퍼부어댔다.
 "짐이 아직 죽지도 않았는데 시체를 놓는 침대는 왜 가져왔어. 그리고 기도 드리는 놈을 당장 쫓아내라. 침대는 내다 던져버리고."
 "전하, 노여워 마시고 진정하십시오. 진정하십시오."
하고 아반티가 허리를 굽히고 말했다.
 "전하께서는 들숨날숨을 잇지 못하고 계십니다. 오래 못 살고 죽을 것입니다. 제가 빨리 가서 또 다른 일, 묏자리를 정하고 파야겠습니다."

아반티의 말이 끝나기가 무섭게 국왕은 너무도 화가 나서 뒷말을 잇지 못하고 기침을 몇 번 하더니 두 눈을 감고 기에 질려 죽고 말았다.

453

죄목을 알아야

아반티가 《설원》이란 책자를 뒤적이다가 말을 꺼냈다.

제나라 경공이 아끼고 사랑하는 말이 말 기르는 사람의 부주의로 죽었다.

경공은 대단히 화가 나서 말 기르는 사람을 죽이려 했다.

이때 재상 안자가 경공을 말리며 말했다.

"이 사람은 죽더라도 자기의 죄를 모르고 죽을 것입니다. 그러니 제가 그 죄를 하나하나 알려준 다음에 처형하도록 하십시오."

경공은 그러라고 했다.

안자가 말 기르는 사람을 향해 큰소리로 닦달했다.

"잘 듣거라. 너는 첫째, 실수로 임금의 사랑하는 말을 죽였으니 그 죄는 죽어서 마땅하다. 둘째, 너는 말 때문에 사람을 죽였다는 어질지 못한 누명을 임금께 듣게 했으니 그 죄 또한 죽어서 마땅하다. 셋째, 임금이 말 때문에 사람을 죽였다는 소문이 세상에 퍼지게 될 터이니 네 죄는 만번 죽어도 마땅하다. 알겠느냐?"

안자가 칼을 빼어 들고 말 기르는 자를 죽이려 했다. 그런데 옆에서 문책하는 소리를 듣고 있던 경공이 안자를 말리며 말했다.
"안자, 그만두게. 말 때문에 사람을 죽여서야 되겠는가."
아반티는 안자의 지혜스러운 행동을 칭찬하면서 말을 맺었다.

454

난 바깥일을 보겠소

아반티가 어느 날 나귀를 팔기 위해 시장으로 몰고 나갔다. 그리고 한 장사꾼에게 맡기며 높은 값으로 팔아달라고 부탁했다.

장사꾼은 나귀 고삐를 손에 넘겨받자 즉시 싸구려 싸구려 하며 외쳐댔다.

"여러분, 보십시오. 싸게 팔려는 나귀입니다. 이 나귀는 사흘씩 풀을 먹지 않아도 불평할 줄 모르고 노새처럼 힘을 쓰지요. 이 나귀가 한가로이 거닐 때면 나귀 잔등에서 차를 마셔도 될 정도로 성미가 온순합니다. 게다가 젊고 주인에 대하여 아주 경건하답니다."

장사꾼이 어찌나 듣기 좋은 말을 구수하게 엮어대는지 많은 사람들이 모여들어 값을 부르기 시작했다. 아반티는 이 광경을 보고 생각했다.

'하느님 맙소사. 내 나귀에게 이렇게 훌륭한 재간이 있는 줄 여태 모르고 있었다니.'

이 생각 저 생각 하던 아반티는 자기도 사람들 속에 끼어들어 값을 불렀다. 나중에 제일 비싼 값을 매겨서 나귀를 얻게 된 아반티는 장사꾼에게 값을 치르고 나귀를 도로 끌고 집으로 돌아왔다.
  저녁에 아반티는 일의 경과를 마누라에게 흥미있게 들려주었다. 마누라도 적이 흥분된 기색이 되어 말했다.
  "여보, 저도 오늘 무슨 일을 했는지 아세요? 전 오늘 버터를 살 때 그 장사꾼이 한눈 파는 틈을 타 저의 금목걸이를 살그머니 저울대 뒤쪽에 올려놓았지요. 그래서 돈을 적게 치르고 버터를 살 수 있었답니다."
  마누라의 말을 듣고 아반티가 물었다.
  "그럼 그 금목걸이는 어떻게 되었소?"
  "어떻게 되긴요? 그 버터 장사꾼이 가져갔지요. 전 감히 똑바로 보지도 못했어요."
  그러자 아반티가 무릎을 탁 치며 말했다.
  "마누라, 정말 잘했소. 대단하구만. 내가 바깥일을 돌보고 마누라가 집안일을 돌보면 이 집안은 정말 제대로 되어가겠구먼."

455
약속이나 한 듯이

  아반티가 나귀를 타고 가다가 뜻밖에 부자를 만나게 되었다.
  부자가 그에게 물었다.
  "아반티, 당신과 당신의 나귀가 매우 즐거운 듯이 어디를 가는 것 같은데 도대체 어디로 가오?"
  "당신이었구만, 부자님."
하고 아반티가 대답했다.
  "나의 나귀가 뜨락에 혼자 있자니 적적해 못살겠다면서 나더러 자기의 친구인 당신한테로 데려다 달라고 하기에 나왔습니다. 당신도 때마침 나의 나귀를 마중 나왔군요그려. 두 친구가 이렇게 만난 걸 보니 언제 약속이라도 한 것이 아닙니까?"

456
바닷물은 왜 짠가

어떤 사람이 아반티에게 물었다.
"아반티, 바닷물은 왜 짭니까?"
아반티가 대답했다.
"바닷물은 죽은 겁니다. 그걸 소금에 절어 두지 않으면 변해 버리니까 짠 거지요. 그런 것도 모릅니까?"

457
죽은 사람

현관이 중병에 걸려 명의란 명의는 다 청해 보이고 명약이란 명약은 다 써 보았으나 병은 오히려 점점 위중해졌다. 그래서 최후로 아반티를 청해 치료해 보는 수밖에 없다고 생각했다.
 아반티가 부름을 받고 왔다. 현관은 침대에 누운 채 아반티에게 병을 봐달라고 간청했다.
 아반티는 몸을 돌려 가족들에게 욕설을 퍼부었다.
 "의사란 산 사람의 병을 치료해 주는 건데 당신들은 왜 나를 불러와 죽은 사람의 병을 치료해 달라는 겁니까?"
 현관의 가족들은 홍두깨 같은 아반티의 말을 듣고 노하여 대들었다.
"뭐라고 했습니까? 현관이 지금 살아 있는 것이 보이지 않습니까?"
"그래, 그는 죽지 않고 살아 있습니다."
하고 아반티가 말했다.
"그러나 그가 한 일거동은 말도 안 됩니다. 백성에 대한 인정이라곤 조금도 없으니 그의 마음은 진작 죽었습니다. 그래 마음이 없는 사람을 죽었다고 하지 않고 살아 있다고 해야 한단 말입니까?"

458
그날이 오면

고요한 어느 날 오후, 아반티가 사거리 넓은 곳에 조용히 앉아 있었다. 한 친구가 길을 가다가 아반티를 보고 물었다.
"아반티, 여기 앉아서 뭘 하는가? 아무 일도 없는데."
"언젠가는 이곳에 큰일이 생기고 숱한 사람이 모여들게 될걸세. 그때면 난 숱한 사람들을 비집고 힘들게 들어와 그 일을 보게 될텐데 그러자면 얼마나 힘든가. 그래서 지금 사람들이 모여들지 않았을 때에 미리 와서 자리를 차지하고 앉아 있는 걸세……."

459
큰 조롱박과 큰 가마

아반티가 먼 곳에 있는 마을로 일보러 갔다. 마을 사람들은 아반티 앞에서 청산유수처럼 불어댔다.

"허, 아반티, 금년에 우리 마을의 농사는 전례없던 풍년이 들었네. 조롱박 농사 하나만 보아도 그렇네. 조롱박이 어찌나 큰지 마차에도 싣지 못할 정도라네."

아반티도 지려 하지 않았다. 그는 가슴을 두드리며 헉헉거렸다.

"우리 성안의 가마쟁이들도 기술이 이만저만이 아니거든. 금년에 글쎄 집채만한 가마를 만들어냈단 말일세."

아반티의 말을 듣고 난 사람들은 저마다 입을 벌리고 따지는 것이었다.

"아반티, 세상에 어찌 그렇게 큰 가마솥이 있을 수 있소?"

"집채만한 가마솥이 없으면 당신네 마차보다 더 큰 조롱박을 어디다 삶겠소."

하고 아반티가 대꾸했다.

460
사망신고

아반티가 어느 날 성 밖에서 거닐다가 갑자기 머리가 어지러워졌다.

"아, 내가 죽으려나보다."

아반티가 이렇게 생각하고 아예 땅에 누워 눈을 감아 버렸다.

이렇게 반나절이나 누워 있었는데도 그를 발견한 사람들이 없었다.
　아반티는 자기가 자기 시체를 메고 집으로 갈 수는 없는지라 자기가 직접 집에 가서 마누라에게 사망신고를 해야겠다고 생각했다. 그리고 두 눈을 번쩍 뜨고 벌떡 일어나 집으로 달려가 마누라에게 일의 경과를 말하고 또 그 성 밖으로 달려와 드러누웠다.
　아반티의 마누라는 아반티의 신고를 듣고 땅을 치며 통곡했다. 이웃들이 달려와 영문을 묻자 마누라가 대답했다.
　"아반티가 성 밖에서 혼절하여 죽어버렸대요."
　"성 밖의 어디서 말입니까? 누가 와서 소식을 전합디까?"
　아반티의 마누라는 눈물 콧물을 쥐어짜며 말했다.
　"오, 불쌍한 아반티를 대신하여 사망신고를 할 사람이 어데 있습니까? 아반티는 죽어가지고도 스스로 집에 와 소식을 전하고 또 죽어버린 그 자리로 다시 돌아갔습지요."

461
문만 지키다

　아반티가 어렸을 때의 일이다. 어느 날 아침 그의 어머니가 아반티에게 말했다.
　"얘야, 이웃집 아주머니와 함께 강가로 빨래하러 간다. 요즈음 도적들이 많이 다니니 문을 잘 지켜야 한다."
　아반티는 문 앞에 앉아 문을 지켰다. 이때 먼 곳에 사는 아반티의 외삼촌이 왔다.
　"얘야, 저녁에 외삼촌이 다시 집에 올 테니 어머니께 말씀드려라."
 외삼촌이 간 잠시 후 아반티는 문을 지키라는 어머니 말씀도 잘 듣고 외삼촌 부탁도 어머니께 잘 전할 수 있겠는가를 궁리해 보았다. 아반티는 생각다 못해 집 문을 뜯어 잔등에 둘러메고 강가로 달려갔다. 어머니는 아반티를 보고 놀라 소리쳤다.
 "애야, 너 이게 어찌된 일이냐?"
 아반티는 헐떡거리며 대답했다.
 "어머니께서 나보고 문을 잘 지키라 하셨는데 외삼촌이 또 나한테 어머니께 저녁에 온다는 소식을 전하라고 하니……, 이 두 말씀을 동시에 들으려면 이렇게 하는 수밖에 없잖아요."

462
죽음을 찾아가지 마십시오

 법관이 큰 말을 타고 거리를 지나가다가 장마당에서 돌아오는 아반티와 만나게 되었다.
 아반티가 그에게 인사를 하고 나서 물었다.
 "안녕하십니까? 어디를 이렇게 가십니까, 법관님?"
 "하느님이 계시는 천국으로 놀러가는 중이오."
하고 법관은 둘러대기 시작했다.
 "어떻소, 날 따라 복을 누리러 갈 생각이 없는가?"
 "아유, 난 가도 당신을 따라가지 않겠습니다."
하고 아반티가 말을 이었다.
 "난 가지 말 것을 권합니다. 가지 않는 것이 좋을 겁니다!"
 "어째, 내가 왜 갈 수 없단 말이오?"
 "법관님, 벌써 잊어버렸습니까? 당신은 늘 우리들에게 말하지 않았습니까? 나쁜 일을 많이 한 사람들을 하느님은 용서하지 않는다고 말입니다. 아마 당신이 하느님을 만나면 하느님이 어떻게 대할지 누가 알겠습니까. 그게 근심스럽습니다. 절대 죽음의 길을 스스로 찾아가지는 마십시오."

463

나귀 타기

아반티가 아들과 나귀를 끌고 시장으로 떠났다. 아반티는 아들에게 나귀를 타게 하고 자기는 나귀 뒤를 따라 걸었다. 한참 길을 가고 있는데 어떤 사람이 그들을 보고 한탄했다.

"별일 다 보겠구만. 무슨 놈의 세상인지 요즘 젊은이들은 버릇이 없단 말야. 글쎄 늙으신 아버지를 걷게 하고 젊은 자식이 나귀 잔등에 앉아 가고 있다니. 저런 불효 자식을 보겠나."

아반티의 아들이 그 말을 듣고 아버지에게 말했다.

"아버지, 보세요. 저보고 욕하지 않아요. 절 난처하게 만들지 말고 아버지께서 나귀를 타세요."

이렇게 하여 아반티가 나귀 잔등에 앉고 아들이 뒤에서 따라 걸었다. 한참 길을 걷고 있는데 또 다른 길손이 그들을 보고 못마땅한 듯이 말했다.

"아니, 이렇게 무더운 날에 저렇게 장대한 어른이 나귀를 타고 조그만 애더러 땀을 뻘뻘 흘리며 걷게 하다니. 저 사람은 정말 너무 하구만."

이 말을 듣고 아반티가 머리를 돌려 아들을 보고 나귀 등에 앉으라고 했다. 이렇게 하여 아버지와 아들이 함께 나귀 등에 앉게 되었다.

이렇게 얼마를 가자 또 몇몇 길손이 아반티 부자에게 저마다 욕설을 퍼부었다.

"저런, 아무리 짐승이라지만 둘이나 타고 가다니 인간성이라곤 조금도 없는 사람들이구만. 조그마한 나귀 잔등에 두 사람이 올라타다니. 천벌을 받을 일이야."

아반티는 얼른 아들을 보고 내리라 하고 자기도 내려 나귀를 끌었다.

이렇게 또 한참을 가다가 사람들을 만났다. 사람들은 너도나도 입을 모아 비웃었다.

"저런 멍청한 사람들이 있나. 이 무더운 날에 나귀를 타지 않고 걷느라고 지쳐서 저 모양이라니. 세상에 별 멍텅구리가 다 있구만."

464

개도 미워하다

아반티가 개 한 마리를 기르고 있었다. 개가 밤이 되면 마당에서 뛰놀다가 낮이 되면 굴 속에 들어가 잠을 자곤 했다.

어느 날 이른 아침이었다. 천호장이 배를 쑤욱 내밀고 머리를 흔들거리며 아반티네 집으로 찾아왔다.

천호장은 두 눈을 크게 뜨고 입을 벌름거리며 킥킥 웃고 나서 말했다.

"자, 아반티, 당신의 개도 날 두려워하네. 내가 나타나니 짖지도 못하고 꼬리를 내리고 제 굴로 들어간단 말이오."

"아닙니다, 천호장."

아반티는 천호장을 쏘아보며 말했다.

"우리 개가 당신이 무서워서 그러는 것이 아니라 개도 당신이 미워서 그런답니다."

465
소가 장대 밑에서 똥을 쌀 줄이야

아반티가 돈을 감춰 둘 곳을 찾지 못해 골머리를 앓다가 뜨락 꽃밭에 묻어 두기로 했다.

어두컴컴한 밤에 아반티는 꽃밭에 깊숙히 굴을 파고 돈을 묻었다. 그러나 며칠 후 그래도 안전할 것 같지 않은 생각이 들었다.

"내가 만일 도적이라면 눈을 감고도 이 돈을 찾아낼 수 있겠다."

아반티는 묻은 돈을 도로 파냈다.

'도대체 어디에 감추면 좋단 말인가?'

한참 머리를 쥐어짜고 있는데 집 앞의 작은 산마루가 눈에 띄었다. 순간 묘한 생각이 떠오른 아반티는 꽃밭에서 길다란 대나무 장대 하나를 꺼내 장대 끝에 돈주머니를 달아맸다. 그리고 다른 장대 끝을 산꼭대기에 단단히 꽂았다.
 "이렇게 해 놓으면 도적에게 날개가 돋치지 않은 이상 돈을 훔쳐가지 못할 거야."
 아반티는 혼자 좋은 생각이라며 흡족해 했다.
 그런데 아반티의 일거일동이 마음씨 나쁜 사람의 눈에 띌 줄이야. 아반티가 산에서 내려오기가 무섭게 그 사람이 장대를 쑥 뽑아내 돈주머니에서 돈을 꺼낸 다음 돈주머니에 소똥을 가득 담아 다시 제자리에 꽂아 놓았다.
 며칠 후 아반티는 돈 쓸 일이 생겨서 장대를 꽂아 둔 산마루로 올라갔다. 그런데 이게 웬일인가? 장대는 변함없이 제자리에 꽂혀 있는데 돈은 온데간데없고 대신 소똥이 가득 채워져 있는 것이 아니겠는가. 아반티는 뒤통수를 긁적거리며 중얼거렸다.
 "이상하다. 사람만이 장대로 오를 수 있는가 했었는데 소가 장대로 오를 줄이야. 장대 끝에서 똥을 주머니에 싸느라고 얼마나 고생했을꼬."

466
당신이 졌소

누가 나귀에게 꼴을 주겠는가 하는 문제를 가지고 아반티와 마누라가 한참이나 옥신각신했다. 누구도 나귀에게 먹이를 주는 일을 하고 싶어하지 않았다. 나중에 둘이 누가 먼저 입을 열게 되는가에 따라 나귀에게 먹이 주는 일을 하기로 약속했다.
 아반티는 방 구석에 물러가 앉아 입을 꼭 다물고 있었다. 그의 마누라도 옆방으로 들어가 저녁 무렵이 될 때까지 말 한마디 하지 않고 아예 나오지도 않았다.

마누라가 옆방으로 들어가고 얼마 있다가 아반티 방에 도적이 뛰어들어 물건들을 가져갔다. 그러는 도적을 보면서도 아반티는 입을 열지 않기 위해 꾹 다문 채 가만 있었다.
반나절이 지나 옆방에서 나온 마누라가 집안이 볼품없이 난장판이 되고 상자마다 텅 비어 있는 것을 보았다. 그때까지 아반티는 그냥 구석에 앉아 입을 다문 채로 앉아 있었다. 마누라가 너무 기가 막혀 소리를 질렀다.
"이게 어찌 된 일이에요?"
마누라의 말이 끝나기가 바쁘게 아반티가 입을 열었다.
"당신이 졌소, 당신이 졌소. 어서 나귀에게 먹이를 주시오. 이 방이 이 모양이 된 것은 당신이 고집을 부린 결과요."

467
꿈에 개가 머리를 물어뜯다

아반티가 이발관에 가서 머리를 깎았다.
이발사는 날이 무딘 면도칼로 아반티의 머리를 밀었다.
아반티는 기가 막히게 아팠으나 눈을 지그시 감은 채 참고 있었다.
"아반티, 자지 않습니까?"
"네, 잘 뿐만 아니라 꿈까지 꾸고 있습니다."
"허허, 꿈에 뭘 보았습니까?"
"꿈에 개가 달려들어 내 머리를 물어뜯는 것을 보았습니다."
하고 아반티가 대답했다.

468
난로도 남녀를 안다

아반티가 어느 날 친구네 집으로 놀러 갔다. 친구가 얼른 일어나 난로에 불을 지피며 아반티를 반갑게 맞아 주었다.
"후-, 후-."
친구는 한참이나 입으로 바람을 내 불을 피웠으나 불이 도무지 일어나질 않았다.
아반티는 친구더러 마누라가 하는 식으로 불을 불라고 알려 주었다. 그러자 그 친구가,
"후-."
하고 마누라가 하던 대로 바람을 불어대자 금방 불씨가 나무에 옮겨 붙었다.
친구가 알 수 없다는 듯이 말했다.
"이 난로가 참 이상한데."
아반티는 웃으면서 말했다.
"난로도 남자 여자를 알아보는 모양이지. 그렇지 않으면 자네처럼 마누라를 겁내든가."

469
성 훈

아반티가 돈을 넣어 둔 상자를 도적이 훔쳐갔다.
이웃 사람이 와서 매우 아쉬워하면서 말했다.
"당신이 이슬람교의 성경 한 구절만 써서 상자 속에 넣었더라면 도적이 상자를 훔칠 때 손이 떨려서 가져가지 못했을 거요."

"체, 성경 한 구절이 다 뭐요. 상자 속에는 두꺼운 이슬람교 책까지 들어 있었소."

470
일할 손이 없소

마을의 게으름뱅이들이 일은 하지 않고 아반티를 찾아왔다.
"아반티, 당신 마누라한테 말해서 밥을 잘 지으라고 하시오. 내가 손님으로 가서 먹어 주겠소."
"좋지 좋아."
아반티가 쾌히 승낙했다.
약속한 날이 되자 게으름뱅이들이 이른 아침에 찾아와 문을 열며 소리쳤다.
"어, 아반티, 빨리 물부터 떠 오오. 손을 씻고 밥이나 먹게."
아반티는 물주전자를 들고 와서 게으름뱅이 손에 물을 부어 주며 말했다.
"어이, 지금까지도 밥을 떠널 수 없단 말이오."
"뭐라고? 어째서?"
"뭐 다 준비되었는데 딱 한 가지 자그마한 한 가지 물건이 모자라서 그러오."
"무슨 물건이오?"
아반티는 입을 게으름뱅이의 귀에 바싹 갖다 대고 속삭였다.
"일할 손이야."

471
성미 급한 나귀

어느 날 아반티네 나귀가 강물에 빠졌다고 일러주었다.
아반티는 강가로 가 물 흐름을 거슬러 올라가며 나귀를 찾았다. 그를 도와 나귀를 찾으러 온 이웃들이 물었다.
"아반티, 무슨 짐승이든 물에 빠지면 물살을 따라 아래로 내려가게 마련인데 당신은 왜 위로 올라가면서 찾는 겁니까?"
그러자 아반티가 대답했다.
"아! 당신들은 내 나귀가 얼마나 고약한 성미를 가졌는지 모를 거요. 내 나귀는 무슨 일이나 반대로 하기를 좋아했소. 난 그 나귀의 성미를 누구보다 잘 알고 있소. 내가 물을 거슬러 올라가는 이유를 알겠소?"

472
이름을 남기다

한 부자가 아반티를 찾아왔는데 아반티는 문을 잠그고 어디로 갔는지 집에 있지 않았다.
부자는 아반티가 자기를 존경하지 않는 것이라 여기고 문에다 비뚤비뚤한 글씨로 '당나귀'라는 세 글자를 써놓고 돌아갔다.
이튿날 사람들이 회희낙락하는 거리에서 아반티가 부자를 만났다.
"아, 부자님, 정말 미안하게 되었습니다. 어제 우리 집에 오셨을 때 공교롭게도 제가 집에 없었습니다."
부자는 의아해 거친 소리로 물었다.

"내가 당신을 찾아간 것을 어떻게 알았소?"
"하하하……."
아반티는 부자의 큰 배를 가리키며 말했다.
"내 어찌 모를 수 있습니까? 당신이 우리 집 문에다 이름을 남기지 않았습니까?"

473
천장 수리

장사꾼이 소문으로만 듣고 아반티네 집으로 놀러 왔다. 아반티가 물만두를 잘 빚어 그를 접대했다.
진작부터 배가 고프던 차라 그 장사꾼은 물만두를 보자 게걸스럽게 마구 입에 집어넣었다. 그런데 물만두가 너무 뜨거워 그만 입안을 데고 말았다. 어찌나 입안이 뜨겁고 후끈거리는지 그는 한참이나 아무 말도 할 수 없었다.
하지만 주인인 아반티 앞에서 자기의 체면을 세우기 위해 안 그런 체하고 집 천장을 쳐다보는 척했다. 아픔을 참느라고 고개를 뒤로 잔뜩 젖힌 장사꾼은 한참 만에야 바로 앉았다. 그리고 얼마 있다가 겨우 말을 할 수 있게 된 그가 아반티에게 물었다.

"아반티 양반, 언제 천장을 수리했습니까?"
아반티는 아무 것도 모르는 체하고 대답했다.

"나의 입 천장에 불이 났을 때 수리했습지요."
장사꾼은 대번에 낯이 벌개져 할말을 잃고 말았다.

474
두루마기 안에 있는 나

아반티가 시장에 나귀를 팔아 버린 그날 걸어서 집으로 돌아 오게 되었다. 집으로 오던 중 그는 말을 타고 가는 교주를 만났다. 아반티는 교주에게 정중히 청했다.
"교주님, 저의 두루마기를 당신의 말 잔등에 실어다 줄 수 없습니까?"
"그러시지요. 그런데 그 두루마기를 어디까지 가져가면 됩니까?"
"저의 마을까지 가져가면 됩니다."
"마을에 가서 누구한테 주면 됩니까?"
"물론 저에게 주셔야지요."
교주는 어리벙벙하여 물었다.
"그럼 나더러 당신이 마을에 도착할 때까지 기다리라는 겁니까?"
"아니, 그럴 필요가 없지요."
아반티가 대답했다.
"제가 바로 그 두루마기 안에 있으니까요. 교주님께서 수고스럽게 기다릴 필요가 없지요."

475
세 멍청이

하루는 아반티가 나귀를 타고 성안으로 들어가다가 세 젊은이를 만났다. 그들은 다리목에 앉아서 한담을 하고 있었다.

아반티는 습관대로 그들에게 '안녕하시오' 하고 인사를 건네면서 지나갔다.

그런데 세 젊은이가 옥신각신하게 되었다. 그 중 한 사람이 '이 사람이 나에게 인사했어' 하자, 다른 한 사람이 '저 사람이 나에게 인사를 했어'라고 했다. 서로 제 의견을 세우다가 그만 싸움이 벌어졌다.

이때 한 늙은이가 지나가다가 이 일을 보고 아반티를 찾아가서 물어보는 게 좋겠다고 했다.

세 젊은이는 아반티에게 쫓아가서 앞을 다투어 물었다.

"나에게 인사를 하셨지요?"

"나에게 인사를 하셨지요?"

그들을 하나하나 훑어보고 난 뒤 아반티가 대답했다.

"젊은이들, 그렇게 할일이 없어서 그런 걸 가지고 싸우나. 난 '멍청한 이들 안녕하시오' 했을 뿐이네."

제5부
익살스런 아반티

501

밀가루를 퍼 담은 자리

아반티가 방앗간에 가서 밀가루를 찧고 있었다. 그는 방앗간 구석에 차곡차곡 쌓인 밀가루 주머니를 보자 불쑥 꿀떡 같은 욕심이 생겨났다. 그래서 방앗간 저쪽에서 주인이 자기 일에 몰두하고 있는 틈을 타 자기 자루에다 밀가루를 퍼 담기 시작했다.

우연히 방앗간 주인이 눈길을 이쪽으로 돌리다가 아반티의 거동이 이상스러운 것을 발견하고 외쳤다.

"여보게 아반티, 거기에서 뭘 하고 있나?"

아반티는 자기의 도적 행위가 발견된 것을 알자 다급히 변명했다.

"난 머저리지요. 일을 하면서도 무엇 때문에 하는가 하는 것도 모르는 머저리란 말입니다."

방앗간 주인은 발끈 화를 내며 소리쳤다.

"당신이 머저리라면 무엇 때문에 자기 자루 속의 밀가루를 딴 사람의 자루 속에 넣지 않는 거요?"

그러자 아반티가 큰소리로 항의했다.

"난 비록 머저리이긴 하지만 내것 네것도 모르는 머저리는 아닙니다."

502
문제 하나만 답하지요

아반티가 학교에서 공부할 때의 일이다. 선생님이 아반티에게 물었다.
"아반티, 답하기 어려운 문제 하나를 답하겠느냐, 아니면 쉬운 문제 둘을 답하겠느냐?"
"문제 하나를 답하겠습니다."
"그럼 좋다. 사람은 어떻게 이 세상에 왔느냐?"
"어머니께서 낳아서 왔습니다."
"그 이전에는?"
"선생님, 그것은 두 번째 문제가 됩니다. 난 하나만 답하겠다고 했습니다."

503
황제의 띠

황제는 자기가 무슨 띠인가고 아반티더러 보아달라고 했다.
손가락을 폈다 꼽았다 하던 아반티가 말했다.
"전하, 전하는 개띠입니다."
황제는 추호도 달통되지 않았다.
"나는 황제요. 아무리 적어도 승냥이쯤은 될 거요. 어떻게 개띠라고 할 수 있소?"
"전하께서 날 아첨이라도 하라면 코끼리띠라고 말하겠습니다."

504

열쇠 기술자

아반티가 친구들과 함께 다방에 앉아 환담을 하고 있었다. 이때 그럴듯하게 차려입은 한 사람이 폼을 잡으며 깊은 이치를 아노라고 강의했다.
"무슨 일이나 다 답안이 있는 법입니다."
그러자 아반티가 그에게 말했다.
"이전에 학식이 깊은 한 학자가 나에게 한 가지 문제를 던졌는데 나는 아무런 대답도 할 수 없었습니다."
곱상하게 차려입은 그 사람은 목소리를 깔아 가며 우쭐거렸다.
"만일 내가 그 자리에 있었더라면 꼭 답안을 주었을 것입니다. 지금이라도 알려만 주십시오. 그게 무슨 문제입니까?"
그 사람의 성화에 아반티가 말했다.
"좋습니다. 그 문제는 간단합니다. 무엇 때문에 어젯밤에 우리 창문을 슬금슬금 기어들었는지 답해 주실 수 있습니까?"
그러자 학자인 척한 그자는 아무 대답도 못하고 어쩔 바를 몰라했다. 밤엔 일하고 낮에는 그럴듯하게 차려입은 그자는 밤이슬을 맞으며 열쇠 따는 기술자였던 것이다.

505

죽어서 술독이 되겠네

아반티가 술을 좋아하는 사람들의 처량한 신세를 말하면서 《세설》이라는 책자를 뒤적였다.

그리고는 한심하다는 듯이 말했다. 죽어서 술독이 되고 싶다고까지 말한 호주가가 있었다.

오나라에 정천이라는 사람은 술을 너무도 좋아해서 낮이고 밤이고 술에 취해 있었다. 이 사람이 죽을 때 친구에게 한 유언은 이렇다.

"내가 죽거든 나를 오지그릇 굽는 집 옆에 묻어 주게. 백 년쯤 뒤에는 나는 흙으로 변할 것이고, 그 집 독짓는 늙은이는 나를 파다가 술을 담그는 독을 만들게 될 것일세. 술독이 되면 얼마나 좋겠나."

아반티는 알콜 중독으로 쓰러져 가는 사람들이 이 지구상에 얼마나 많은데, 이쯤 되면 몰라서 그렇지 알콜 중독자가 아니었겠는가고 말했다.

506
어느 쪽이 왼쪽인가

아반티가 좋아하지 않는 친구와 함께 아반티네 집에서 하룻밤을 자게 되었다.

한밤중에 그 친구가 잠에서 깨어나더니 아반티에게 소리를 질렀다.

"미안하지만 자네 오른쪽에 있는 촛불을 켜 주게."

한참 달콤한 꿈속에 빠져 있다가 잠을 깬 아반티는 움직이기 싫어 이렇게 대답했다.

"시커먼 어둠 속이라 어느 쪽이 왼쪽이고 어느 쪽이 오른쪽인지 난 알 수가 없네. 친구가 와서 알려주게나. 사방 분간 못하겠는데 난들 알겠는가."

507
가난도 익숙해져

한 젊은이가 선조로부터 많은 유산을 물려받았다.
그런데 이 젊은이에게는 천성적으로 아낄 줄 모르고 재물을 마구 써버리는 습관이 있었다.
얼마 지나지 않아 선조가 물려준 유산을 몽땅 날려 버리고 빈털털이가 되었다.
그와 가깝게 지내던 친구들이 다 그의 곁을 떠나 버리고 그는 이전과 마찬가지로 친구도 없고 재산도 없는 알거지가 되었다.
어느 날 그가 지혜 많은 아반티를 찾아와 물었다.
"저의 앞날은 어떻겠습니까? 아반티 어른, 이제 돈도 없고 친구도 없는 사람이 되었으니 말입니다."
"서둘지 말게, 젊은이. 오래지 않아 지내기가 어렵잖게 될 거네. 두고 보게나."
젊은이는 눈을 껌벅이며 다그쳐 물었다.
"당신의 말은 제가 또 부유해질 수 있다는 뜻입니까?"
"아니, 그런 뜻이 아니라, 내 말은 자네가 이제 돈도 친구도 없는 생활에 곧 익숙해지리라는 뜻일세."

508
말과 행동이 다르다

법관이 아반티에게 물었다.
"아반티, 사람들은 어째서 내 앞에서는 공경하고 칭찬하는 말만 하고 뒤에 가서는 조소하고 욕설을 퍼붓지요?"

아반티가 대답했다.
"아직도 모르고 계십니까?"
"모를 일이요, 모를 일이요. 내가 특별히 자기들한테 잘못한 게 없는데……."
"그럼 알려드려야지요."
아반티는 법관의 귀에다 대고 말했다.
"귀하께서는 안팎이 다릅니다. 말은 이렇게 하고 행동은 저렇게 하거든요. 그러니 앞에서는 공경하고 뒤에서는 욕할 수밖에요."
"그럼 법관이 법복을 입고 법대로 하는 사람도 봤나. 법복을 입기 전에 다 정해 놓고 법복을 입고 발표할 뿐이지. 법복은 법관을 가리는 허물이야."

509
권력의 그림자

아반티가 《후한서》를 뒤적이며 왕을 둘러싼 권력다툼이 얼마나 치열한가에 대해 말했다.
전한은 외척 때문에 망하고 후한은 내시들로 망했다고 하듯이, 후한 7대 순제 때 내시들의 권세는 이루 말할 수 없을 정도로 대단했다.
순제 자신이 내시들의 옹호로 자리에 오르게 되었기 때문에 내시들을 꺾을 수가 없었다.
그래서 순제는 내시들의 세력을 꺾기 위해 외척의 힘을 빌려고 황후의 아버지 양상으로 대장을 삼았다. 양상이 죽은 뒤에는 양상의 아들 기(冀)가, 그 뒤에는 그 아우 불의를 시켰다.

이 두 사람은 외척이라는 위세가 당당했다. 이제는 외척과 내시들 사이에 권력 다툼이 일어났다. 그럴수록 임금의 권위는 땅에 떨어져 갔다.
한번은 조정에서 지방에 감찰을 내보내기로 했다.
그 감찰 중에 장강이라는 사람이 있었는데 장강은 감찰을 가지 않겠다고 했다.
'중앙에는 표범과 늑대 같은 양씨 형제가 제 맘대로 나쁜 짓을 하고 있는데, 지방의 여우나 너구리 같은 것들을 들춰내서 무엇하겠느냐'는 것이었다.
일이 이 지경이 되다 보니 임금의 권위는 말이 아니었다.
아반티는 권력이라는 그림자가 왜 이렇게 검은지에 대하여 설명했다.

510
모처럼 제대로 하다

아반티는 어렸을 땐 고집이 세고 성미가 괴팍했다. 무슨 일을 시키면 바르게 하지 않고 꼭 반대로 했다.
아들의 이런 성미를 보고 아버지가 하는 수 없이 무슨 일이든 반대로 시켜야겠다는 생각을 했다.
어느 날 아버지가 아반티와 함께 방앗간에 가 쌀을 찧어가지고 집으로 오고 있었다. 집으로 돌아오는 길에 강이 있었는데 강에 놓인 다리가 너무 좁아서 나귀가 등에 쌀을 싣고 건너기가 여간 어려운 형편이었다. 그래서 아버지가 아반티에게 말했다.
"난 물에 들어가서 건널 테니 넌 다리 위로 건너거라."
아반티는 아무 말도 없이 나귀를 끌고 물로 들어섰다. 물이 그

다지 깊지 않아 나귀와 아반티가 아주 무사히 건널 수 있었다.
그런데 강 중심에 이르러 쌀자루가 나귀의 잔등에서 미끄러져 내려 한쪽으로 기울어지기 시작했다. 아버지는 그 광경을 보고 급하게 소리쳤다.
"얘야, 쌀자루를 주의하거라. 쌀자루가 내 쪽으로 기울어지고 있다. 힘있게 끌어당겨 동여매지 말고 살자루가 그냥 물에 떨어지도록 떠밀거라."
아반티는 그제야 쌀자루가 아버지 쪽으로 많이 기울어져 있는 걸 발견하고 중얼거렸다.
"아버지도 이젠 연세가 적지 않은데 내가 언제나 아버지 말을 제대로 듣지 않고 무슨 일을 시키나 반대로 해 오지 않았는가. 이번만은 아버지의 말을 똑바로 들어야지."
아반티는 있는 힘을 다해 쌀자루를 물 속으로 끄집어 당겼다. 결국 쌀자루는 물 속으로 떨어지고 말았다. 그의 아버지가 화가 나서 펄펄 뛰었다.
"이 뒈질 놈아, 뭘 하고 있는 거냐?"
아반티는 뒤통수를 긁적거리며 말했다.
"뭘 하는 게 아닙니다. 그저 아버지가 얼마나 미련하게 아들을 가르쳤는가를 증명하려 했을 따름입니다."

511
·
일층만 허무시오

아반티가 부자한테 온전 천 냥을 꿔다가 사람들을 동원하여 이층짜리 집을 한 채 지었다.
아반티가 새 집에 들어가기도 전에 잘 지어 놓은 이층집을 본 부자는 욕심이 났다. 그는 자기가 이층에 살리라 생각했다.
만약 못 살게 하면 아반티를 이층에 들지 못하게 하고는 빚을 내놓으라고 했다.
"어, 좋습니다. 그렇게 하겠습니다."
부자의 말을 들은 아반티는 불만스러운 기색을 조금도 내비치지 않았다.
"그렇잖아도 어떻게 빚을 갚을까고 생각하던 중입니다. 이제야 속시원히 빚을 갚게 되었습니다. 당신의 말대로 합시다."
부자는 득의양양해서 새로 지어 놓은 이층으로 이삿짐을 옮겼다.
며칠이 지나자 아반티는 열여덟이나 되는 놈을 불러왔다. 그들은 저마다 곡괭이를 들고 벽을 허물었다.
아래층에서 울려 오는 소리를 들은 부자가 부랴부랴 내려와서 보고 깜짝 놀라 고함을 질렀다.
"아반티, 미치지 않았소? 어째서 새 집을 허무시오?"
"당신은 제 집에 앉아 있을 게지 무슨 상관이오. 이 일은 당신과 상관없소."
아반티는 대답하면서 벽을 허무느라고 바삐 서둘렀다.
"어째 관계가 없겠소! 관계가 있소."
부자는 너무도 급하여 펄펄 뛰면서 고래고래 소리 질렀다.
"우리가 이층에서 사는데 이층이 내려앉으면 어떻게 되겠는가?"
"그게 뭐 나와 관계 있소? 내가 허무는 것은 일층이란 말이오. 당신네 이층은 다치지도 않소. 제 집이나 잘 지키시오. 괜히 무너져내리면서 우리들까지 깔아 뭉기게 해서는 안되오."
아반티는 계속 곡괭이를 휘둘러댔다.
용빼는 수가 없게 된 부자는 하는 수 없이 부드러운 목소리로 아반티와 의논하게 되었다.

"친구, 우리들의 우정을 봐서 당신네가 들어 있는 일층을 나한테 파는 것이 어떻겠소?"
"팔라고? 은전 이천 냥을 내면 팔겠소."
"이… 이건……."
부자는 더 말이 나오지 않았다.
"한 닢이 빠져도 안 되오. 난 집이나 허물겠소."
아반티는 또다시 곡갱이를 추켜들었다.
"사겠소, 사겠소."
부자는 일층을 사는 수밖에 없었다.

512

달걀 세 개의 풍파

한 부자가 성안에다 식당을 차려 놓았다.
한번은 아반티가 이 식당에서 삶은 달걀 세 개를 먹었다. 돌아갈 때 호주머니를 만져 보고서야 돈을 지니지 않았다는 것을 알게 되었다.
아반티는 부자에게 다음번에 이곳을 지날 때 꼭 갚겠다고 약속을 했다. 그러나 달걀값을 줄 수 있는 형편이 아니었다.
"괜찮네, 아반티."
하고 부자가 말했다.
"그까짓 달걀 세 개가 다 뭐요? 후에 틀림없이 갚겠소."
반 년이 지난 후 아반티가 또 성안으로 왔다. 그는 부랴부랴 이 식당을 찾아와서 달걀값을 갚으려 했다. 부자를 만난 아반티가 물었다.
"전번에 여기 와서 달걀 세 개를 먹었는데 얼마를 물면 되겠습니까?"
  부자는 창턱에서 수판을 내려서 반나절이나 튕기고 나서야 값을 말했다.
  "많지 않아, 많지 않아. 달걀 세 개에 은전 삼백 닢이면 돼."
  "부자님, 정신이 나가지 않았습니까?"
  아반티는 깜짝 놀랐다.
  "체, 이것도 많은가?"
  부자는 태연스럽게 말했다.
  "당신이 그 달걀 세 개를 먹지 않았더라면 세 마리 암탉을 깨워 냈을 거요. 암탉 한 마리가 반 년에 달걀 백 개를 낳을 수 있으니 암탉 세 마리면 삼백 개, 삼백 개 달걀이 또 병아리를 깨겠지요. 그럼 값이 얼마나 가겠소?"
  아반티는 사람을 바보로 취급하느냐며 흥분하여 부자를 마구 욕했다.
  부자는 황제한테 아반티를 고자질했다.
  판결을 내리는 날 황제는 기세등등하게 돈대에 앉아 있었다. 아반티가 오면 중한 벌금을 안겨 주어야겠다고 벼르고 있었다. 그러나 점심때가 다 되도록 아반티는 나타나지 않았다.
  황제가 두세 번 사람을 보내어 재촉했다. 늦게사 나타난 아반티는 그의 손에다 밥주걱을 들고 흔들흔들 법정 안으로 들어섰다.
  "네놈이 담도 크구나!"
  황제가 크게 꾸짖었다.
  "죄를 범하고도 오지 않다니! 네 따위가 도망가면 어디로 가."
  "전하, 전 아주 바쁩니다."
하고 아반티는 천연스럽게 말했다.
  "나와 이웃에서 함께 심은 밀밭에 내일 씨앗을 심어야 합니다. 우리들이 밀종자를 삶느라고 시간을 좀 지체했을 뿐입니다."

"하하, 미친 자식."
황제와 부자는 다 함께 웃음보를 터뜨렸다.
"삶은 밀도 싹이 나오는가? 이 등신 같은 놈아."
"워낙 전하께서도 삶은 밀은 싹이 안 나온다는 걸 알고 있습니다그려."
아반티는 황제의 말을 받았다.
"그럼 물어봅시다, 전하. 익은 달걀을 가지고도 병아리를 깨낼 수 있습니까?"
황제와 부자가 이 말을 듣자 벙어리가 되어 한마디도 내뱉지 못했다.

513
•
딴 곳에 마음을 쓰게

운명할 시각이 가까워 오자 아반티가 침대에 누운 채 아내에게 말했다.
"여보, 가장 좋고 멋드러진 옷을 입고 내 앞에서 왔다갔다하시오."
아내는 어찌할 바를 몰라하며,
"아이쿠, 이 바쁜 때에 치장은 무슨 놈의 치장이란 말이에요."
하면서 시큰둥한 표정을 지었다.
아반티는 자못 정중한 어조로 말했다.
"내 말은 농담이 아니오. 지금 죽음의 신이 내 주위에서 왔다갔다하고 있단 말이오. 그러니까 그 죽음의 신이 곱게 차려입은 당신을 보고 마음에 끌려 나를 놓아 줄지도 모르지 않소."

514
측천무후

아반티가 제왕이 된 여왕에 대하여 이야기했다. 당나라 태종의 뒤를 이은 고종은 태종이 죽은 지 5년이 되던 해에, 태종 때 상궁이던 무씨를 후궁으로 맞았다.

무씨는 얼굴이 예쁘고 재주가 있는 여자였다.

그녀는 후궁으로 들어간 지 얼마 되지 않아 황후가 되었는데 고종은 늘 병으로 앓고 있어 정치를 황후가 도맡아 했다.

고종이 죽고 중종, 예종이 이어 천자가 되었지만 권력은 여전히 무씨의 손에 있었다.

무씨는 나라 이름을 주(周)라 고치고 스스로 제위에 올라 측천무후라고 불렀다. 중국 역사상 둘도 없는 여자 제왕이다.

측천무후가 제왕 노릇을 했던 5년간 무후의 전황은 이루 말할 수가 없었다.

늘 반란이 끊이지 않아 황하의 물이 붉듯 밤낮으로 피를 보는 때였다.

아반티는 남존여비의 사회에서 무후의 기개는 대단하지만 어머니의 사랑 같은 큰 아량으로 나라를 품었다면 얼마나 좋았겠는가고 말했다.

515
대머리는 두 번 깎아야

나이가 많아지자 아반티의 머리카락이 많이 빠져 버렸다. 그래도 아반티는 이발관에 가 머리를 깎고 이발비를 공손히 지불

했다.
 두 주일이 지난 다음 아반티가 또 그 이발관에 가 머리를 깎고 돈도 주지 않은 채 문을 나서려 했다.
 이발사가 그 이유를 물으니 아반티는 어처구니가 없다는 듯 말했다.
 "내 머리는 절반이 대머리니까 두 번 깎아야 한 번 깎은 것이 되지 않겠소. 먼젓번에 이발비를 드리지 않았습니까. 그러니까 우리 둘 사이에는 누가 밑진 것도 없단 말이오."

516
무슨 소리가 제일 듣기 좋은가

 하루는 아반티가 친구네 집에 손님으로 갔다.
 그 친구는 음악을 사랑하는 사람이었다. 그는 여러 가지 악기를 내다 놓고 아반티보고 들으라고 한 곡씩 연주했다.
 그렇게 점심때가 지났다. 아반티의 뱃속에서는 진작부터 쪼르륵거리는 소리가 났다.
 그런데 그 친구는 아직도 연주해 보지 않은 악기들을 가리키며 어느 악기 소리가 제일 마음에 드느냐고 물었다.
 아반티가 대답했다.
 "친구, 지금은 이 세상의 모든 소리가 가마솥을 긁은 밥주걱 소리보다 못하오."

517
누구의 마음에 불이 났는가

아반티가 인색한 부잣집에 가서 손님 대접을 받은 일이 있었다.
부자는 꿀 한 사발과 따뜻한 빵 여러 개를 가져왔다.
배가 고프던 아반티인지라 부자의 권고도 기다리지 않고 손칼로 빵을 썩썩 썰어서 꿀을 발라 먹기 시작했다.
아반티가 꿀을 다 먹어치울까봐 부자는 마음이 불안했다.
"나의 아반티, 난 손님이 많이 먹기를 바랍니다. 그런데 이 꿀은 질이 나빠서 많이 먹으면 속에 불이 난 것처럼 소화하기 힘듭니다."
아반티는 그냥 빵을 뭉텅뭉텅 먹어치우면서 대답했다.
"부자님, 관심에 감사드립니다. 누구 마음에 불이 났는가 하는 것은 당신 마음이 제일 잘 알고 있을 겁니다."
말을 마친 아반티는 손으로 입을 쓱 닦고 부잣집을 나섰다.

518
장자 일답

아반티가 장자의 말을 입담 있게 주워 읽었다. 어느 날 장자가 복수에서 낚시질을 하고 있었다.
이때 초나라의 대부 두 사람이 달려왔다.
왕의 사자였다.
"왕께옵서 선생을 부르십니다. 왕께옵서는 선생이 어진 어른인 것을 아시고 선생에게 나라 정사를 맡기려고 합니다. 제발

나와 주십시오."
 장자는 낚싯대를 쥔 채 돌아다보지도 않으며 말했다.
 "초나라에는 죽은 지 3천년이나 되는 거북을 묘당에 모셔 놓고 제사를 지낸다며?"
 "그러하옵니다."
 "그 거북은 죽어서 제사를 받기를 원할까, 그렇지 않으면 살아서 개흙 바닥을 돌아다니고 싶을까?"
 "그야 살아서 개흙 바닥을 돌아다니고 싶을 테지요."
 장자는 껄껄 웃으며 말했다.
 "나도 개흙 바닥을 돌아다니고 싶으니 그대로 가시게."
 장자의 화술에 초나라의 대부들은 말도 붙여 보지 못하고 물러났다.
 아반티는 이 이야기를 자기만 아는 양 어깨를 으쓱하며 읽었다.

519

오줌 싼 아반티

 어느 날 국왕이 명령을 내렸다.
 "난 이 성안에서 가장 용감한 사람을 만나 보려고 하니 너희들은 즉시 그 사람을 찾아오도록 하여라."
 어명을 받자 신하들은 당황해 했다. 국왕이 무슨 연극을 꾸미려는지 알 수 없어 선뜻 나서는 사람이 없었다.
 여럿이 의논한 끝에 신하들은 아반티를 찾아갔다.
 "아반티 선생, 당신은 국왕의 성미를 잘 알고 있잖습니까. 그러니 이번 일에 꼭 선생이 나서야 하겠습니다."

　신하들이 애걸복걸하며 간청하는 바람에 아반티는 할 수 없이 동의하고 말았다.
　국왕은 아반티의 용기를 시험하기 위하여 문무 백관들에게 광장에 모이라고 했다. 그리고 수하의 장수 한 사람을 시켜 아반티를 광장 복판에 있는 과녁 앞에 세워 놓게 했다.
　준비가 다 되자 활쏘기를 잘하는 궁수 한 명이 나타났다. 그는 처음 화살을 아반티의 두 다리 사이를 겨냥하도록 했다.
　그리고 두 번째와 세 번째 화살은 아반티의 좌우 겨드랑이 사이를 과녁으로 했다. 슝, 슝 하는 소리와 함께 화살은 아반티의 좌우 겨드랑이 사이의 옷소매를 뚫고 박혔다. 아반티는 놀라서 몸을 떨었다.
　세 번째 시험은 화살로 아반티의 모자 끝을 쏘아 맞히는 것이었다. 아반티는 손발이 떨려 바로 서지도 못했다. 그러나 솜씨가 뛰어난 궁수는 아반티의 머리카락은 다치지도 않고 모자 끝만 꿰뚫어 맞혔다.
　국왕은 아반티의 용기를 크게 칭찬하면서 금덩이를 상으로 주고 화살에 뚫린 모자와 두루마기를 새것으로 바꾸어 주게 했다.
　아반티는 국왕에게 감사를 드리고 또 한 가지 요청을 했다.
　"저, 미안하지만 승마용 바지 하나만 상으로 주소서."
　국왕은 괴이하게 생각되어 아반티에게 물었다.
　"승마용 바지라니? 우리네 궁수는 자네의 바지를 털끝만치도 다치지 않았단 말일세."
　아반티는 더듬거리며 그 까닭을 말했다.
　"옳습니다. 저의 바지는 화살에 뚫리지 않았습니다. 그… 그러나 너무 혼나서… 바지가 오… 오줌에 젖어 버렸습지요."

520

소가 나를 샀소

아반티가 황소 한 마리를 끌고 거리에 나타나자 사람들이 의심을 했다.

그도 그럴 것이 아반티는 털면 먼지밖에 없는 가난뱅이였다. 그래서 사람들은 의심스럽다는 듯이 어디서 소를 샀으며 소값은 얼마인가고 따져 물었다.

아반티는 듣고 대답하다 못해 입에서 신물이 날 지경이었다. 그래서 아예 소고삐를 자기 허리에 매고 소 뒤만 따라 다녔다.

이때 앞에서 한 사람이 나타나 또 말을 걸었다.

"아반티, 내 소를 샀지 않소. 그럼 자네 집으로 가야지. 그래 값은 잊지 않고 있나?"

아반티는 심드렁하게 대꾸했다.

"내가 소를 산 게 아니라 소가 나를 샀네. 그러니 값은 소한테 물어보게."

"이 사람 정신 나갔구만. 소가 자넬 샀다면 자넨 이제 내 것일세. 그러나 자넨 필요없으니 가 보게. 고삐에 별것이 다 묻어 왔군."

521

마지막 날 코트는 뭘합니까

아반티네 양을 잡아먹자고 신도들과 목사님이 쑤군덕거렸다. 그들은 제각기 한마디씩 떠들어댔다.
"말세요, 말세. 이제야 지구의 마지막날이 다가왔소."
이렇게 떠들고 있는데 아반티가 나타나 당신들이 잡을 양을 같이 도와 잡겠다고 했다.
그들은 양우리에 들어가 아반티네 양을 잡아 왔다.
"자, 자 마지막날이 되었습니다. 그까짓 양을 두어서 뭘하겠습니까."
이렇게 말한 아반티가,
"코트를 벗으시고 뜨락에 가서 바람이나 쏘이십시오. 내가 양고기를 끓이겠습니다."
하고 말했다.
아반티는 부엌에 불을 지폈다. 그리고 분주하게 움직였다.
목사님과 신도들은 너무도 기뻐서 코트를 훌훌 벗어던지고 희희덕거리며 뒤 뜨락으로 바람을 쐬러 나갔다.
그들이 자리를 뜨자 아반티는 그들의 코트를 죄다 불 속에 넣어서 태워 버렸다.
양고기가 먹을 수 있게 되었을 거라고 여기고 목사님과 신도들이 돌아왔을 때는 코트가 불에 타서 재로 된 뒤였다.
그들은 저마다 고함을 질렀다.
"아반티, 우리 코트를 어쨌소?"
"우리 코트를 내놓으시오."
"신도와 목사님들……."
하고 아반티가 천천히 말했다.
"내일이 마지막날인데 코트를 입어서 뭘합니까?"

그러나 아반티는 어차피 잡으려던 양을 그들의 힘을 빌어 잡고 그들 맹신자들에게는 고기를 주지 않았다.

522
세상의 끝날

한 사람이 아반티에게 물었다.
"세상의 끝날은 언제 닥쳐오는가요?"
아반티가 되물었다.
"어느 세상 끝날을 말하는 건가?"
"세상의 끝날이란 한 번뿐이지, 그래 두 번 있단 말입니까?"
아반티가 그 말에 설명해 주었다.
"있다뿐이겠습니까. 당신의 여편네가 죽는 날은 작은 세상의 끝날이고 당신이 죽는 날은 큰 세상의 끝날입니다."

523
도둑의 심리

감추기를 허술히 하면 도둑을 가르치는 일이나 마찬가지라며 아반티가 한마디 했다.
생선이 썩으면 쉬파리가 날아든다. 꽃이 피는 곳에 나비가 날아든다. 이는 같은 말 같지만 차이가 많다.
물건을 소중히 간수하지 않음은 도둑을 부르는 것과 같다.
짙은 화장과 요염한 맵시는 사람의 마음을 음탕한 쪽으로 부채질하는 것이나 같다.
 사향 노루는 번식기가 되면 음랑에서 냄새를 풍겨 숫노루를 불러들인다.
 마찬가지로 재산과 재물이 있는 곳에 사람들이 모이게 마련이다.
 아반티는 미움도 기쁨도 자기가 할 탓이듯 재산도 간수할 탓이라고 했다.

524
모자가 비슷해서

 아반티가 사십 년 동안이나 떨어져 있던 옛 친구를 만났다. 그들은 오랫동안 이야기를 나누면서 그립던 정을 나누었다. 서로 악수하고 갈라질 무렵 아반티가 물었다.
 "친구, 미안하네. 그런데 난 아직까지도 자네가 누구인지 모르겠네."
 그러자 옛 벗은 아주 난처해 하며 물었다.
 "내가 누군지도 모르면서 어쩜 그렇게 허심탄회하게 이야기할 수 있었나?"
 아반티가 웃으며 말했다.
 "친구, 당신의 모자와 나의 모자는 비슷하구만. 당신의 두루마기하고 나의 두루마기도 거의 같지 않소. 그래서 난 당신을 나 자신처럼 생각하고 말한 거라우."

525
똑같다

아반티가 이번엔 재주에 대하여 이야기했다. 위나라 무제가 양수와 같이 여행을 하다가, 한나라 때 효녀 조아 무덤의 비석을 보았다.

그 비석 뒤쪽에 '黃絹幼婦外孫虀臼'이란 여덟 자가 씌어 있었다.

무제는 그게 무슨 뜻인지를 알 수가 없어서 양수에게 그 뜻을 아느냐고 물었다.

"알고말고요."

무제가 양수에게 말했다.

"가만 있게. 내가 알 수 있을 때까지 말하지 말게."

무제는 길을 걸으면서 그 여덟 자의 뜻을 풀어 보았다.

꼭 삼십 리를 걸었다.

무제는 겨우 그 뜻을 알아내었다. 종이에 그 뜻을 써서 양수에게 주고 양수도 뜻을 적어 보이라 했다. 양수가 무제의 글귀와 똑같이 적어 무제에게 올렸다.

두 사람이 똑같을 수밖에 없었다. 보고 적은 것인데 틀릴 리가 있겠는가.

무제는 양수의 글귀를 보고 감탄했다.

"내 재주는 그대보다 삼십 리를 미치지 못하는군."

무제가 양수에게 이렇게 말하자 양수는 그렇지 않다고 고개만 끄덕끄덕했다.

아반티가 양수의 글 솜씨를 인정하면서도 무제가 자구 하나 틀리지 않게 쓴 것은 대단하지 않느냐고 고개를 갸우뚱했다.

526

만두로 습기를 빼다

한번은 아반티가 산을 넘고 강을 건너며 먼 길을 걸었다. 그는 배가 출출하여 인색한 친구의 집에라도 찾아 들어가는 수밖에 없었다.

친구는 얼굴에 활짝 웃음꽃을 피우고 아반티를 맞아 주었다.
"아반티, 당신이 이렇게 먼 길을 걸어왔으니 목이 마르고 물이 귀할 거요. 시원하게 물이나 몇 사발 마시이소. 그리고 오늘밤 우리 집에서 마음 푹 놓고 자고 가오."

말을 마친 친구는 아반티에게 커다란 사발에다 냉수 한 그릇을 떠다 주었다.

"친구……."

아반티는 친구를 쏘아보며 말했다.

"길을 걸어오다가 너무 지쳐서 호숫가에서 한잠 잤소. 일어나 보니 몸이 축축히 젖었더란 말이오. 나에게 만두를 주는 것이 좋겠소. 그 만두로 몸에 배인 습기를 좀 뽑아야겠소. 그러니 내겐 물이 없어도 되오."

527

나는 언제나 마흔 살

어떤 사람이 아반티에게 나이가 어떻게 되는가고 물었다.
"마흔 살이오."

십 년 후에 그 사람이 또 아반티를 만나 연세가 어떻게 되는가고 물었다.

"마흔 살이오."

그러자 그 사람은 어리둥절해서 반문했다.

"어떻게 된 셈이오. 십 년 전이나 십 년 후에나 똑같이 마흔 살이 되는 법이 어디 있소?"

아반티는 머리를 절레절레 흔들면서 말해 주었다.

"대장부의 말 한마디는 천금과도 같다오. 내 오늘 당신한테 말해 주지만 세상에는 하느님이 한 분밖에 없소. 그러니 당신이 이 삼십 년 후에 물어도 나는 같은 대답밖에 할 수 없단 말이오."

528
편지는 내가 읽어야지

아반티의 친구가 먼 곳에 있는 친구에게 편지를 쓰려고 했다. 그런데 편지를 쓸 줄을 몰라서 아반티를 찾아와 대필해 달라고 했다.

잠깐 생각에 잠겨 있던 아반티가 벗에게 말했다.

"난 지금 시간이 없어서 그렇게 먼 곳까지 갔다올 수 없다네."

말을 마치자 아반티는 몸을 돌려 달아나려고 했다. 그 벗은 떨떠름해져서 아반티를 쫓아가며 말했다.

"편지를 좀 써달라는데 그곳까지 간다는 건 웬 말인가?"

아반티는 한숨을 쉬며 말했다.

"내가 쓴 글은 엉망진창이어서 다른 사람들이 보고는 도저히 알아볼 수 없단 말이오. 그러니 내가 편지를 써서 보낸다손 치더라도 내가 가서 읽어 주어야 그 친구가 알 게 아니겠소."

529
대만과 본토

아반티는 역사 속에서 현재의 대만과 중국 본토에 대해 이야기했다.

중국 본토와 대만 사이에 금문도라는 섬이 있다. 자유 중국에서 본토 대륙을 공격하려면 이 금문도가 중요한 요새다.

이 금문도에 돌로 세운 비석이 있는데 거기 '물망재거'라 새겨져 있다.

자유 중국 장개석 총통이 쓴 글이다.

'거'에 있음을 잊지 말라는 뜻은 대체 무엇일까? 중국 역사를 아는 사람들은 그 뜻을 금방 알 수 있다.

수천 년의 역사를 가진 중국에는 고사가 무수히 많다. 그래서 고사를 끌어다 간단한 글귀를 만든 것이다.

전국시대 연나라 소왕은 전날 제나라에 패했던 한을 풀기 위해 제후들과 결탁하여, 제나라로 쳐들어가 제나라의 서울을 점령했다.

제나라 민왕은 '거'라는 곳으로 도망을 쳤다.

이때 제나라에 전단이란 사람이 있었다. 전단은 제나라의 운명을 회복하고자 떨치고 일어섰다.

전단은 몸소 군사들과 함께 자고 먹으며 아내와 권속들도 군사들과 같이 일하게 했다. 부하들은 전단을 더욱 미더워했고, 따라서 사기가 높았다.

이러한 군사를 이끌고 출전한 끝에 전단은 가는 곳마다 연나라 군사를 무찔러 칠십여 개의 성을 되찾게 되었다.

전단은 '거'에 있는 양왕을 모시어다가 다시 제나라를 일으켰던 것이다.

아반티는 '거에 있음을 잊지 말라'는 말은 자유 중국 사람 누구나 잊지 않고 있다고 말했다.

530
문을 닫으시오

하룻밤은 여러 명의 강도가 아반티네 집에 뛰어들었다.
집안이 텅텅 비어 가져갈 만한 물건이 없었다. 강도들은 크게 실망하여 빈손으로 나가는 수밖에 없었다.
그때 아반티가 갑자기 뜨락까지 쫓아 나가 소리쳤다.
"여러분, 나가던 김에 문을 닫고 가시우. 바람 들어오니 문을 닫아야 될 게 아니요."

531
자네들도 떨어져 보게

어느 해 겨울이었다. 아반티가 지붕 위에 쌓인 눈을 쓸다가 땅에 떨어지고 말았다.
아반티는 몹시 아파 땅에 엎드린 채 반나절이나 있었다.
길가던 사람들이 너나없이 멈춰 서서 물었다.
"아반티, 자넨 왜 땅바닥에 엎드린 채 일어나지 않나?"
아반티가 언짢은 표정으로

쓴웃음을 지으며 말했다.
 "땅에 엎드려 있는 오묘함을 알자면 자네들도 지붕 위에서 미끄러져 떨어져 보면 알 걸세."

532
머리가 있으면 호수로 가라

아반티는 콩을 따낸 자운영 가지가 쉽게 불이 붙는 것을 알고 자운영 마른 풀을 나귀 잔등에 싣고 혼잣말처럼 중얼거렸다.
 "이 젖은 자운영이 마른 풀과 같이 쉽게 불이 붙을 수 있을까?"

아반티는 성냥으로 불을 붙여 시험해 보기로 했다. 그리고 성냥을 그어댔다. 눈깜박할 사이에 나귀의 온몸에 불이 옮아 갔다. 나귀가 불덩이가 되어 온 들판을 날뛰며 울부짖었다.
 아반티는 날뛰는 나귀를 붙잡을 수 없다는 걸 알고 그냥 서 있었다. 불은 삽시간에 온 들판에 옮겨 붙었다. 그러나 날뛰는 나귀 곁에 다가가면 위험하다는 것을 알고 그냥 멍하니 서 있을 수밖에 없었다. 그리고 그는 제자리에 선 채 목청껏 소리질렀다.
 "어이, 너 이 천하 제일 멍청이야. 너 머리가 있는 놈이라면 어서 호수로 뛰어가거라. 어서 호수로……."

533
옷에게 먹으라 하다

하루는 아반티가 남루한 옷을 입고 친구가 부르는 연회석에 가서 앉았다.

그의 친구는 가난뱅이들과 내왕하면 사람들의 비웃음을 살까봐 난처한 얼굴로 아반티를 돌려보냈다.

집에 돌아온 아반티는 당장 새옷을 갈아입고 친구네 집으로 달려갔다.

멋지게 옷을 입고 나타난 아반티를 보자 친구는 공경하는 태도로 아반티를 상등석에 앉히었다. 그는 아주 겸손하게 여러 가지로 적어 놓고 이것저것을 가리키며 말했다.

"자, 나의 훌륭한 친구 마음대로 골라 맛보게."

아반티는 급기야 자기의 옷소매를 들고 옷소매와 말을 했다.

"자, 나의 훌륭한 옷아, 마음대로 골라 맛보거라."

주인은 너무도 이상하여 물었다.

"아반티, 도대체 뭘하는 거요?"

"나의 친구."

하고 아반티가 말했다.

"당신이 제일 존경하는 옷더러 먹으라고 그랬소."

534
귀를 막고 종을 훔치다

아반티는 《여씨춘추》에서 멍청한 사람에 대해서 이야기했다. 전국 초기 진나라의 경 범씨는 같은 경인 지백에게 망했다. 그런데 혼란 중에 범씨가 가지고 있던 종을 누가 훔치려 했다.

종을 훔친 사나이는 종을 등에 지고 달아나려 했다. 그런데 종이 너무 커서 질 수가 없었다. 하는 수 없이 종을 깨뜨려 부숴 가지고 가는 수밖에 없었다. 그래서 큰 망치를 가지고 종을 때렸다.

종은 굉장히 큰 소리가 났다. 이 사나이는 종소리를 들으면 다른 사람이 쫓아올 것이 겁이 나서 제 손으로 제 두 귀를 틀어막았다.

자기 귀에 종소리가 들리지 않으면 다른 사람의 귀에도 들리지 않을 것이라고 생각했던 것이다.

임금이 자기 잘못을 듣기 싫어하는 것은 마치 종소리를 듣지 않으려는 사나이와 같다.

사실 깊이 생각하면 우리 생활 요소요소에서 범씨의 잘못을 우리도 범하고 있다.

아반티는 그런 것을 지적해 주려고 이 대목을 읽어 주고 있는 것이었다.

535
달은 그 자리에 있다

밝은 달이 하늘에 높이 걸려 있던 어느 날 밤, 아반티가 물을 길으러 우물가로 갔다. 우물 안을 들여다본 아반티는 깜짝 놀랐다. 글쎄 밝은 달이 우물에 빠져 있는 것이 아니겠는가.

"저 달을 구해 줘야겠구나……."

아반티는 이 궁리 저 궁리 끝에 쇠갈고리에 밧줄을 매가지고 우물 안으로 조심스럽게 들여보낸 후 달에 갈고리를 걸고 당기기 시작했다. 그런데 뜻밖에도 갈고리가 커다란 돌멩이 사이에 끼어 걸려 버렸다.

아반티는 이리저리 밧줄을 당겨 보느라고 진땀을 뺐다. 얼마간 애를 먹다가 겨우 돌멩이에 걸린 쇠갈고리를 빼냈다. 그런데 갈고리를 빼느라고 힘을 지나치게 쓴 탓으로 팔다리를 하늘로 쳐든 채 뒤로 벌렁 자빠지고 말았다.

그때 아반티는 밝은 달이 하늘에 떠 있는 것을 보았다. 아반티는 만족스러운 미소를 지으며 말했다.

"오, 하나님 감사합니다. 저는 비록 달을 구하느라 고생했지만 달은 다시금 제자리로 돌아갔습니다."

536

도적을 빌어 이사를 하다

야밤에 아반티네 집에 도적이 뛰어들었다. 도적들은 아반티네 가구들을 모두 훔쳐갔다.

아반티는 떨어진 물건 몇 개를 주워들고 슬그머니 도적들을 따라갔다.
한 도적이 아반티를 발견하고 말했다.
"다시 만납시다. 아반티, 다시 만납시다."
"모두들 수고하셨습니다. 우리 함께 갑시다."
하고 아반티는 도적의 말을 받았다.
"내가 일찍이 이사를 하려 했는데 집에는 말도 없지, 또 사람을 고용하려고 해도 돈이 없지 하여 끝내 이사를 못하였습니다. 이번에 당신들 힘을 빌어 이사를 하게 되었습니다."
도적들은 기가 막혀 다른 데서 도적질한 물건까지 놓고 줄행랑을 쳤다. 아반티는 살림살이를 도적들에게 얻어 더 붙이게 되었다.

537
나이가 들면 잘못을 알아

나이 쉰에 마흔아홉 살 적 잘못을 안다는 말을 아반티는 나이가 들어서 새삼 지난날의 잘못을 안다는 《회남자》의 말을 들어 이야기했다.
이 말은 위나라의 대부 거백옥이 한 말이다.
나이 오십이 되어서 지난 마흔아홉 해 동안에 잘못된 것을 알게 된다고 하니, 사람이 인생을 살다가 지난 일을 돌아보면 모두 잘못되었음을 깨닫게 된다는 것이다.
인생은 실패의 연속이라고도 한다. 그래서 땅을 치고 통곡하며 후회하기도 한다.
이런 인생의 회오를 참회하면서 마음 속으로 '인생을 녹음 테이프처럼 감았다가 풀어 가듯이 새로 시작하면 어떨까'고 생각하는 사람들도 있다.

그러나 시간은 찰라의 연속으로 다시는 돌아오지 않고 블랙홀로 빠지고 만다.

아반티는 이런 인생에 대한 충고를 촌음을 아껴 지혜롭게 살도록 권하고 있다.

538
사람을 심다

한 과수원 주인이 포도나무 가지를 땅에 심는 걸 보고 아반티가 말했다.

"나도 땅에 심어 주시오. 내 몸에 어떤 과일이 달리는가 봅시다."

과수원 주인은 땅을 파고 아반티를 허리춤까지 땅 속에 묻히도록 심어 주었다. 아반티는 한참이나 그렇게 땅에 꽂혀 있다가 가슴이 갑갑해지고 땅 속이 차가워져서 흙을 털고 나와 버렸다.

"아반티, 왜 나오십니까?"

사람들이 물었다.

"이 빌어먹을 땅이 마음에 들지 않아서 그럽니다. 이런 땅에 뿌리를 내렸다간 큰일나겠어요. 아직 뿌리가 내리기 전이니까 빨리 나와 버려야지요."

539

황제님 수염을 헤다

　스스로 자신을 총명하다고 여긴 황제는 어려운 문제를 내놓고 사람들에게 골탕먹이기를 좋아했다.
　한번은 황제가 천이백 명이나 되는 학자들을 불러 놓고 세계의 중심이 어디냐고 물었다. 그런데 누구도 대답하는 사람이 없었다.
　득의양양한 황제는 일차 광고를 내어 이 난제를 풀 사람을 찾는다고 했다. 게다가 맞추면 상을 주고 맞추지 못하면 벌을 준다고 선포했다.
　사람들은 무리를 지어 와서 광고를 보았지만 모두 머리를 가로저었다. 아반티가 그 광고를 본 다음 나귀를 타고 황궁을 찾아갔다.
　나귀를 끌고 황궁 안에 나타난 아반티가 황제와 마주했다.
　황제가 물었다.
　"어때? 자네가 세계의 중심이 어디에 있는지 아는고?"
　"알구말구요. 세계의 중심은 내 나귀 왼쪽 발이 밟는 곳에 있습니다."
　"헛소리 마라. 누가 그걸 믿느냐?"
　"믿지 못하겠으면 세계를 재어 보시죠. 틀리면 벌을 받겠습니다."
　"너… 너……."
　황제는 반 나절이나 궁리를 하고 나서 또 물었다.
　"그럼 다시 묻겠다. 하늘에 별이 모두 몇 개냐?"
　"하늘에 별을 말입니까?"
　아반티는 생각해 보지도 않고 대답했다.
　"많지도 않고 적지도 않죠. 전하의 턱에 있는 수염만큼입니다."

"뭐라고? 너 헛소리만 하는구나."

"이건 정말 딱 맞습니다. 믿지 못하겠으면 하늘에 올라서 별을 세어 보시죠. 하나라도 더 많거나 하나라도 적으면 나에게 벌을 주면 되지 않습니까."

"그… 그… 네가 말해. 나의 수염이 대체 몇 개냐? 빨리 대답해라."

아반티는 한 손으로 나귀의 꼬리를 들어올리고 한 손으로 황제의 턱을 가리키며 말했다.

"전하의 수염은 내 나귀 꼬리의 털만큼 많습니다."

황제는 책상을 치며 부르짖었다.

"돼먹지 못하게. 그게 어디 맞느냐?"

"틀렸다면 먼저 전하의 수염부터 세어 보시고 다음에 내 나귀 꼬리의 털을 세어 보시죠. 한 오리 한 오리 세어 보면 내 말이 맞다는 걸 알게 될 겁니다."

황제는 더 이상 한마디도 할 수가 없었다.

540

현종과 양귀비

아반티가 양귀비에 대하여 이야기했다. 당나라 현종 황제 하면 양귀비에게 혼과 넋을 빼앗기어 정치는 돌보지 않고 놀기만 했던 어리석은 임금과 같이 생각되기 쉬우나, 현종이 임금이 된 지 얼마 안 되었을 즈음엔 개원(開元)의 치(治)라고 해서 나라 안은 태평하기 이를 데 없었다.

현종은 정이 있고 머리도 있는 임금이었다. 그러나 놀기를 좋아해서 자주 연회를 베풀었다.
 "한휴가 재상이 되고부터는 폐하께옵서 편하신 날이 없어 옥체보존이 염려되옵니다. 한휴를 물러나게 하시옵소서."
 현종은 고개를 저었다.
 "한휴 덕에 나는 말랐다. 그러나 그가 정치를 잘 돌봤기 때문에 천하 만인은 살찌고 세상은 태평을 노래하고 있는 것이다. 그를 쫓아내다니 될 말이냐."
 현종도 어진 임금이 될 수 있는 바탕은 있었다. 혈기가 있고 다감한 그였다. 그러나 한휴의 잔소리가 귀찮을 때도 있었다.
 한휴가 재상으로 있은 지 1년, 한휴를 헐뜯던 사람이 없는 죄를 있는 것처럼 고해 바친 것을 곧이듣고, 현종은 한휴를 재상의 자리에서 쫓아내고 말았다.
 이때 나타난 것이 양귀비다. 양귀비의 어여쁜 모습에 한번 혹한 현종은 정치도 백성도 아랑곳이 없었다.
 현종에게는 술과 색의 즐거움이 있을 뿐이었다. 이때를 기다렸다는 듯이 간사한 무리들이 모여들었다.
 이임보, 양귀비의 재종벌인 양국충 그리고 안녹산 등등이었다.
 현종은 이들에게 금은 보화며 비단 피륙을 마음 내키는 대로 내주었다. 그래도 아깝지가 않았다.
 뒤에 안녹산은 반란을 일으켰고 현종은 서울을 버리고 피난을 해야만 했다.
 호화방탕한 현종의 말로는 비참했다.
 아반티는 현종의 이런 말로를 역사의 본보기라고 말했다.

541
수다쟁이

아반티가 어느 날 주머니에 복숭아를 가득 넣어가지고 시장으로 가 친구들을 보고 말했다.
"나의 이 주머니에 뭐가 들어 있는가를 알아맞히는 친구에게 제일 큰 복숭아를 골라 상으로 주겠네."
친구들은 이구동성으로 대답했다.
"복숭아가 들어 있네."
아반티는 잠깐 생각해 보고 나서 감탄했다.
"주여, 어느 수다쟁이가 이 친구들에게 내 주머니에 든 것이 복숭아라는 것을 알려주었나이까."
아반티는 할 수 없다는 듯이 주머니의 복숭아를 몽땅 꺼내 친구들에게 나누어 주었다.

542
관은 안이 나쁘답니다

한 사람이 아반티에게 물었다.
"길을 가다가 사람이 죽어 나가는 관과 마주치게 되면 앞에서 가는 것이 좋습니까, 뒤에서 가는 것이 좋습니까?"
"다 괜찮지."
"관의 왼쪽에서 가는 것은 오른쪽에서 가는 것보다 낫지요?"
아반티는 그를 오라고 손짓하고는 그의 귀에다 대고 소곤거렸다.
"솔직하게 알려주지. 관은 안이 나쁘답니다."

543
이태백과 도연명

아반티는 중국 역사 속에 시인 하면 이태백과 도연명을 빼놓을 수 없다고 말하면서 시를 읊었다.

> 꽃 속에 한 병 술을 / 권하는 이 없어 홀로 기울이네. / 명월을 친구 삼아 잔을 드니 / 내 그림자와 마주 앉아 세 벗이 되었도다. // 명월은 술을 할 줄 모르고, / 내 그림자만이 술하는 흉내를 내네. / 명월과 그림자와 같이 마시니 / 흥겹기 천하가 내 봄인가 하노라.

명월은 술맛을 모르고, 내 그림자는 내 하는 대로 흉내를 낸다. 그러니 흥취가 있을 것 같지 않으나, 그래도 흥겨워서 천하가 모두 내 봄인가.

여기서 이백은 과연 주선(酒仙)의 소리를 들을 만하다.

이 시는 도연명의 '한 잔 술을 외로운 그림자에게 권한다'는 시를 본딴 것 같으나, '내 춤추면 명월은 어정거리고……' 같은 글귀는 정말 천진하기 이를 데 없다.

술에 취하여 물 위에 비치는 달 그림자를 잡으려고 배에서 물에 뛰어들어 빠져 죽었다는 이백의 달에 대한 동경을 이만하면 짐작할 수 있을 것 같다.

육조 시대의 시인 도연명은 마흔한 살 때 고향에서 그리 멀지 않은 곳의 현령이 되었다.

그러나 성품이 분방하고 매인 데가 없는 사람이라 관리 생활 같은 것은 그에게 맞지를 않았다.

부임한 지 팔십일 만에 그는 현령을 그만두고 고향으로 돌아와서 다시는 벼슬 자리에 나가지 않았다.

고향으로 돌아가리라고 결심했을 때 그가 지은 시가 〈귀거래

사(歸去來辭)〉이다.

돌아갈거나, 전원이 묵어 가거니, / 어이 아니 돌아가리. / 내 이미 육신을 위해 마음을 팔았거늘, / 이제 새삼 혼자 슬퍼하여 / 무엇하리. / 지나간 일 고칠 길 없으매 / 오는 일 바로 잡기 꾀하련다. / 진실로 길 잃음이 오래지 않았으니 / 오늘이 옳고 어제 그름을 깨달았도다. / 배는 흔들흔들 가볍게 흔들리며 / 바람은 산들산들 옷자락을 날리네.

아아, 고향집이란 마음 편하고 즐거운 곳, 남창에 기대어 호젓이 앉았노라면 찾아오는 손도 없고 한가롭기만 하다.
지나는 구름을 바라보며 새소리에 귀를 기울이면 정말 속세를 떠난 기분이다.
도연명은 다시 술잔을 기울이고 잠이 들어 버린다.
아반티는 이태백이나 도연명이 모두 다 주당이라며 술을 빼놓고 노래가 웬말이냐고 되물었다.

544
내가 죽었나

아반티는 혼자 고민에 빠져 있다가 마누라에게 물었다.
"여보, 사람이 살아 있다는 것과 죽었다는 걸 어떻게 구별할 수 있지요?"
"아니, 그것도 모르세요. 사지가 얼음장처럼 차가우면 죽은 거지요."
몹시 추운 겨울날, 산으로 땔나무를 하러 간 아반티가 맥이 빠져 나무에 기대 앉아 쉬다가 추위에 떨기 시작했다. 온몸이 얼어 붙는 듯 추워지자 그는 이렇게 생각했다.
 '아마도 내가 죽은 모양이다. 내 사지가 마누라가 말한 것처럼 차지 않은가!'
 잠시 후 아반티는 땅 위에 완전히 쓰러져 버렸다.
 바로 이때 승냥이 무리가 들이닥쳤다. 승냥이들은 아반티의 나귀를 물어 죽이고 가죽을 찢고 살점을 떼어먹기 시작했다. 그걸 보고 아반티가 손으로 머리를 받쳐들고 말했다.
 "너희들이 때맞춰 왔구나. 나귀 주인이 죽은 것을 용케 알고 때맞춰서 말이다."

545
도적을 방비하다

 아반티는 황궁 문 앞을 지나가다가 여러 대신들이 성벽을 더 높이 쌓고 있는 일꾼들을 감시하는 것을 보았다. 아반티는 신기한 생각이 들어서 물었다.
 "이 성벽이 워낙 높은데 무엇 때문에 더 높입니까?"
 "왜 이렇게 뭘 잘 모르오, 아반티?"
 대신들이 말했다.
 "이건 외부에서 황궁에 들어와 금은 재보를 도적질해 가는 것을 방지하기 위한 겁니다."
 "바깥의 도적이 들어오지 못하게 말입니다."
 아반티는 대신들을 가리키며 말했다.
 "그럼 황궁 안에 있는 도적들은 어떻게 방지합니까?"

546
감춰진 소떼

아반티가 어렸을 때의 일이다. 어느 날 아반티가 자기 집 지하실에서 반나절이나 목화씨를 빼는 씨아질을 하며 장난을 치다가 잘못하여 그만 지하실 벽 귀퉁이에 구멍을 뚫어놓게 되었다.

어린 아반티는 얼른 그 구멍으로 내다보았다. 구멍 저쪽은 널따란 굴이 있었고 그 굴에 소떼들이 있었다. 아반티네 집 지하실 옆칸은 이웃집 외양간이었던 것이다.

그런 줄도 모르고 아반티는 큰 발견이나 한 듯 기뻐하며 어머니께 소식을 전했다.

"어머니, 전 옛날부터 감춰진 소떼를 발견했어요. 이 발견은 전무후무한 위대한 사건입니다. 이 정도면 저한테 상을 주셔야지요?"

"상은커녕 뚫린 구멍이나 메우도록 해라. 냄새도 냄새려니와 소리 때문에 집안이 시끄러워 못 살겠으니 말이다."

547
진짜 물맛

아반티가 나귀를 타고 해변가를 따라 길을 달렸다. 하늘은 구름 한 점 없이 맑고, 드넓은 바다가 출렁이는 파도로 넘실거렸다. 참으로 아름다운 해변가였다.

"물도 마실 겸 잠깐 쉬었다 가야겠다."

아반티가 중얼거리며 나귀에서 내려 커다란 감람나무 밑에 나귀를 세워 두었다. 나귀는 졸음에 두 눈을 껌벅거리며 주인이 물을 다 마시고 돌아오기를 기다렸다.
 아반티가 두 손을 한데 모아 바닷물을 퍼 마셨다. 그런데 바닷물은 아반티의 갈증을 씻어 주기는커녕 오히려 더 목이 말라 견딜 수 없게 만들었다.
 "안 되겠다, 샘물을 찾아 마셔야겠다."
 아반티는 산비탈에 올라가 조용히 흐르는 샘물 한 줄기를 찾아내 갈증이 가셔질 때까지 실컷 마셨다. 그리고 모자를 벗어 샘물을 담아가지고 바닷가로 달려가 바다에 쏟아 부으며 말했다.
 "너 사자처럼 무섭게 울부짖어도 아무 것도 아니야. 내 진짜 물을 먹여 줄 테니 맛이 어떤가 봐라. 양만 많고 파도만 높다고 물이냐. 물맛이 있어야 물이지."

548
모른다는 것을 아는 것

 아반티가 《논어》에서 나온 이야기를 말했다. 공자의 제자 자로라는 자가 있었다.
 자로는 무예를 좋아하고 성질도 괄괄했다. 의심쩍은 일이나 귀찮은 일을 당하면 깊이 생각해 보려 하지도 않고, 귀찮은 일은 그대로 내버려 둔 채 자기는 다 알고 있는 척하는 버릇이 있었다. 공자는 언제고 주의를 한번 주어야겠다고 마음먹었다.
 하루는 자로를 앞으로 불렀다.
 "유(由)야, 너에게 안다는 것이 무엇인가를 가르쳐 주마. 아는 것을 안다 하기는 쉬우나, 모르는 것을 솔직히 모른다고 하기는 어려운 것이다.
 사람마다 모른다고 하기는 싫기 때문이다. 그러니까 안다는 것은 아는 것은 안다 하고 모르는 것은 모른다 하는 그것이 아는 것이다."
　아반티는 정직한 삶이 곧 아는 길로 가는 첩경이라고 말하면서 자로 이야기를 했다.

549
교회당을 옮기시오

　하루는 한 교회의 목사가 흰 수염을 쓰다듬으며 아반티에게 화를 냈다.
　"흥! 아반티, 당신은 한 번도 기도를 드린 적이 없습니다. 다른 사람들도 모두 당신처럼 한다면 이 마을에 교회당을 지어서 뭘하겠습니까? 딴 고장으로 이사 가야지요."
　"목사님, 왜 화를 내십니까?"
　아반티는 눈살을 찌푸리면서 말했다.
　"당신이 세우는 교회당도 선택을 제대로 하지 못했습니다. 기도를 드리는 사람이 없는데다가 세우다니, 교회당을 딴 고장으로 옮겨 가는 것이 어떻겠습니까?"

550
제 귀를 물 수 없소

　두 사람이 옥신각신 다투다가 아반티를 찾아가 시비를 가려 달라고 했다. 한 사람이 먼저 말을 했다.

"이 자가 제 귀를 물었습니다. 전 이 자를 고발하겠습니다."
다른 한 사람이 그렇지 않다고 말했다.
"전 이 사람의 귀를 문 적이 없습니다. 이 사람이 남을 헐뜯고 있습니다. 왜 내가 귀를 뭅니까?"
아반티는 잠깐 사색에 잠겼다가 말했다.
"좋소. 내가 잘 생각해 보고 시비를 가려 드릴 테니 오후에 다시 오시오."
그 두 사람이 돌아가고 아반티만 남게 되자 아반티는 제 귀를 잡고 입가에 가져다 물려고 당겼다. 순간 아반티는 그만 몸의 중심을 잃고 기우뚱하더니 바닥에 넘어져 머리를 다쳤다. 그러자 아반티는 만족스럽게 웃으며 붕대로 머리를 동여맸다.
오후가 되자 그 두 사람이 또 아반티를 찾아왔다. 아반티는 의기양양한 기색으로 말했다.
"당신 말은 거짓말이오. 이 사람은 저절로 제 귀를 물지 않았소. 만일 제 귀를 물려 했다면 나처럼 넘어져 머리를 상했을 것이오."

551
하느님 분배법

아이들이 호두 몇 개를 놓고 어떻게 나누면 좋을지 몰라 옥신각신하다가 결국 싸우게 되었다. 이때 아반티가 그곳을 지나가게 되었다. 아이들은 너나없이 달려가 아반티에게 사정했다.
"아반티 아저씨, 공정하게 분배를 해 주세요."
아반티는 연신 고개를 끄덕이며 아이들에게 물었다.
"너희들에게 하느님의 분배법에 따라 나누는 것이 좋겠느냐,

아니면 백성들의 분배법에 따라 나누는 것이 좋겠느냐?"
아이들은 이구동성으로 대답했다.
"하느님의 분배법에 따라 나눠 주세요."
그러자 아반티는 어떤 아이에게는 한 웅큼 주고 어떤 아이에게는 한 알만 주고 어떤 아이에게는 세 알을 주었다. 또 어떤 아이에게는 한 알도 주지 않았다. 아이들은 대뜸 불평을 하며 항의를 했다.
"이게 무슨 하느님 분배법이에요. 너무 불공정합니다."
그러자 아반티가 아이들을 불러 말했다.
"애들아, 너희들은 하느님의 분배법에 따라 나눠 달라고 하지 않았느냐. 하느님께서는 어떤 사람에게는 주는 동시에 또 어떤 사람에게는 주지 않는단다. 하느님의 분배법은 이렇단다."
라고 아반티는 자기 맘대로 해석했다.
"토기장이가 큰 그릇을 만들거나 작은 그릇을 만들거나 좋은 그릇을 만들거나 천한 그릇을 만들거나 토기장이 맘이듯이 하느님도 그렇단다. 그러니 불평 말거라."

552

풀무 바람

언제나 풀무질을 하고 난 뒤면 아반티는 풀무의 바람 나가는 구멍을 꼭꼭 막았다. 그런 다음 풀무를 잘 간수하곤 했다. 한 사람이 아반티에게 영문을 물었다. 그러자 아반티가 말했다.
"풀무 안의 바람이 구멍으로 새어 나갈까봐 그러지요. 전 어떤 형태의 낭비도 싫어하는 사람이니까요."
아반티는 막은 구멍을 떠받치면서 새면 안 된다고 소리질렀다. 그리고 뒤를 돌아보면서 말했다.
"바람이라고 공짜가 있나."

553
당나귀의 총독

아반티를 모욕해야겠다고 벼르고 있던 황제가 황궁으로 아반티를 불러들였다. 여러 신하들 앞에서 황제가 정중하게 말했다.
"오늘 짐이 선포하노라. 아반티를 서울 안의 당나귀 총독으로 임명하노라."
대신들은 그만 너털웃음을 웃었다.
아반티는 황제의 선포가 끝나기가 바쁘게 자리에서 벌떡 일어나서 황제에게 공손하게 예를 올리고 흔들흔들 걸어가서 제일 높은 황제의 보좌에 앉았다.
"아반티, 이 무례한 놈이 담도 크구나."
하고 황제가 대로했다.
"네가 감히 짐보다 더 높은 자리에 앉다니? 어서 내리지 못할꼬."
아반티는 손을 들고 황제와 신하들에게 정중하게 말했다.
"조용하시오, 조용하시오. 우둔한 나귀들이여, 어느 놈도 마음대로 입을 열지들 마시오. 지금부터 너희들의 총독, 아반티 지휘를 듣도록 하라!"

554
제위에 오른 태자 혜제

아반티가 《사기》를 들어 혜제가 제위에 오르게 된 내용을 이야기했다.

한나라의 고조의 황후는 여후이다. 고조의 둘째 부인으로 척부인이 있었는데, 척부인은 고조의 사랑을 독차지하고 있었다.

그뿐 아니라 척부인의 소생인 여의를 무척 귀여워했다.

고조는 여후의 소생인 태자 영을 폐하고 여의로 태자를 삼으려고 했다.

그래서 여후는 걱정이 되어 장양을 불러 의논했다. 그러자 장양이 아뢰었다.

"이 문제는 지금 고조께옵서 아무리 불러들이려 해도 나오지 않는 네 사람의 현인이 있습니다. 태자께서 손수 편지를 쓰셔서 이 네 사람을 불러다가 극진히 대우를 하면 네 현인이 태자의 곁으로 오게 될지도 모릅니다.

그때 태자의 빈객으로 삼으면 위기를 구할 수 있을지도 모릅니다."

여후와 태자는 장양의 말대로 했다. 과연 네 현인이 쾌히 태자를 찾아왔다. 태자는 이 네 사람을 빈객으로 모시었다.

한편 고조는 태자를 폐할 결심을 하고 군신들을 모두 불러 큰 연회를 베풀었다. 이때 태자는 네 사람의 현인과 같이 연회석에 나왔다.

네 사람은 모두 여든이 넘은 백발의 노인들로 풍채가 뛰어나 신선과 같았다.

고조가 이상히 여겨 그들이 누구인가고 물었다.

그들의 이름을 들은 고조는 적이 놀라지 않을 수 없었다. 자기가 그처럼 불러도 오지 않던 그 네 현인들이 아닌가.

고조는 전일 자기가 불러도 오지 않더니 이제 어찌 태자와 같이 있는가고 물었다.
"폐하께옵서는 선비를 가볍게 보시고 잘 꾸중을 내리신다 하옵기에 부르심에도 나올 뜻이 없었습니다. 그런데 태자께서는 마음이 인자하시고 선비를 위할 줄 아십니다. 신들은 태자를 위하는 일이라면 몸을 바쳐 일할 것입니다."
이렇게 되자 고조는 척부인에게 말했다.
"태자를 갈려고 마음먹었었는데 태자 곁에는 네 사람의 현인이 보좌하고 있소. 태자는 이미 병아리가 아니오. 날개도 깃도 다 생겼소. 그러니 이제는 움직일 수가 없구려."
태자 영은 이래서 태자의 지위를 지탱할 수 있었으며, 고조가 돌아간 후 제위에 올라 혜제가 되었다.

555

쇠고기는 어디 갔소

아반티가 아침 일찍 시장에 가 쇠고기 세 근을 사 왔다. 그리고 아내에게 저녁에 양파와 함께 양파 쇠고기 볶음 요리를 해 놓으라고 부탁하고 일보러 나갔다. 아반티는 일을 보면서 저녁에 집에 돌아가 먹게 될 그 맛좋은 양파 쇠고기 볶음 생각만 했다.
그런데 공교롭게도 그날 아반티네 집에 친척 몇 사람이 찾아왔다. 그 사람들은 모두 아반티가 좋아하지 않는 사람들이었지만 아내는 자기 집에 온 손님이라 하는 수 없이 아반티가 사 온 쇠고기로 친척들을 대접했다.
저녁에 집으로 돌아온 아반티가 밥상에 멀건 국물만 올라온 것을 보고 물었다.

"여보, 양파 쇠고기 볶음은 어디 갔소?"
"죄송합니다. 제가 주의하지 않아 그만 고양이가 쇠고기를 통 채로 물어 갔습니다."
아반티는 얼른 고양이를 찾아보았다. 고양이는 여전히 삐삐 여윈 대로 앉아 있었다.
"이 고양이를 저울에 달아 봐야겠소."
아반티는 말을 마치고 고양이를 저울판에 올려놓았다. 많지도 적지도 않게 고양이는 딱 세 근이었다. 아반티는 마누라에게 화를 내며 소리질렀다.
"이게 어디 될 말이오? 만일 저울에 올려놓은 것이 쇠고기라면 고양이는 어디 갔소? 만일 저울에 오른 것이 고양이라면 쇠고기는 또 어디로 갔소?"

556
소는 안다

아반티네 밭에 황소 한 마리가 뛰어들어 한창 자라는 곡식을 마구 짓밟아 놓았다.
아반티가 너무도 화가 나서 몽둥이를 들고 마구 휘둘러댔는데 황소는 네 발로 뛰어 도망쳐 버렸다.
한 주일 후 아반티는 어느 시골 사람이 그 소에 수레를 채워 가지고 몰고 가는 것을 보았다. 아반티가 다시 몽둥이를 들고 그 소를 때리려 했다.
그 사람이 얼른 막아서며 소리쳤다.
"이봐, 내 소가 뭘 어쨌다고 이러는 건가?"
아반티는 붉으락푸르락하며 화가 나서 소리질렀다.

"닥쳐, 둔한 놈 같으니라구. 이 소는 속으로 다 알고 있단 말이오. 한 주일 전 우리 곡식을 짓밟아 놓은 사실을 말이오."

557
죽은 백호장 아들

마을의 백호장이 죽었다. 백호장의 아들이 아반티에게 사정했다.
"아반티, 우리 아버지를 위하여 경을 읽으며 기도를 좀 드려 주십시오."
"안 됩니다."
아반티가 한마디로 거절했다.
"난 가지도 않겠습니다."
"아반티……."
백호장 아들이 눈물이 가득 고인 얼굴로 말했다.
"당신은 이 마을에서 존경받는 분으로 죽은 사람을 위하여 기도를 드리는 것은 당연한 일이 아닙니까? 그런데 어째서 안 된다고 하십니까?"
"틀렸습니다, 작은 나리님."
아반티는 손을 내저으며 부정했다.
"당신 아버지는 생전에 나의 머리 위에 올라앉아 나쁜짓을 많이 했습니다. 내가 그를 위하여 기도를 드리지 않는 건 당연한 일입니다."
말을 마친 아반티는 콧노래를 흥얼거리며 사라져 버렸다.

558
전문이 있어야

아반티가 《송서》라는 책을 들고 읽고 있었다. 거기에는 '농사일은 농군에게 물어라'고 쓰여 있었다.

촉나라 두라는 사람은 몹시 그림 그리기를 좋아했다.

그리고 수백 폭의 그림을 보관하고 있었다. 그 중에도 소와 싸우는 그림을 제일 소중하게 여겨 비단으로 싸서 두었다가 귀한 손님이 오면 자랑삼아 꺼내 보여주곤 했다.

두가 어느 날 그림을 꺼내 바람을 쐬려고 펼치고

있는데 한 목동이 소가 싸우는 그림을 보고 깔깔대며 웃고 있었다.

"이게 소가 싸우는 그림입니까? 소가 싸울 때는 힘이 전부 뿔로 가기 때문에 꼬리를 사추리에 끼는 법입니다. 그런데 이 그림은 엉덩이를 흔들면서 꼬리를 쳐들고 뿔로 받고 있군요."

두는 목동의 말을 듣고 머리를 긁적거리며 '못 배운 사람이라도 어느 한 가지에 전문인 것에 대해서는 그를 따를 길이 없다'고 중얼거렸다.

아반티는 농사는 농사꾼에게 묻듯이 소의 그림은 목동에게 묻는 것이 현명하다고 강조했다.

559
침대가 비좁아

 아반티의 마누라가 세상을 떠난 후 친구들이 아반티에게 남편을 잃은 과부를 소개하여 아내로 삼게 했다.
 그런데 그 아내는 세상을 떠난 자기의 전 남편을 잊지 못해 아반티와 결혼한 첫날밤인데도 전 남편 얘기만 했다.
 "아, 저의 전 남편은요… 아, 저의 전 남편은요……."
하면서 전 남편에 대한 말을 쉴 새 없이 해댔다.
 아반티는 듣기가 싫었으나 아무 말도 하지 않고 아내가 그 버릇을 고칠 수 있기를 기다렸다.
 "저의 남편은 어디에 가 있는지?……."
 아내는 날마다 그 말을 곱씹었다.
 아반티는 더 듣고만 있을 수 없어 자기도 침대에 눕기만 하면 세상을 뜬 아내 자랑을 쉴 새 없이 늘어놓았다.
 "아, 나의 전 마누라는… 아, 나의 그 마누라는……."
 그런데 새로 맞아들인 그 아내는 아반티가 왜 그러는지 눈치를 채지 못했다.
 어느 날 저녁 침대에 오르기가 바쁘게 아내가 또 전 남편에 대한 칭찬을 늘어놓기 시작하자, 아반티는 더는 참을 수 없어 무슨 물건을 차 버리기라도 하듯이 아내를 침대 아래로 차 버렸다.
 아내는 기어 일어나며 아반티에게 욕설을 퍼부었다.
 "왜 이래요?"
 그러자 아반티가 큰소리로 말했다.
 "정신이 있소? 당신 하나에 나 하나 그리고 당신의 전 남편에 나의 전 마누라, 이렇게 네 사람이 어떻게 한 침대에서 잘 수 있단 말이오."

560
국왕의 꿈

　국왕에게는 한 가지 악습이 있었다. 왕은 꿈속에서 자기에게 잘못 보인 사람을 이튿날 꼭 잡아 죽여 버리는 것이었다.
　이 소문을 들은 아반티는 더럭 겁이 나서 궁을 떠날 생각을 했다.
　이때 한 친구가 찾아와 말했다.
　"우리를 버리고 가지 말게. 아반티, 국왕의 마음을 편하게 만들 줄 아는 건 자네밖에 없는데 자네가 가면 우린 어찌 되겠는가?"
　아반티는 아랑곳하지 않고 나귀 잔등에 올라타고 떠나면서 말했다.
　"이제부터 다른 사람더러 국왕의 시중을 들게 하게. 난 낮에는 국왕의 기분을 좋게 만들어 줄 수 있지만 그의 꿈속에서까지 그렇게 할 수 있는 재간은 없네."

561
눈이 배부르게 먹지 못하다

　마을의 늙은 부자가 죽은 지 며칠이 되었는데 종시 눈을 감지 못하고 동그랗게 뜬 채로 있었다. 목사를 불러다 코란을 읽으며 기도를 드리기도 했으나 죽은 사람의 눈은 감겨지지 않았다.
　결국 주인은 아반티를 불러 물어보게 되었다.
　"기도를 드릴 필요가 없습니다. 나에게 방법이 있습니다."
　아반티는 자신만만하게 말했다.

"빨리 밥을 한 대접 가져오시오. 부자 되는 분이 배부르게 먹으면 눈은 자연히 감겨질 겁니다."

"미치지 않았소, 아반티."

목사는 화가 나서 얼굴이 일그러지고 수염이 아래위로 마구 떨리었다.

"죽은 사람이 어떻게 밥을 먹느냐 말이오."

하고 고함쳤다.

"당신은 참으로 멍청한 사람이오."

아반티는 눈썹을 찌푸렸다.

"탐욕스러운 귀신은 배불리 먹을 수 있다고 하지 않았습니까. 눈은 영원히 배부르게 먹을 수 없습니다. 보십시오. 부자 나리님이 아직도 눈을 크게 뜨고 있는 것은 눈이 배부르게 먹지 못했다는 것을 알려주지 않습니까?"

562.

만일 말다래를 찾지 못하면

어느 마을에 손님으로 간 아반티가 흙이 튀지 않게 막는 말양쪽에 늘어뜨린 말다래를 잃어버렸다. 그리고 어떻게 하면 그걸 찾을 수 있겠는가를 생각다 못해 마을 사람들을 불러 놓고 말했다.

"당신들이 만일 내 말다래를 찾아내지 못하면 내가 어떻게 해야 한다는 걸 나는 알고 있습니다."

마을 사람들은 아반티의 단호한 말에 당황하여 마을이 떠들썩했다. 사람들을 동원하여 끝내 말다래를 찾아내고야 말았다. 사람들은 말다래를 아반티에게 돌려주면서 아주 죄송하다는 표시를 했다.
 저녁 무렵 아반티가 마을을 떠날 때 바래러 나온 사람이 물었다.
 "아반티, 만일 우리가 말다래를 찾아내지 못했다면 당신은 어쩔 생각이었습니까?"
 아반티가 태연스럽게 대답했다.
 "내가 어쩌긴 어쩌겠습니까. 집에 낡은 주단이 하나 있는데 말다래를 찾지 못하면 그걸 말다래 대신 쓰려고 했지요."
 "아, 그런 줄도 모르고 우린 또……."
 마을 사람들은 서로를 쳐다보며 입을 딱 벌리고 말았다.

563
달걀 두 개

 공자의 손자 자사가 위나라 임금에게 구변이란 사람을 대장으로 천거했다.
 그러나 임금은 고개를 흔들면서 말했다.
 "전에 그 사람은 관리로 있을 때 달걀 두 개씩을 더 받아 먹은 적이 있소. 그런 속 좁은 사람을 어떻게 대장으로 쓴단 말이오."
 그러자 자사가 아뢰었다.
 "성인이 사람을 쓰는 것은 목수가 재목을 다루는 것과 같습니다. 나쁜 데는 버리고 좋은 데만을 취해서 쓰는 것입니다.
 좋은 재목에도 벌레 먹은 구멍은 있는 것입니다. 몇 아름이 되는 큰 재목에 설사 몇 개의 벌레 먹은 구멍이 있다 할지라도 큰 목수는 그것을 버리지 않습니다. 어지러운 세상에 인재가 얼마든지 있어도 모자라는 이때, 불과 달걀 두 개 때문에 나라를 지킬 수 있는 장수를 버릴 수 있습니까?"
 임금은 끝내 구변의 사람됨을 몰라주었다. 달걀 두 개가 그의 인생을 그 꼴로 만든 것이다.
 임금은 끝내 자사의 말을 듣지 않았다. 그러자 자사도 낙향하여 유교의 정통을 잇는 데 심혈을 기울였다.
 아반티는 듣지도 보지도 못한 《공총자》라는 책을 펴들고 이야기했다.

564
남자 아이를 낳겠는가, 여자 아이를 낳겠는가

 황후가 임신하자 황제는 아반티를 불러 놓고 남자 아이를 낳겠는가, 아니면 여자 아이를 낳겠는가 보아달라고 했다.
 "남자 아이를 낳지 않으면 꼭 여자 아이를 낳을 겁니다."
 아반티가 말했다.
 "허허! 남자 아이를 낳는 게 좋겠소, 여자 아이를 낳는 게 좋겠소?"
 황제가 말했다.
 "남자 아이를 낳아도 사람이고 여자 아이를 낳아도 사람입니다."
 "얼빠진 소리 말게, 아반티."
 황제가 아반티를 보고 설명을 했다.
 "여자 아이가 무슨 소용이 있소? 남자 아이라야 나의 황제 자리를 잇는단 말이오."
 "전하, 마음을 푹 놓으십시오. 백성들은 황제 자리와 같은 것은 넘보지도 않습니다."

565
코 끝 부분

한 친구가 아반티를 보며 물었다.
"코가 얼굴의 어느 부위에 있나?"
아반티는 아무런 생각 없이 젖을 먹고 있는 강아지 등뼈 경추를 가리키며 대답했다.
"여기 있네."
"엉? 글쎄, 코가 바로 경추의 끝부분에 있긴 하지. 그렇지?"
아반티는 웃으며 그 말을 받아 넘겼다.
"맞았어. 무슨 일이나 그 반대 부분의 끝을 잘 연구하지 않고는 정면 중앙 쪽도 알아낼 수 없는 거지. 그래 광대뼈 중앙에 있는 코라서 잘 보이지 등뼈는 안 보이지 않는가. 이걸 알아내는 데는 힘이 들지.

566
신선도 도움을 받으려고

어느 날 아반티가 법관네 집으로 놀러 갔다. 도시에서 온 한 부자가 법관네 집에 손님으로 와 있었는데 세상의 좋은 말을 다 해 가며 법관을 추켜세우고 있었다.
"법관 선생, 어젯밤에 제가 꿈을 꾸었는데 꿈에 신선께서 천궁의 선녀들이 법관 선생의 해박한 학식과 고상한 품성, 공정한 재판에 대하여 치하하고 있는 걸 보았습니다……."
그의 말을 듣고 아반티가 얼른 법관에게 말했다.
"신선께서 당신을 추켜세우는 걸 보아 아마도 신선께서 무슨 어려운 일이 있어 당신의 도움을 받으려 할 모양인 것 같습니다."

567
자식에게 책을 물려줘야

아반티가 《한서》의 두꺼운 책을 읽으면서 말했다.

자식에게 재산을 남겨 주는 것보다 글을 가르쳐 주는 것이 자식을 위하는 일이다.

위현이란 사람은 욕심이 없고 검소한 선비였다. 또한 글을 잘 해서 한나라 소제의 부름을 받아 소제에게 시를 가르쳤다.

소제가 죽자 뒤를 이을 아들이 없어 위현은 대장군 곽광 등과 의논하고 선제를 임금으로 모시었다.

선제는 임금이 된 후 위현에게 관내후라는 작위를 내렸다. 그 후 위현은 승상이 되고 부양후가 되었다.

선제는 전 임금의 스승이었던 위현을 존경했다.

위현이 승상으로 있기를 5년이 넘어 위현의 나이는 팔십을 바라보게 되었다.

위현은 임금에게 빌어 겨우 벼슬을 내놓고 시골로 내려와 몇 해를 한가롭게 지내다가 82세에 죽었다.

위현에게는 아들이 네 명 있었는데 맏아들은 현령을 지냈고, 둘째아들은 동해 태수가 되었으며, 셋째아들은 고향에서 집안을 지키고, 넷째아들은 승상까지 지냈다.

이 무렵 산동에서는 '자식에게 만금을 물려주는 것이 한 권의 책을 남겨 주는 이만 못하다'는 속담이 생겨났다.

자식에게 고기를 잡아다가 주는 것보다는 고기 잡는 방법을 가르쳐 주어야 그 아들이 생계를 꾸려 갈 수 있다는 말이나 같은 이치다.

아반티는 머리 속에 아는 것이 많아도 호주머니 속의 동전 몇 푼만 같지 못한 때도 있다는 말을 아끼지 않았다.

568
한평생 배워도 다 못 배우겠다

사람들은 한결같이 아반티를 법관으로 추천했다.
"내가 법관을 찾아가서 배운 다음에 다시 결정합시다."
아반티가 말했다.
당사자가 잡아떼는 데야 별수가 없었다. 아반티는 법관을 찾아가서 물었다.
"법관님, 소 두 마리가 싸웠는데 한 마리가 싸우다가 죽었습니다. 이 사건을 어떻게 처리하면 좋겠습니까?"
"그건 누구네 소가 죽었는가를 알아보아야 합니다."
"부잣집 소가 죽었으면 어떻게 합니까?"
"그건 '코란경'에 규정이 있지요. 이긴 소의 주인은 부자에게 두 마리의 소값을 배상해야 하오."
"가난뱅이 집 소가 죽었다면 어떻게 합니까?"
"그거야 처리하기 쉽지요. 부자에게 소 한 마리 값을 배상하면 되지요."
"법관님, 참 알아듣기 힘듭니다."
아반티가 눈살을 찌푸렸다.
"부자의 소가 가난뱅이네 소를 떠받아서 죽였는데 가난뱅이가 왜 부자에게 배상을 해야 합니까?"

"허허, 거야 간단한 이치지요."
법관은 아래턱을 만지작거렸다.
"부잣집 소가 가난뱅이네 소를 죽이느라고 들인 힘이 얼마나 되겠소. 소 한 마리 값이 바로 부잣집 소가 힘을 뺀 값이란 말이오."
"네, 그렇습니까?"
아반티는 법정에서 나와 사람들에게 법관을 찾아갔던 일을 자초지종 이야기하고 나름대로 명쾌한 결론을 내렸다.
"여러분, 전 절대 법관을 할 수 없습니다. 법관들의 그런 '불공정한 심판'을 나 같은 사람은 한평생 배워도 배울 수 없습니다!"

※코란경: 이슬람교도들이 탐독하는 경전. 법관들이 안건을 다스리는 경전.

569
책이 최면제

아반티의 마누라가 어느 날 아이를 안고 아반티 곁에 와 투정을 했다.
"아유, 이 아이를 난 어떻게 할 수가 없어요. 잠도 안 자지 젖도 안 먹지, 애가 타서 못 살겠어요."
"됐소, 됐소. 또 바가지를 긁어대기 시작하는구만. 그 아이에게 책이나 펼쳐 보이시오."
"아니, 어찌 된 일이오? 난 애가 타서 죽을 지경인데 당신은 무슨 소일거리라도 만난 줄로 아세요?"
"한번만 내 방법대로 해 보세요. 내 방법이 효과를 볼지도 모르니까."

"할 수 없군요. 그럼 그렇게 해 보지요."

묘하게도 그렇게도 잠을 자지 않던 아이가 아반티가 보여주는 책을 보더니 잠에 곯아떨어져 쌔근거리기 시작했다. 아반티의 아내는 이상스럽게 생각되어 물었다.

"이봐요, 애가 잠들었어요. 이게 어찌 된 일이오?"

"무슨 일이나 복잡하게 생각할 게 없소. 이 책의 최면술을 난 어려서 학교에 다닐 때부터 알았소. 어떤 때는 이 책의 글을 사람들에게 읽어 주곤 했는데 그때마다 자지 않은 사람이 없었다오."

570

태산은 한 줌의 흙도 사양 않아

시황제가 이사의 도움을 받아 천하를 통일하였다. 이때 이사가 시황제에게 말했다.

"오늘날 진나라가 이처럼 강대해지고 번영할 수 있었던 것은 돌이켜 보건대 임금께서 유능한 신하들을 잘 썼기 때문입니다. 목공 때의 백리해를 위시해서 진나라 공신들은 이루 헤아릴 수 없이 많습니다. 태산은 한 줌의 흙도 사양하지 않습니다. 그래서 태산은 그 큰 모습을 간직할 수 있는 것입니다. 바다는 어떠한 한 줄기의 물도 가리지를 않습니다. 그래서 바다는 그만큼 깊이를 지니고 있는 것입니다. 임금은 백성을 물리치지 않는다고 합니다. 그래서 그 덕이 빛날 수 있는 것입니다.

나라에 중요한 일은 어질고 유능한 선비를 구하는 일이며, 이를 의심하여 내쫓는다는 것은 적에게 군사를 빌려주고 도둑에게 양식을 내어주는 일과 같다 할 것입니다.

이와 같은 일은 백 가지 해가 있고 한 가지 이익도 없을 것입니다."

아반티는 큰 산은 하찮은 식물도 뿌리를 내리게 해 그곳에서 살게 한다고 하면서 큰 인물 속에 머무는 사람을 봐야 그 그릇을 안다고 했다.

571
종지 때문에 판 고양이 새끼

한 골동품 장사꾼이 여행을 떠났는데 여행 중에 재수가 좋아 희귀한 골동품을 만날 수 있기를 바랐다. 그래서 어느 마을이나 그냥 지나치지 않고 꼭꼭 뭘 살 것이 있다는 핑계를 들어서 남의 집 물건들을 주의해 살펴보곤 했다.

그러던 어느 날 아반티네 집 앞을 지나던 골동품 장사꾼이 아반티네 고양이 먹이를 담는 종지가 보기 드문 진품인 중세기의 종지라는 것을 발견했다.

골동품 장사꾼은 속으로 흥분을 억제하며 겉으로는 안 그런 척하고 아반티에게 말을 건넸다.

"당신이 기르는 이 고양이는 참으로 잘 생겼습니다. 제가 사고 싶은데 팔 수 있습니까?"

"팔 수 있고말고요."
 아반티가 선선히 대답하고 나서 좀 높은 값을 요구했다. 골동품 장사꾼은 두말 없이 아반티의 요구대로 값을 치렀다. 그리고 나서 말했다.
 "전 이 낡은 종지도 가져가고 싶습니다. 이 고양이는 이 그릇에 먹이를 담아 먹는데 습관이 되었을 테니까요."
 "아, 그건 안 됩니다."
 아반티가 말했다.
 "그저께부터 난 이 낡은 종지 덕분에 여섯 마리나 되는 고양이를 팔아먹을 수 있었거든요."

572
귀 신

 시장을 경영하는 사람이 아반티에게 물었다.
 "당신은 늘 귀신과 통한다지요. 귀신이라는 게 도대체 어떻게 생겼습니까?"
 "당신의 거울에다 자기 얼굴을 비춰 보십시오. 귀신이 어떻게 생겼는가를 확실하게 볼 수 있을 겁니다."
 라고 아반티가 대답했다.

573
진짜 쥐

아반티에게 돈 많은 친구가 한 사람 있었는데 그는 골동품 수집하기를 좋아했다. 그리고 자기 집에 손님이 오면 그 골동품들을 구경시켜 주며 한바탕 자랑을 늘어놓았다.
 어느 날 아반티가 그 친구네 집으로 놀러 갔다. 그때 마침 조각품인 쥐를 가지고 놀고 있었다. 아반티를 보자 그가 자랑을 늘어놓기 시작했다.
 "이건 유명한 조각 대가가 조각한 걸세. 어때? 아주 진짜 쥐 같지 않은가?"
 "아, 이런 쥐는 우리 집에도 있네."
 아반티가 말했다.
 그러자 그 친구가 갑자기 얼굴색이 변하더니 말했다.
 "헛소리하지 말게. 자네 집에 어찌 이런 보물이 있을 수 있단 말인가? 정말로 있다면 가져다가 내 것과 비교해 보세나. 누구의 조각품 쥐가 더 진짜 같은지 말일세."
 "좋아. 그럼 내 내일 가져오지."
 둘은 이기는 쪽에서 상대방의 그 보물을 가지기로 약속했다.
 아반티는 일시적인 질투심에 내기를 걸었는데 그런 조각품을 불시로 어디 가서 얻는단 말인가. 아반티는 공연히 골칫거리를 하나 사서 만든 셈이 되었다.
 집으로 돌아온 아반티는 밤 늦게까지 잠을 자지 못하고 쥐 모형을 조각했다. 이튿날 아반티는 약속대로 조각품을 가지고 친구를 찾아갔다. 그들은 두 개의 조각품을 햇빛이 밝은 복도에 가져다 놓고 비교해 보았다. 하룻밤 새에 대충 급하게 만들어 낸 아반티의 조각품은 대번에 엉터리 제품이라는 것이 드러났다.
 "하하하, 비교해 볼 나위도 없구만."

그 친구는 어이가 없다는 듯 비웃었다.
이때 고양이 한 마리가 복도를 지나다가 문득 아반티의 조각품에 덮쳐들었다. 그러자 아반티가 큰소리를 쳤다.
"아, 내가 이겼어. 고양이가 나의 조각품에 덮쳐든 것은 나의 조각품이 더 진짜 쥐 같다는 것을 설명한 거거든."
말을 마치기가 무섭게 아반티는 친구의 조각품과 자기의 조각품을 다 가지고 자리를 떴다.
워낙에 아반티는 조각품에다 잣기름으로 덧칠을 해 놓았었다. 그래서 고양이가 구수한 잣기름 냄새를 맡고 아반티의 조각품에 덮쳐들었던 것이다.

574
늙다리 말 한 필

왕이 아반티와 함께 사냥을 가기로 약속했다. 왕의 호위병들은 모두 준마를 탔으나 아반티에게만은 장작깨비처럼 빼빼 마른 늙은 말을 주었다.
그들은 가다가 사막에 이르렀다. 돌연히 광풍이 휘몰아치면서 비가 억수로 쏟아졌다.
황제와 호위병들은 말 머리를 돌려 죽을 둥 살 둥 모르고 귀경길로 달려갔다. 비는 더욱 세차졌다. 그들은 누구라 할 것 없이 물에 빠진 생쥐처럼 되어 버렸다.
아반티가 타고 간 말은 우뢰 소리를 듣더니만 버티고 서서 꼼짝도 하지 않았다. 일이 심상치 않다는 생각이 든 아반티는 말에서 내려 자기 옷을 죄다 벗어서 말 안장 밑에다 넣었다.
비가 멎자 아반티는 빗방울이 한 방울도 묻지 않은 옷을 꺼내서 슬슬 입고 느릿느릿 왕궁으로 돌아왔다.
왕은 아반티를 기다리고 있었다. 아반티의 옷이 하나도 젖지 않은 것을 보고 왕은 괴이한 생각이 들었다.
"어이, 당신의 옷은 어째서 마른대로요? 그래 비를 맞지 않았단 말이오?"
아반티가 허리를 굽히며 대답했다.
"전하께 감사를 올려야겠습니다. 왕께서 저한테 타라고 준 말이 날아다니는 늙은 말이었나이다. 그때 여럿이 뛰니까 이 말은 훌쩍 날아올라서 나를 아름다운 꽃밭에 가져다 내려놓았습니다. 덕분에 한창 꽃밭을 구경하다가 전하께서 기다리는 것 같아 돌아오는 중입니다."
아반티의 말을 듣고 난 왕은 그의 행운을 한없이 흠모했다.
이튿날 왕이 또 사냥을 가자고 했다. 왕은 자기가 늙은 말을 타고 아반티에게 그의 준마를 타라고 했다.
그들이 걷고 걸어 또 사막에 와서 사냥을 시작하려고 하는데 돌연 광풍이 일며 폭우가 쏟아지려 했다.
아반티가 채찍을 휘두르자 준마가 나는 듯이 달려 왕궁으로 돌아오는 바람에 아반티는 비를 한 방울도 맞지 않게 되었다.
한편 그 늙은 말은 우뢰 소리를 듣더니 말뚝처럼 서서 움직일 생각을 하지 않았다. 황제가 채찍으로 쳐도 주먹으로 갈겨도 발로 걷어차도 끄떡도 하지 않았다. 비는 억수로 쏟아져 황제는 새앙쥐 모양으로 비에 흠뻑 젖고 말았다.

중국 고전 해학
아반티 유머

1판 인쇄/1998년 3월 15일
1판 1쇄 발행/1998년 3월 20일

엮은이 조세걸/옮긴이 최룡관
펴낸이/임종대
펴낸곳/미래문화사

등록 번호/제3-44호
등록 일자/1976년 10월 19일
ⓒ 1998, 미래문화사

주소/서울시 용산구 효창동 5-421 ⓤ 140-120
전화/715-4507/713-6647
팩시밀리/713-4805

값 · 8,000원

ISBN 89-7299-154-6 03820

• 잘못 만들어진 책은 바꾸어 드립니다.
• 엮은이와의 협의하에 인지는 생략합니다.